金融助力脱贫攻坚实践成果

国务院扶贫开发领导小组办公室开发指导司
中国人民银行扶贫办、研究局（所）、金融市场司 ◎ 编著

中国金融出版社

责任编辑：李　融　李林子
责任校对：刘　明
责任印制：程　颖

图书在版编目（CIP）数据

金融助力脱贫攻坚实践成果/国务院扶贫开发领导小组办公室开发指导司，中国人民银行扶贫办、研究局（所）、金融市场司编著．—北京：中国金融出版社，2021.1
ISBN 978-7-5220-0917-9

Ⅰ.①金… Ⅱ.①国…②中… Ⅲ.①扶贫—金融支持—研究—中国 Ⅳ.①F126

中国版本图书馆 CIP 数据核字（2020）第 233831 号

金融助力脱贫攻坚实践成果
JINRONG ZHULI TUOPIN GONGJIAN SHIJIAN CHENGGUO

出版
发行　中国金融出版社
社址　北京市丰台区益泽路 2 号
市场开发部　（010）66024766，63805472，63439533（传真）
网上书店　http://www.chinafph.com
　　　　　（010）66024766，63372837（传真）
读者服务部　（010）66070833，62568380
邮编　100071
经销　新华书店
印刷　保利达印务有限公司
尺寸　169 毫米×239 毫米
印张　19.5
字数　278 千
版次　2021 年 1 月第 1 版
印次　2021 年 1 月第 1 次印刷
定价　78.00 元
ISBN 978-7-5220-0917-9
如出现印装错误本社负责调换　联系电话　（010）63263947

编委会：左常升　傅国文　吴　华
　　　　王　信　邹　澜　雷　曜

编写组：张婉婷　李　岩　李青吉　贺　飞　侯雅丽
　　　　祝红梅　邝希聪　高　峰　赵天奕　李学武
　　　　何　乐　李新鹏　黄余送　杨　雪　赵先立
　　　　时　波　王永峰　马维华　刘翔宇　张柏杨

前　言

党的十八大以来，党中央把脱贫攻坚作为全面建成小康社会的底线任务和标志性指标，作出了一系列重大部署。金融扶贫对贫困地区和贫困群众发展产业脱贫增收至关重要。《中共中央　国务院关于打赢脱贫攻坚战的决定》提出了金融支持脱贫攻坚的一揽子政策。各相关部门、机构深入贯彻习近平总书记关于"做好金融扶贫这篇文章"重要指示精神和党中央、国务院关于打赢打好脱贫攻坚战决策部署，紧紧围绕"精准扶贫、精准脱贫"基本方略，深化金融改革，优化金融环境，强化金融服务，涌现出许多决战脱贫攻坚的典型经验和优秀做法，为决胜全面小康提供了有力的金融支持和保证。

2020年是决战脱贫攻坚、决胜全面小康的收官之年。我们在全国范围内搜集了金融支持脱贫攻坚的典型创新案例，整理编写成实践成果集，供有关部门和机构交流参考，以期在未来巩固拓展脱贫攻坚成果、接续乡村振兴和实现发展成果全民共享方面进一步发挥金融的引领和支撑作用。实践成果涉及案例分为四大类十三个主题。

第一类是金融扶贫体制机制创新，包括金融扶贫与基层社会治理有机结合、金融扶贫跨部门协同创新、金融部门体制机制创新以及综合类四大主题。这部分主要总结了近年来在精准扶贫进程中探索形成的行之有效的金融扶贫模式和体制机制设计，展示了我国金融机构助力脱贫攻坚的成效。

第二类是金融扶贫产品与服务模式，包括扶贫小额信贷、直接融资、保险产品以及金融科技四大主题。依据金融"造血"、精准帮扶、创新应用、长效促进、防贫兜底等标准，创新金融扶贫模式和产品，形成一大批可复制、可推广、可借鉴的金融精准扶贫范本，为各地金融精准扶贫提供了良好的示范带动作用。

第三类是金融扶贫重点领域，包括金融支持产业扶贫、易地扶贫搬迁、教育扶贫和社会保障机制建设四个主题。收集各地和金融系统深入落实习近平总书记实施"五个一批"重要指示精神，聚焦产业扶贫、易地扶贫搬迁等重点领域，探索形成的一批具有中国特色的金融支持扶贫重点领域的典型案例和模式。

第四类是金融单位定点扶贫。定点扶贫是中国特色扶贫开发事业的重要组成部分，是打赢脱贫攻坚战的重要举措。各金融单位对定点扶贫工作高度重视，贡献金融智慧，展现金融担当，坚持发挥行业优势与立足贫困地区实际相结合，健全工作机制，加大工作力度，创新帮扶举措，拓宽帮扶领域，全力推进产业、教育、医疗、技能、基础设施等各项帮扶工作，脱贫攻坚成效显著。

贫困治理是一项长期而复杂的工作，需要励精图治、久久为功。随着脱贫攻坚战消灭"绝对贫困"工作的完成，"相对贫困"问题仍将继续存在，这就需要我们在全面建成小康社会之后，在更高的起点上将反贫困工作继续向前推进。金融作为实体经济的血脉，在实现巩固拓展脱贫攻坚成果同乡村振兴有效衔接方面还需要进一步创新、提升。作为探索，本书收集的实践成果可能还需要时间检验。我们希望通过这种方式，取长补短、启发思路，使一些好方法、好创意能在有条件的地方进行推广，惠及更多的农民和小微企业，推动农村金融服务水平提高，为全面推进乡村振兴提供有力金融支持。

目　　录

金融扶贫体制机制创新

▼ 金融扶贫与基层社会治理有机结合

人民银行凉山州中心支行"双向联络员"机制　架起金融与贫困户连心桥
　……………………………………………………………………… 3
建设银行重庆市忠县支行党旗插在项目上　金融注入脱贫中 ………… 7
青海省创设"双基联动"合作贷款模式　发挥"示范办公室"引领作用
　……………………………………………………………………… 10
人民银行政和县支行创建"党建＋金融"工作机制
　创新精准扶贫新模式 ……………………………………………… 13
交通银行天津市分行党建引领聚合力　推动发展助脱贫 …………… 16

▼ 金融扶贫跨部门协同创新

山西省吕梁市建立金融扶贫"吕梁模式" ……………………………… 19
黑龙江省勃利县探索"扶贫基金"脱贫模式 …………………………… 22
河北省阜平县"金融服务＋农业保险＋担保公司"模式成效明显 …… 25
广西壮族自治区都安县创推"信贷＋保险"新模式 …………………… 28
黑龙江省海伦市金融衍生品助力脱贫攻坚 …………………………… 32
海南省白沙黎族自治县天然橡胶"保险＋期货"助力精准扶贫 ……… 35
郑州商品交易所特色农产品期货促中西部农民脱贫 ………………… 38
广西壮族自治区罗城仫佬族自治县白糖品种"保险＋期货"精准扶贫 … 41

▼ 金融部门体制机制创新

安徽省灵璧县创推"一自三合"金融扶贫模式 ………………………… 44
山东省鄄城县金融支持"就业扶贫车间" ……………………………… 47
广东省肇庆市开展"百行扶千村"精准扶贫专项行动 ………………… 50

国家开发银行海南分行创新"3+3"金融扶贫新模式 ……… 53
中国农业银行贵州省分行"金融扶贫融智专家组"
　　助推深度贫困县脱贫攻坚 ……………………………… 56
甘肃省山丹县金融"三色管理"固脱贫防返贫 ………… 59
青海省构建农牧户"六个一"金融精准扶贫工作机制 … 62
甘肃省甘南藏族自治州打造"藏饰贷"金融扶贫新模式 … 65
中国农业银行西藏分行创设农牧民"建档立卡贫困贷" … 68
"信用修复"工程助力脱贫攻坚 ……………………………… 71
四川省甘孜藏族自治州金融扶贫"1+7+N"模式 ……… 75

▼ **综合类**

广西壮族自治区"田东模式"助力脱贫攻坚 …………… 78
宁夏回族自治区金融扶贫"盐池模式" …………………… 82

金融扶贫产品与服务模式

▼ **发挥小额信贷优势　"贷动"贫困户造血增收**

湖南省宜章县探索扶贫小额信贷"三级、四员、五步"法 … 87
河南省扶贫小额信贷全额风险补偿金的"夏邑模式" …… 91
湖南省麻阳苗族自治县创建扶贫小额信贷"721"评级授信体系 … 95
甘肃省宕昌县精准投放扶贫小额信贷 …………………… 99
云南省宾川县产业"小信贷"发挥"大作用" ………… 103
新疆维吾尔自治区墨玉县精准投放扶贫小额信贷 …… 107

▼ **坚持创新引领　引入资本市场"活水"**

中泰证券助力深度贫困地区企业快速发展 ……………… 111
债务融资工具助力西藏脱贫攻坚 ………………………… 114
债务融资工具创新跨区域对口帮扶模式 ………………… 117
红色扶贫专项公司债券助推革命老区经济发展 ………… 120
石家庄股权交易所"金融扶贫板"引入扶贫活水 ……… 123

产业扶贫票据助力新疆供销精准扶贫 …………………………… 126
扶贫票据支持扶贫基础设施建设助力精准扶贫 ………………… 129

▼ 创新"保险+"模式　筑牢防贫保障网

中国平安"平安扶贫保"产业扶贫新模式 …………………… 132
中国太平洋财产保险"防贫保"助力脱贫攻坚 ………………… 136
中国人寿"微支付"保险产品助力脱贫攻坚 …………………… 139
中国人民财产保险"扶贫100"项目助力脱贫攻坚 …………… 142
山西省交口县"一保通"保险扶贫模式 ………………………… 146
中国太平洋保险实施"藏系羊牦牛降雪量气象指数保险" …… 150
湖南省沅陵县"茶叶收入险"兜底"一号扶贫产业" ………… 153

▼ 科技融合助力　推动金融扶贫更"精准"

人民银行河源市中心支行移动支付进村入户助力打赢脱贫攻坚战 …… 156
人民银行西安分行搭建跨境电子商务人民币结算服务平台 …… 160
金融壹账通助力供应链金融扶贫 ……………………………… 164
京东数科创新"众筹扶贫"模式 ……………………………… 167
内蒙古自治区扎兰屯农信社"互联网电商+信贷"精准扶贫新模式
　…………………………………………………………………… 170

金融扶贫重点领域

▼ 金融支持产业扶贫

山西省盂县以绿色转型发展促产业脱贫 ……………………… 177
湖北省谷城县"银行+公司+合作社+基地+农户"产业扶贫模式 …… 180
新疆洛浦县"公司+合作社+互助组+贫困户"全产业链扶贫模式
　…………………………………………………………………… 183
河北省威县探索资产收益扶贫 ………………………………… 186
黑龙江省林甸县"金融+乡村旅游"助推产业扶贫 …………… 189
安徽省黟县信贷保险双组合培育"有农"扶贫模式 ………… 192

福建省寿宁县"金融+扶贫定制茶园"产业扶贫 …………… 195
江西省婺源县乡村旅游金融扶贫的"篁岭模式" …………… 198
国家开发银行支持湖北省潜江市乡村振兴 …………………… 201
陕西省商洛市金融支持"小木耳"撬动"大产业" ………… 206
山东省聊城市茌平区"飞地"扶贫大棚助力脱贫攻坚 ……… 209
黑龙江省杜蒙县"信贷+牧场+贫困户"产业扶贫 ………… 212

▼ 金融支持易地扶贫搬迁

陕西省安康市金融支持"社区工厂就业扶贫" ……………… 215
国家开发银行湖北分行助力易地扶贫搬迁"十堰模式" …… 218
农业发展银行发挥政策性银行职能　为易地扶贫搬迁提供有力金融支撑
　　………………………………………………………………… 221
福建省赤溪畲族村整体搬迁、"换血"扶贫 ………………… 224

▼ 金融支持教育扶贫

农业发展银行广西分行探索"基础教育+公司自营"扶贫模式 ……… 227
吉林省九台区实施"委托高校包费用、定向培养保就业"教育扶贫 … 231
国家开发银行建立"政府主导，教育主办，开发性金融支持"
　国家助学贷款 ………………………………………………… 234
贵州省雷山县金融夜校办到苗寨　惠民政策送到农家 ……… 237

▼ 金融支持社会保障机制建设

中国人寿健康扶贫创设"一站式"结算服务 ………………… 241
太平洋寿险打造"六保一体"医疗保障服务网 ……………… 244
中国人寿发挥保险功能　筑建健康扶贫"四道医疗保障线" ……… 247

金融单位定点扶贫

人民银行把金融定点扶贫"责任田"打造成金融精准扶贫"示范田"
　………………………………………………………………… 253
国家外汇管理局集金融系统合力实施精准扶贫 ……………… 259

目 录

国家开发银行践行使命担当 倾力做好定点扶贫工作 …………… 262

中国农业发展银行深化"四融一体"帮扶格局 补齐"三农"
　　民生最大短板 ……………………………………………………… 266

中国工商银行凝聚金融合力助力脱贫攻坚 ……………………………… 269

中国农业银行创新模式、创建平台 助力定点扶贫县脱贫攻坚奔小康
　　…………………………………………………………………………… 273

中国银行多措并举定点扶贫工作显成效 ………………………………… 277

中国建设银行下沉重心赋能乡村做实金融精准扶贫 …………………… 282

中国人民保险集团充分发挥保险优化基层社会治理功能
　　高质量决战决胜脱贫攻坚 ………………………………………… 286

中国人寿保险公司创新扶贫工作机制打造脱贫攻坚"民生工程" …… 291

深圳证券交易所创新融资项目助推定点县脱贫 ………………………… 294

申万宏源证券有限公司建立金融支持产业扶贫长效机制 ……………… 297

金融扶贫体制机制创新

中国在推进金融扶贫事业中积累了丰富的实践经验,特别是在近年来的精准扶贫进程中进一步探索形成了行之有效的金融扶贫模式和体制机制设计,涌现出了一批富有典型性和代表性的金融扶贫创新案例,展示了我国金融机构助力脱贫攻坚的探索和成效。具体而言,包含以下四类。

金融扶贫和社会治理有机结合。在中国金融扶贫事业的推进过程中,自上而下、包容健全的国家治理体系为其提供了充分的制度保障。通过顶层设计建立高效运转的金融扶贫治理体系,将社会主义制度优越性和市场经济原则结合起来,引导金融资源流向迫切需要资金支持但并非市场出价最高的扶贫领域,发挥党建引领作用压实责任,把战斗堡垒筑牢在最前线。组织金融系统定点帮扶扶贫开发工作重点县。创建"党建+金融"工作机制,并将其作为推动扶贫开发和国民经济社会发展中长期规划的重要内容,创新精准扶贫新模式。

金融扶贫跨部门协同创新。作为全球最大的发展中国家,中国的金融扶贫从顶层设计到具体实践,始终致力于平衡营利和公益、公平和效率之间的关系,努力形成多方协同、统筹推进的工作机制,主要包括跨部门协同、跨市场主体协同、上下联动协同、跨区域协同等,吸引最广泛的社会力量参与其中,进而产生具有乘数放大效应的政策合力。

金融部门体制机制创新。金融扶贫体制机制创新是推进综合扶贫的重大举措,许多省市都在这方面做了大量有益的实践与探索。一是作为农村金融改革推进有效措施,多地创新"'输血'+'造血'+开发式"金融扶贫机制,助推贫困户整体脱贫。二是基础金融服务全覆盖,为金融精准扶贫提供更有效的保障。三是产融结合促脱贫，成为多地金融扶贫的有效实践。四是推进金融扶贫与乡村振兴有效结合，为扶贫工作推进提供稳定支撑。五是重大基础设施建设成为部分不发达地区的金融扶贫抓手。六是金融人才扶贫和金融知识扶贫，逐步引起地方金融部门的重视。

金融服务体系综合创新。广西田东县紧紧围绕"精准对接扶贫金融需求，精准完善惠农服务体系，强化金融扶贫工作质量与效率"的要求，依托建设以机构、信用、支付、保险、担保、村级服务组织六大金融服务体系为核心的"田东模式"。盐池县在脱贫攻坚进程中走出了一条"依托金融创新推动产业发展、依靠产业发展带动群众增收"的富民之路，形成了以"信用建设＋产业基础＋金融支撑"为核心的金融扶贫"盐池模式"。

金融扶贫与基层社会治理有机结合

人民银行凉山州中心支行"双向联络员"机制架起金融与贫困户连心桥

摘要：针对四川凉山深度贫困地区幅员宽广、山高路远、交通不便、语言障碍以及银行基层服务能力不足的困境，人民银行凉山州中心支行（以下简称人民银行凉山中支）牵头州委组织部、州扶贫局创新建立金融精准扶贫"双向联络员"机制，覆盖全州所有贫困村和插花式行政村①，为精准对接贫困群众金融需求夯实了基础，推动实现了凉山21.51万建档立卡贫困户评级授信全覆盖、获贷范围大提升，助力贫困户生产发展、脱贫奔小康成效显著。

一、背景介绍

凉山彝族自治州位于四川省西南部川滇交界处，是全国最大的彝族聚居区、四川省民族类别和少数民族人口最多的地区。凉山集中连片贫困地区达4.16万平方千米，占全州幅员总面积的68.9%；辖内17县市中有11个国家级深度贫困县、2072个贫困村、21.51万户建档立卡贫困户、95.73万贫困人口。2019年，4个贫困县脱贫摘帽，剩余7个贫困县占全国2020年最后一批计划摘帽贫困县总数的13.5%。受制于经济基础薄弱、交通条件滞后、产业瓶颈突出以及贫困人口分布广、基数大、程度深等问题，凉山深度贫困地区成为全国脱贫攻坚"硬仗中的硬仗"。

---

① 有建档立卡贫困户的非贫困村。

2012年,在人民银行成都分行的支持下,凉山率先在全省启动了以"金融扶贫惠农工程"为载体的金融支持扶贫开发工作,随着"精准扶贫"的全面实施,金融在支持贫困群众自主生产就业与产业带动脱贫方面发挥了重要的助推器作用。但由于凉山深度贫困地区幅员宽广、山高路远、交通不便、金融服务能力不足以及贫困群众知识匮乏、技能欠缺、语言障碍等客观制约,金融精准扶贫的广度拓展、深度挖掘、效度提升仍面临较大困难。基于此,2017年5月,人民银行凉山中支牵头州委组织部、州扶贫局创新建立了金融精准扶贫"双向联络员"机制,覆盖全州所有贫困村和插花式行政村。

二、主要措施和成效

(一)创机制、补短板,发挥"双引擎"作用

在全面实施"分片包干,整村推进"主办银行机制①的基础上,创新建立金融精准扶贫"双向联络员"机制,由驻村第一书记或村两委干部担任村组方联络员,主办银行片区客户经理或信贷员担任基层金融机构方联络员,在全州确定了2959名村组干部和210名银行客户经理担任"双向联络员",实现所有贫困村和插花式行政村"1+1"②全覆盖。"'双向联络员'+'分片包干,整村推进'"双引擎机制有效弥补了村级金融服务空白、强化了基层金融扶贫力量,推动实现了凉山21.51万建档立卡贫困户100%信用评级、100%贷款授信。

(二)强保障、可持续,下足"绣花针"功夫

印发《凉山州金融支持精准扶贫工作联络员制度》,明确联络员职责、管理和激励措施。建立"双向联络员"交流平台和工作台账,通过"线上+线下""纵向+横向""党建带业务""重点带全面"的"两+两带"方式强化金融精准扶贫工作的信息沟通、问题反馈、经验交流、要求传达、责任落实、

---

① 人民银行凉山中支牵头建立凉山"分片包干,整村推进"金融精准扶贫主办银行机制,将全州3880个行政村分区域进行主办银行责任划分,推动全州17个县(市)政府与各主办银行签订"分片包干,整村推进"责任书,推动主办银行有效开展责任村内所有建档立卡贫困户的评级授信、贷款发放、信用救助及基础金融服务设施建设、金融扶贫政策宣传等工作,确保"一村一行"全覆盖整体推进金融精准扶贫工作。

② 每个村均配备2名"双向联络员",包括"1名村组方联络员+1名基层金融机构方联络员"。

业务培训。不定期组织村组方和金融机构方联络员座谈会，了解联络员履职情况和工作难点，协调相关部门解决困难问题。推动主办银行对联络员进行合理奖补，推动州委组织部将联络员履职情况纳入"优秀驻村第一书记"和"四川省金融精准扶贫先进个人"等评选范围，激发联络员工作积极性，确保机制高效持久运转。

（三）拓渠道、促实效，助推"参与式"扶贫

依托"双向联络员"全面掌握建档立卡贫困户基本信息、健康状况、致贫原因、文化程度、劳动能力、生产技能、诚信意识等，因户制宜确定金融精准扶贫计划；组织"双向联络员"通过村组会议、党员活动、村民大会、农民夜校等形式宣传金融扶贫政策，有效拓宽政策知晓面；充分发挥"双向联络员"在信用评级、授信放贷、贷后管理、贷款清收以及提升货币政策工具普惠面、营造诚信借贷氛围等方面的积极作用，贫困群众金融获得感和脱贫内生动力显著增强，有力助推"救济式"扶贫向"开发式"扶贫转变。截至2020年第一季度末，全州扶贫小额信贷、个人精准扶贫贷款余额分别为15.04亿元、29.59亿元，居全省第2、第3位，较2017年初增长5202.54%、241.29%；全州12.65万建档立卡贫困户获得贷款，覆盖率达58.79%，高于全省平均水平，较2017年末提高18.38个百分点，其中扶贫小额信贷覆盖7.5万户，获贷率为34.89%；支农、扶贫再贷款余额合计为25.6亿元，居全省第1位，累计支持4.36万贫困户和3.10万农户。

三、经验启示

（一）补齐短板不足，确保全覆盖

全面提升深度贫困地区金融精准扶贫的量、质、面存在较多制约，挖掘整合基层有限的人力资源对打通政策传导落地"最后一公里"至关重要。在各贫困村以"1名村组方联络员+1名基层金融机构方联络员"模式充实金融扶贫力量并实现全覆盖，以及充分聚合村组方联络员扎根基层、熟路轻辙、致富带头与基层金融机构方联络员掌握政策、运用金融、普惠服务的优势，是推动金融精准扶贫到村到户、确保全面小康不落一村一户的重要抓手。

（二）强化制度保障，确保可持续

通过人民银行凉山中支、州委组织部、州扶贫局联合发文的方式，制度化明确"双向联络员"的配备要求、工作职责、管理方式、激励安排，同时搭建信息交流沟通平台、完善问题协调解决机制、推动合理奖补与评先评优，有效驱动联络员更好履职。

（三）发挥纽带作用，确保精准性

引导和撬动金融资源流向农村、营造良好的诚信借贷环境是解决贫困群众生产发展资金难题、助推"输血式"扶贫变"造血式"扶贫、防范化解金融精准扶贫贷款风险的重要一环，"双向联络员"作为金融与贫困户的桥梁纽带，在扶贫第一线宣讲金融政策与诚信知识、协助评级授信与贷款管理，确保精准对接贫困群众的金融需求。

建设银行重庆市忠县支行
党旗插在项目上　金融注入脱贫中

摘要：为了有效落实金融精准扶贫工作，建设银行重庆市忠县支行抓党建促脱贫，把党旗插在扶贫项目上，在加快推进光伏扶贫项目建设过程中，为带动建档立卡贫困户解决"两不愁三保障"突出问题提供了坚强的后盾。

一、背景介绍

忠县拔山镇、马灌镇位于重庆市忠县西北部，距忠县县城50多千米。该区域为浅丘带平坝地貌，海拔为480~530米，年平均气温为16.7摄氏度，年均日照时数为1327小时，无霜期约310天，日照充足，当地以农业产业为主业，其他产业发展相对薄弱。农村农民主要依靠外出务工和种植养殖业谋生，解决建档立卡贫困户的脱贫手段和形式较单一，效果不够显著。

近年来，为促进贫困群众增收脱贫，真正解决"两不愁、三保障"，不断改善贫困群众生产生活条件，忠县政府经过详细调研论证，发现拔山镇、马灌镇区域光照稳定，地形地貌等条件适合作为光伏项目建设场地，决定通过招商引资的方式建设100兆瓦光伏发电项目。该项目采用农光互补模式，将太阳能电池板架空，不占用近地表空间，利用太阳能光伏发电无污染零排放的特点，使项目既具有发电能力，又能为农作物、食用菌及畜牧养殖提供适宜的生长环境，为当地农户特别是建档立卡贫困户带来稳定收入，以创造更好的经济效益和社会效益，确保在2020年全面打赢精准脱贫攻坚战。

二、主要措施和成效

（一）主要措施

1. 党建引领压实责任，把战斗堡垒筑牢在最前线。明确党建扶贫机制，建设银行重庆市忠县支行党支部坚持将金融扶贫纳入支委工作要点，成立精准扶贫领导小组，制订精准扶贫实施方案，细化精准扶贫工作细则，制定

"脱贫攻坚指导意见",强化扶贫制度保障。压实党建扶贫责任,明确支行党支部书记为脱贫攻坚第一责任人,按季度专题研究脱贫攻坚,明确扶贫要点。推动扶贫联学共建。在当地人民银行的帮扶指导下,开展党支部联合共建,深入贫困乡镇走访摸排,掌握项目进度,对接金融服务需求,支持特色项目、产业发展;协同人民银行忠县支行党支部与忠县贫困村党组织"结对子",发挥基层党组织战斗堡垒作用,夯实扶贫力量,联合推进精准脱贫攻坚。

2. 选好配强扶贫干部,把榜样力量输送到最前沿。建设银行重庆市忠县支行坚持把能力强、经验丰富的优秀干部充实到扶贫工作第一线,全力支持金融扶贫工作。建设银行重庆市忠县支行总经理郭一万同志,一名老共产党员,他带动部门新员工积极与政府部门联动,调研全县企业融资需求,走村入户听取社情民意、宣传扶贫政策、普及金融知识、对接金融需求,为建设银行培养造就了一支懂农业、爱农村、爱农民的"三农"金融扶贫队伍,实现了通过融资融智助力金融扶贫。

3. 强化扶贫项目实施,把金融资源精准滴灌扶贫企业。忠县100兆瓦农光互补光伏发电项目采用长期租用当地农户土地的模式,通过签订交易协议的方式带动土地流转和农民增收,由拔山八德、马灌双石等村庄的建档立卡贫困户把土地流转给村民小组,村民小组把土地出租给当地政府平台公司,政府平台公司再把租入的土地统一转租给项目公司,项目公司把租金按原路径的反方向支付给相关建档立卡贫困户。忠县吉电新能源有限公司入驻忠县后,项目推进较快,资金需求量大。建设银行重庆市忠县支行在收集到该信息后,主动联系对接,及时实地察看、开展项目论证、与项目负责方讨论达产后经营模式、持续跟进项目建设运营,提出了"结算服务+项目融资"的支持模式,为项目提供全方位的综合金融服务,并及时为项目投放了基本建设贷款。

(二)取得成效

在金融支持下,该项目总投资达51964万元,授信固定资产贷款额度为34000万元,贷款期限为15年。通过信贷支持,该项目已顺利建成并网实现发电运营,经营收入稳定,项目效益较好,可以长期支撑土地租赁费用,还带动忠县拔山镇八德村、马灌镇双石村31户建档立卡贫困户,共113人实现稳定脱贫增收。

三、经验启示

（一）党组织的战斗堡垒作用是"党建+扶贫"成功的关键因素

建设银行重庆市忠县支行在金融精准扶贫全过程中，无论是决策部署，还是组织推动、制度建设、人员安排、项目推进、联学共建等，党支部的战斗堡垒作用都得以充分发挥，尤其是对光伏项目的支持过程中，支行党支部亲自决策、全力推动，切实解决推进过程中的重大问题，为项目贷款顺利投放起到决定性作用。

（二）党员先锋模范作用是"党建+扶贫"成功的推动力量

扶贫信贷项目的调查、申报、审批、投放涉及很多环节，在这些环节中，又涉及很多人，但党员发挥了先锋模范作用，建设银行重庆市忠县支行对扶贫示范项目——光伏发电项目贷款的调查、对接、申报、投放，以及驻村扶贫，共产党员均是冲锋在前、勇挑重担，以自身丰富的金融知识、从业经验，不舍的乡土情结，执著的责任担当融入党建、投入扶贫。

（三）贫困户真正脱贫致富是"党建+扶贫"成功的检验标准

忠县拔山镇的山坳上，一排排太阳能光伏板在阳光下格外醒目。100兆瓦农光互补光伏发电项目已惠及30多户建档立卡贫困户，帮助他们进一步脱贫增收。光伏板下种植规模化发展，能够吸收更多贫困户参与项目土地经营，为当地项目扶贫和经济发展建设起到积极的带头示范作用。

青海省创设"双基联动"合作贷款模式
发挥"示范办公室"引领作用

摘要： 党的十八大以来，青海立足经济社会发展实际，将基层党组织和基层银行机构有机结合，形成党政与金融合力，探索设计了"双基联动"合作贷款模式，为广大农牧民搭建了安全、可靠的贷款服务模式，有效缓解了农牧民贷款难、贷款贵、贷款慢的问题，打通了农牧区金融服务"最后一公里"，开创了西部欠发达地区发展普惠金融、推进脱贫攻坚、实施乡村振兴战略的新路子。该模式被写入《中国普惠金融发展报告》，被农业农村部列入"金融支农创新十大模式"，被银保监会作为农村普惠金融发展典型经验在全国范围内推广，被青海省深化改革领导小组纳入重点改革创新项目。

一、背景介绍

为了充分发挥农牧区基层党组织的战斗堡垒作用，将基层党组织服务群众"最后一公里"和农牧区金融服务"最后一公里"有机结合，充分发挥基层党组织了解群众、宣传群众、凝聚群众、服务群众的作用，充分发挥金融机构下沉到基层、下沉到农牧区的作用，研究基层党建与金融服务的结合点，青海省创新设立了"双基联动"合作贷款模式，有效提升了农牧区金融服务的覆盖面、可得性和满意度。

二、主要措施和成效

（一）主要措施

1. 双向交流，实现信息共享。"双基联动"合作贷款就是依托基层党组织与基层银行，在自然行政村，联合建立一个信贷工作室，基层银行业金融机构与农牧社区基层党组织发挥各自优势，基层党组织向银行业金融机构介绍村内经济发展情况、贷款需求及资质优、信用好的贷款户。金融机构通过共享基层党组织掌握的信息、组织、宣传资源，发挥自身资金、技术和风险管理等优势，实现优势对接和有效信息整合,建立贷款需求档案,及时为辖区内符合条件的贷款户提供金融服务,精准对接农、牧、社区居民的信贷需求,共同完成对农牧户和城镇居民的信用评级、贷款发放和贷款管理等多项工作。

2. 五个"双"核心机制,保障资金安全、快速、准确对接。"双挂"指基层银行机构选派信贷员到基层党组织兼职,发挥信贷宣传员、推销员和服务员作用;基层党组织选派干部到基层银行兼职,监督信贷员是否吃拿卡要,监督借款人是否按规定用途使用贷款。"双签"指双方签订协议书,明确各自责任义务,共同为农牧民办实事。"双办"指双方在当地村委共同设立"双基联动"合作贷款办公室,定时、定点、定人服务,与农牧民进行零距离接触,无缝对接。"双评"指双方共同开展建档、授信和评级工作,推进信用体系建设。"双控"指双方按照协议,通过组织或参与信贷管理活动,共同控制信贷风险。建立"双基联动"合作贷款业务信息库和数据库,对"双基联动"合作贷款进行风险管控,将贷款偿还情况与信用评级绑定,优化信用环境,探索可持续运行机制。

3. 提质增效,丰富模式内涵。2019年,青海省将保险服务有效融入"双基联动",按照"先试点,后推广"的原则,选择主观有意愿、客观有条件的农牧区,以政策性保险、农牧区小额人身保险、人身意外伤害险为主要险种,探索实施"双基联动+保险"试点,初步建立业务宣传、协调联动、信息共享、考核评价、监管督导"五位一体"的工作机制,不断提高普惠金融服务能力。

(二)取得成效

1. 实现快速有效推广。自2016年《青海银行业金融机构"双基联动"合作贷款模式推广规划》印发以来,力争用5年时间,在全省所辖区域的乡镇、村和社区,按照每年20%的速度逐年推进"双基联动"模式。5年内在有需求、有服务的区域实现"双基联动"模式全覆盖,使广大农牧民群众能够以平等的机会、合理的价格、适当的方式享受到符合自身需求的普惠金融服务。截至2020年3月末,青海省共建立"双基联动"合作贷款办公室3449个,发放"双基联动"贷款余额174.6亿元。

2. 发挥"示范办公室"引领作用。为更好地提供普惠金融服务,通过明确

5个创建标准,在各县"双基联动"合作贷款办公室中,筛选创建1~2个"示范办公室",发挥示范和引领作用,进一步提升"双基联动"工作实效。一是实现"三固",即固定地点、固定时间、固定人员,为农牧民和城镇居民开展金融服务。二是有完整的经济信息、信用评级和贷款管理档案。三是农牧社区基层党组织协助基层银行有效落实贷款"三查"制度。四是建立科学的考核评估和尽职免责制度。五是要统一名称、统一档案管理,统一制度、流程、职责、公示牌等内容,实现制度化、规范化、标准化运作。

3. 创新信贷产品和服务模式。在"双基联动"模式的推动下,基层银行开展扶贫小额信贷、创业担保贷款、生源地助学贷款、产业扶贫贷款等多种业务,加大对新型农牧场、专业合作社和龙头企业的信贷支持力度,创新开发了"循环贷""联保贷""枸杞贷""虫草贷""羚动无忧""美丽乡村贷"等50多种"专业化+特色化"的信贷产品和服务模式。

三、经验启示

"双基联动"模式的实践经验表明,调动基层党组织深入群众、扎根基层的积极性,依托基层党组织掌握的群众金融需求,可以有效破解银行信贷服务过程中,缺信息、缺沟通、缺平台的难题,填补基层群众与金融机构之间的信息鸿沟,解决信息不对称所带来的效率损失。依托基层党组织与基层金融机构所形成的合作贷款业务信息库和数据库,将真实性和可操作性高度融合,贷前信息互换、贷中协助放款、贷后综合管理等流程,探索了共防贷款风险的新路径。整体上,在该模式下构建的"银行+支部+农户"普惠金融发展制度框架,充分发挥了基层党组织覆盖面广、渗透能力强的优势,便于在全国进行推广应用。

人民银行政和县支行
创建"党建+金融"工作机制 创新精准扶贫新模式

摘要：2017年以来，人民银行政和县支行积极创新"党建+金融精准扶贫"模式，突出党建引领，通过构建互动联动机制、精准对接分类帮扶、优化服务送贷上门等措施，有效解决金融精准扶贫的痛点堵点问题，实现扶贫小额信贷"贷得出""用得好""还得上"，推进扶贫小额信贷增量扩面并带动贫困户脱贫增收。2020年5月，政和县通过验收如期实现"脱贫摘帽"。

一、背景介绍

政和县是中央苏区县和革命老区，也是时代楷模廖俊波精神主要发源地、福建省23个扶贫开发工作重点县之一，金融精准扶贫工作底子薄、任务重。2014年，人民银行政和县支行积极推动成立政和县扶贫小额信贷助推协会，在省内率先创新构建扶贫小额信贷机制。但受信息不对称等各种因素的制约，贫困户金融服务需求与金融扶贫政策不能完全有效衔接，陷入贫困户"贷不到""不想贷"，银行"贷不出""不敢贷"的怪圈。据统计，2016年末政和县扶贫小额信贷受益面不到12%。为有效解决金融精准扶贫的痛点堵点问题，2017年人民银行政和县支行经过充分调研论证，打造扶贫小额信贷机制升级版，以强化党员干部责任担当、攻坚克难为重点，积极推动创新"党建+金融精准扶贫"新模式。

二、主要措施和成效

（一）主要措施

2017年9月，人民银行政和县支行拟定并促成县委、县政府"两办"联合行文印发《"党建+金融精准扶贫"工作实施方案》，进一步推动扶贫小额信贷增量扩面、提质增效。

1. 助贷促贷，构建互动联动机制。建立银行、乡（镇）、村三级党（委）

支部联动机制和联络员帮扶制度。人民银行县支行、主办银行、县扶贫小额信贷助推协会和村两委分工协作，细化工作责任和措施，建立扶贫工作会商机制，及时研究解决遇到的困难和问题。人民银行县支行灵活运用央行货币信贷政策工具，优化金融管理服务措施，督促金融机构提供信贷、支付等系列金融服务；扶贫小额信贷助推协会负责办理小额信贷担保相关手续；乡级党组织负责协调督促银村对接，建立扶持工作时间表和扶贫对象贷款意向档案，逐村推进、全面覆盖；村两委负责建档立卡贫困户的信息收集和情况反馈。

2. 应贷尽贷，分类施策精准对接。银行、乡（镇）、村等基层党组织加强联动，以"金融知识下乡、扶贫政策上门"为主题开展"进百村"活动，指定党员骨干分户包干，逐个入户筛查，分类施策，精准对接。有自主发展生产意愿、有劳动能力但缺资金的，直接给予扶贫小额信贷支持；具备自主贷款条件但缺乏发展项目的，积极推介有发展前景的特色种植、养殖生产项目，联系涉农企业和新型农业经营主体项目带动帮扶，扶贫小额信贷跟进支持；有劳动能力但无自主发展生产意愿的，按照就近、便利的原则介绍到涉农产业主体就业，银行给予产业主体其他扶贫类资金支持。

3. 能贷快贷，优化业务服务上门。银行、乡（镇）、村等基层党组织前移服务阵地，设立扶贫小额信贷助推协会镇前办事处，有效打通偏远农村金融扶贫"最后一公里"。适当放宽条件简化手续，建档立卡贫困户贷款年龄从60周岁放宽到65周岁；贫困户家庭成员符合条件的，均可作为承贷人，特殊情况下配偶单人到场也可办理。为解决贫困户奔波于乡村、银行之间耗时、费力、花钱的问题，银行党支部发扬"能在现场就不在会场"的廖俊波精神，信贷服务一站式，业务流程一体化。信贷工作人员逐村入户平行作业，让贫困户足不出户就可以办结扶贫贷款。

（二）取得成效

政和县"党建+金融精准扶贫"工作机制通过强化银、乡、村基层党组织联动互动，合力推进贫困户信息与金融扶贫政策有效衔接，形成贫困户"想贷"、银行"敢贷"良好格局，新型农业经营主体带动扶贫成效明显。截至2019年末，政和县扶贫小额信贷成效显著：一是"贷得出"，受益面达

27.62%，比2016年末提高16个百分点，做到应贷尽贷；二是"用得好"，累计发放1.14亿元、带动贫困户1334户，户均年增收5000多元；三是"还得上"，自创办扶贫小额信贷以来，贷款到期的贫困户均能按期归还，未产生过一笔不良贷款。

三、经验启示

（一）精准把脉讲好"地方话"

"党建+金融精准扶贫"机制取得实效的关键，是通过村两委把金融政策"普通话"转化对接为通俗易懂的"地方话"，在有基层党组织的领域进行复制推广。首先，有村委党组织背书，银行对贫困户和经营主体的信息敢采信；其次，基层党组织具有地缘、人缘、族缘、亲缘等独特优势，对各方面情况知根知底，能够协助银行控制风险；最后，乡村经营主体责任人对基层党员干部比较熟悉、信任，更易听取他们的意见并接受引导。

（二）善聚合力促成"几家抬"

发展农村普惠金融对巩固农村脱贫成果极为重要，银行孤军奋战肯定行不通。"党建+金融精准扶贫"模式以党建为纽带联结金融供需两端，能够统筹协同参与各方的责、权、利，形成"几家抬"工作格局，有效引导信贷资金加速聚集流入农村普惠金融"洼地"。

（三）开拓创新务必"走对路"

"党建+金融精准扶贫"机制"小举措"发挥"大成效"的实践表明，金融创新只有"走对路"，才能不折腾、可操作、有实效。解决"融资难、融资慢、融资贵"问题，必须跳出抵押、担保等传统思维，积极推动建立信贷资金与财政补贴、税收优惠联动机制，突破资金需求主体"增信"瓶颈，根据承贷主体、资金用途、资金规模的不同特点，有针对性地创新适合新领域、新业态的差异化、个性化产品与服务。

交通银行天津市分行
党建引领聚合力　推动发展助脱贫

摘要： 2017年8月以来，交通银行天津市分行对宝坻区林亭口镇高康马村进行结对帮扶，积极发挥党建在金融扶贫工作中的引领作用，多措并举出实招，大力推动"美丽乡村"建设。目前，该工作已取得显著成效，并作为结对扶贫典型案例被媒体报道。

一、背景介绍

为深入贯彻党中央和习近平总书记关于精准扶贫、精准脱贫的要求，天津市委、市政府决定从2017年8月开始到2020年，用3年时间开展新一轮结对帮扶工作。交通银行天津市分行党委将脱贫攻坚作为一项政治任务，积极落实总行党委和天津市委的工作部署，充分发挥党建引领作用，选派两名干部组成驻村工作组进驻宝坻区林亭口镇高康马村，开展为期3年的驻村帮扶工作。

高康马村位于天津市宝坻区林亭口镇西南部，共有286户，950人，全村耕地面积为4750亩[①]，以种植水稻为主。该村两委班子成员共5名，村党支部共有党员45名、村民代表21人，有五保户2户、低保户1户，残疾人8人。

二、主要措施和成效

（一）主要措施

1. 加强调查研究，理清工作思路。交通银行天津市分行帮扶组入村后召开村两委班子、村民代表座谈会，了解高康马村基本状况，研讨经济落后的原因，探讨强村富民的途径；随后又广泛征集民意，走访村民，摸清基本情况，找准帮扶重点。在此基础上，多次向镇相关部门征求意见和建议，制定了《天津市宝坻区林亭口镇高康马村结对帮扶工作三年规划》。

---

① 1亩约等于666.67平方米。

2. 做好党建工作，汇聚发展合力。强化党员教育管理，认真开展"三会一课"、主题党日、民主评议党员和组织生活会等活动。引导村党员干部在开展工作中，坚持高标杆定位，高标准落实，使全村各项工作进展顺利。村两委班子呈现出新面貌、新气象，整体战斗力明显提升，群众对脱贫致富的信心明显增强。坚持严格按程序和规定办事，贯彻执行"六步决策法"。在"不忘初心、牢记使命"主题教育期间，以学习宣传习近平新时代中国特色社会主义思想为主题，组织党员群众到先进地区、街镇参观学习，村民整体素质得到了提升。

3. 完善基础设施，改善人居环境。为进一步推动"美丽乡村"建设，交通银行天津市分行陆续划拨资金约140万元，修建了约600平方米的党群服务中心、环村水泥公路、健身广场及文化大舞台，并安装太阳能路灯、建设一座惠民水站。此外，协调各方资金，重新修建近2.8千米的环村公路，安装路灯100盏，美化了环村公路，并种植树木约10000棵；建起了两座污水处理站，铺设了污水管网，达到了污水无害化处理要求；完成了"煤改燃"工程和旱厕改造工程，村民在冬季取暖和日常生活方面都用上了清洁能源。在村主要出入口、各街道、村委会等重要位置点位安装24小时不间断的视频监控，保障村民生活安全。基础设施的改善提升了农村发展水平，增强了村民生活幸福感，形成了美丽乡村的新风貌。

4. 壮大集体经济，推动产业扶贫。交通银行天津市分行帮扶组积极协调各方力量，多渠道、多形式开展扶贫工作。注册成立村合作社，开展农作物种植、农机作业、农产品加工等服务。分行捐赠了6架植保无人机作业，培养"飞手"18名；2019年植保无人机共飞防作业9000多亩，实现净利润1万余元。2018年种植"津川一号"品种水稻40亩的试验田，产量达1.9万斤①成米。加强农业技术指导，大力宣传科学种植，带领种植大户参加技术培训。

5. 多措并举出实招，做好金融帮扶。交通银行天津市分行针对高康马村发展情况，根据规模种植水稻、坑塘养殖等特点，制订精准扶贫金融服务方案，推出特色"农户贷"产品，支持本村种植大户和水产大户，助力建设绿色、富饶新农村。目前，分行共审批7户额度达300万元的农户贷款。加强金融知识

---

① 1斤等于500克。

宣传普及力度，强化困难村金融消费者权益保护工作，在困难村开展了金融知识宣讲、防金融电信诈骗、反假币讲座等活动，积极推进"平安村庄"建设。

（二）取得成效

2019年，高康马村集体经营性收入达49.7万元，比帮扶前增加16.7万元；农民人均可支配收入达24392元，较帮扶前增加7000元。目前，高康马村已经达到"五好党支部""文明村""平安村"创建标准；达到美丽村庄"六化六有"建设标准。村内低收入困难群体全部建档立卡，享受教育资助、医疗救助、住房安全、社会兜底等保障政策。

三、经验启示

（一）坚持党建引领，当好扶贫引路人

交通银行天津市分行党委把脱贫攻坚作为一项政治任务，选拔政治素质好、有责任心、综合能力强的同志驻村开展扶贫工作，并针对帮扶方案、发展规划、产业结构等多次进行调研指导。驻村干部坚持以党建助推扶贫工作，强化党支部在扶贫中的领头雁功能，充分发挥党员的先锋模范作用。

（二）坚持"以人民为中心"，做好小事、实事、具体事

聚焦贫困群体，统筹采取保障措施，定期开展慰问活动，给贫困群体送去关心和温暖。持续完善村内各项生活设施，提升群众幸福感、获得感和安全感，保障农村和谐稳定。

（三）坚持激发内生动力，倡导思想解放

大力宣传扶贫相关政策，争取群众理解支持，促进扶贫政策落实。通过组织参观、设置展板、文化活动等方式，开阔村民眼界，引导群众尽快转变思想观念，增强自我发展能力，靠辛勤劳动改变贫困落后面貌。

（四）坚持因地制宜，实施精准脱贫

根据贫困村的实际情况，在产业发展、增加农民收入和村内基础设施建设等方面有针对性地采取扶贫措施，精准施策，确保实效。

Ⅴ 金融扶贫跨部门协同创新

山西省吕梁市建立金融扶贫"吕梁模式"

摘要： 2017年，在吕梁市委、市政府的大力支持下，人民银行吕梁市中心支行、农发行吕梁分行与吕梁市农委、扶贫办、工商联认真探讨，决定由吕梁市各级政府出资创设吕梁市"农业产业扶贫贷款风险补偿基金"，由农发行按照政府出资规模5~10倍的比例，对符合条件的产业扶贫企业以优惠利率发放贷款，出现风险后由风险补偿基金代偿，形成了金融扶贫"吕梁模式"，开辟了吕梁市金融扶贫新途径。

一、背景介绍

吕梁是全国14个集中连片特困地区之一，是山西脱贫攻坚主战场，也是全国农发行系统产业扶贫试点地区。脱贫攻坚，产业先行。2017年以来，中国农业发展银行吕梁市分行针对中小企业融资难、政策性银行支持力度有限的矛盾，探索出政府设立风险补偿资金进行增信、农发行独立办贷的模式，有效解决了农业中小企业融资担保难题，有力助推脱贫攻坚，形成了金融扶贫"吕梁模式"。

二、主要措施和成效

"吕梁模式"采取政府统筹设立风险补偿基金，企业申请进入项目库，农发行单独配套政策、独立评审放贷的方式运作，如出现风险，则按照基金与农发行8:2的比例启动贷款风险补偿基金进行代偿。

（一）主要措施

1. 政府主导。成立由吕梁市分管副市长任组长的"吕梁市农村产业扶贫领导小组"，设立吕梁市、县两级政府出资的"吕梁市农村产业扶贫风险补偿基金"，由吕梁市农业农村局在吕梁市农发行开立专户负责具体管理。

2. 项目库建设。各县（市）农村农业局审核、推荐、把关，吕梁市农业农村局核准、认定、建立"补偿基金项目库"，将发展前景好、重信誉、能够带动贫困人口脱贫的农业企业、农副产品加工企业和农村合作社纳入项目库。

3. 基金设立。风险补偿基金包括两部分：一部分是由政府财政出资，地方政府出资比例不低于70%；另一部分是贷款企业的保证金，贷款企业按贷款额的10%交付农村农业局保证金，归还贷款后，可收回保证金。

4. 银行贷款。农发行对纳入补偿基金项目库中有贷款需求的企业进行独立调查评审，在降低准入门槛、实行利率优惠、下放评级授信权限、批量调查评审、优化办贷管贷流程、保障资金供应等方面给予政策倾斜。同时，加强贷后管理并制定具体管理办法，体现适当帮扶、有借有还、监督使用、风险控制等贷款基本原则。

5. 风险共担。实质风险发生后，风险补偿基金承担80%的代偿责任（含企业保证金10%），银行承担20%的责任。

（二）取得成效

1. 强化了农发行服务实体经济能力。经过两年多的发展，农发行产业扶贫"吕梁模式"成效显著。截至2020年4月末，项目库企业达到300户，获得支持企业达99户，获批贷款11.36亿元，贷款余额为5.79亿元。2017年以来，金融扶贫"吕梁模式"带动企业增收22.5亿元，实现利润6亿元，强化了农发行服务吕梁地区实体经济的能力。

2. 缓解中小企业融资难、融资贵问题。"吕梁模式"缓解了金融支持产业扶贫过程中面临的准入门槛高、办贷效率低、融资成本高等问题，真正成为产业发展的有力后盾。在办贷环节上，省市分行通力合作，大胆探索，以贫困地区农业企业发展实际为出发点，开辟绿色通道，极大地缩短了办贷时间。全行集中优势办贷力量，重点分析拟支持产业的发展前景、企业资信状况、政府扶持力度等因素，不求大不拒小，在充分调研和科学审查的基础上给予企业最大的支持，帮助企业获得长足发展。此外，贷款利率按照"吕梁模式"政策，依据企业扶贫成效享有利率优惠，最大限度地降低企业的融资成本。

3. 解决当地特色农产品难卖问题。农发行将"吕梁模式"的扶持目标定位为吕梁地区的农业产业化龙头企业和加工企业、当地专业大户、家庭农场、农民专业合作社等，向这些企业提供金融扶持，弥补这些企业在资金链上的先天不足，充分挖掘企业采购、生产、销售农产品的潜力。"吕梁模式"扶持行业囊括了红枣、小米、核桃、野生沙棘种植，奶牛、生猪养殖等多个吕梁特色农业采购、加工企业，很大程度上解决了当地特色农产品销售难的问题。

4. 解决建档立卡贫困人口就业帮扶问题。"吕梁模式"在实施过程中，由龙头企业直接为建档立卡贫困人口提供就业帮扶。截至2020年4月末，"吕梁模式"风险补偿基金规模达2.38亿元，其中政府出资1.80亿元，企业缴纳保证金0.58亿元，惠及贫困户4万余人，人年均增收2.5万元，具有明显的扶贫成效。

三、经验启示

"吕梁模式"有效地将政府、银行、企业、贫困户四方联结在一起。在这种合作模式下，由政府发挥主导作用，提供风险补偿基金进行融资增信；农发行扮演推动的角色，向具有扶贫成效的企业提供融资渠道，并在贷款发放后定期核实企业的扶贫成效；龙头企业与贫困农户则是产业项目实施的主体，由龙头企业直接为建档立卡贫困人口提供就业帮扶。目前，这一模式在全国农发行内系统推广；农业银行吕梁分行参照此模式推出了"乡村振兴"贷款方案。

黑龙江省勃利县探索"扶贫基金"脱贫模式

摘要： 黑龙江省七台河市勃利县构建"扶贫基金"模式实现金融精准扶贫。该模式通过银行让利、企业出资的方式，将一定比例的扶贫贷款及产业扶贫项目中释放出的扶贫收益、社会捐赠、基金利息收益等作为资金来源，设立"扶贫基金"。通过政府和金融机构共同选择扶贫产业项目，以"金融机构+企业+政策担保"的方式为扶贫产业项目提供资金，企业按贷款比例将产业扶贫资金注入基金池，用于帮扶贫困户，进而达到金融支持产业发展实现扶贫的目标。

一、背景介绍

七台河市勃利县是黑龙江省省级贫困县，2018年10月实现脱贫摘帽。为发挥金融助力贫困县脱贫攻坚作用，勃利县农村信用社先期通过"选取优质企业发放产业扶贫贷款，企业进行自主带动贫困户"的模式，来帮助贫困户实现增收。但运行中出现扶贫企业与贫困户之间的利益链接机制无法得到有效监管，造成资金兑付延后、贫困户没有真正参与企业的经营发展等问题，不利于贫困户建立长效的脱贫机制。在这种情况下，勃利县农村信用社总结前期经验，经与勃利县政府积极沟通后，于2018年初研究实施"政府+金融机构+企业+贫困户"的扶贫创新模式，按照"政府主导、农信社放贷、企贷企还、担保公司担保（政策性担保公司）、贫困户受益"的原则发放产业扶贫贷款，并通过建立"扶贫基金"池的形式，进一步带动贫困户脱贫增收。

二、主要措施和成效

（一）确立扶贫模式，建立"扶贫基金"

制定《勃利县扶贫基金管理办法》，确立通过银行让利、企业出资的方式，将一定比例的扶贫贷款及产业扶贫项目中释放出的扶贫收益、社会捐赠、基金利息收益等作为资金来源，设立"扶贫基金"。明确各参与方职责，即县扶贫办审核确定产业扶贫企业名单；农村信用社以人民银行的扶贫再贷款作为资金来源为企业降低利率（利率为3.75%）发放产业扶贫贷款；勃利县勃鑫投资担保有限责任公司为扶贫贷款提供100%保证担保；扶贫企业在贷款期内拿出相当于获贷额6.25%的利润，直接注入勃利县政府建立的产业扶贫基金；县政府成立勃利县扶贫基金管理委员会，负责扶贫基金管理。截至2020年3月末，"扶贫基金"资金池累计注入资金1433万元（包含县内知名企业捐赠款项、扶贫产业收益）。其中，勃利县农信社向县政府确定的10家产业扶贫企业累计发放产业扶贫贷款14399万元，按照6.25%的比例，即扶贫企业出资899.94万元注入"扶贫基金"资金池。

（二）帮扶精准定位，形成滴灌效果

勃利县扶贫基金管理委员会对"扶贫基金"的使用进行了精准定位，明确了基金的使用范围，即重点帮扶65岁以上无劳动能力或者大病致贫的贫困户，实施大病基金救助，给予固定收益，实施临时救济（每人500～1000元）等；对无劳动能力之外的建档立卡贫困户设置公益岗位（道路维护员、保洁员、安全巡护员、护林防火员、照料护理员等），支持建档立卡贫困人口就业，尤其是使老弱残贫困人口或半劳动力人口通过力所能及的劳动获得劳务收入；开展小型公益事业（村内道路维修、环境卫生整治等）；设立小微奖励补助（奖励先进、资助困难等）。这种精准定位实现"扶贫基金"精准滴灌效果。截至2020年3月末，通过设置临时或固定公益性岗位累计吸纳5599名贫困劳动力，人均增收1200元；通过给予对无劳动能力或弱劳动能力固定收益的形式，累计带动1455户，户均增收2000元。

（三）确保专款专用，助力脱贫摘帽

"扶贫基金"实行收支两条线、专户存储、封闭运行管理，并成立勃利县扶贫基金监督领导小组，不定期组织人员对扶贫基金的筹集、管理、使用情况进行监督审查。同时对扶贫基金工作实行季度督查、半年通报、年终检查的制度，确保扶贫基金专款专用，真正用到贫困户帮扶上。该产业扶贫创新模式的建立，不仅将金融扶贫政策落到实处，实现金融机构、企业与贫困户的"三方共赢"，还成功助力勃利县脱贫攻坚事业的发展，对勃利县无劳动能力的贫困户进行兜底保障，使无法依靠自身发展生产经营实现增收的贫困户加快脱贫进度，为勃利县实现脱贫摘帽起到了积极的促进作用。

三、经验启示

（一）政府主导是前提

勃利县"扶贫基金"的成立，涉及财政局、扶贫办、农村信用社、担保公司、企业等多部门多主体，没有政府的主导，这些部门和主体很难实现协调配合，只有政府在实践中完善扶贫领域的顶层设计，推动扶贫工作的制度化、规范化，充分发挥组织动员能力和资源整合优势，运用引领、协调、组织、监督、考核等手段，推动市场主体与社会主体持续发挥作用，才能推进扶贫工作深入开展。

（二）资金保障是基础

"扶贫基金"的持续运作，需要有可持续的资金注入做保障，勃利县"扶贫基金"的资金来源以金融机构投放贷款作为支撑，以扶贫企业获取信贷资金的比例作为直接资金来源。商业银行利用人民银行扶贫再贷款获得低成本资金，让渡利息收入给企业；企业获得低成本资金再按一定比例出资，获得资金总成本与正常融资基本持平；担保机构为银行提供担保的"产业带动，三方共赢"方式，达到为"扶贫基金"持续"供血"，从而实现对帮扶对象持续"输血"的目标。

（三）精准帮扶是关键

从以往的金融扶贫经验来看，由于贫困户中因病、因残致贫的情况较多，符合贷款条件的贫困户相对较少，仅依靠扶贫小额贷款政策无法实现金融扶贫的增量、扩面目标，失去劳动能力或半劳动能力的贫困户难以得到有效扶持，而"扶贫基金"模式定位精准，重点帮扶65岁以上无劳动能力或者大病致贫的贫困户，为无劳动能力之外的建档立卡贫困户设置公益岗位，精准滴灌效果明显，既实现了对无劳动能力贫困户兜底保障，也实现了金融扶贫增量、扩面的目标。

河北省阜平县
"金融服务+农业保险+担保公司"模式成效明显

摘要： 阜平县是国家扶贫开发重点县，2012年12月，习近平总书记亲自到该县考察调研。该县在金融扶贫工作实践中，大胆实践探索，采取组建金融服务网络、发展农业保险、成立担保公司三项重大举措，有效解决了金融扶贫中的各种瓶颈、梗阻，扎实推进了精准扶贫脱贫，取得了较好成效。2014年以来，该县164个贫困村出列、减少贫困人口8.71万人，贫困发生率由2013年末的54.37%降至2019年末的0.45%，脱贫攻坚取得了决定性进展。

一、背景介绍

阜平县地处保定市西部，总面积达2496平方千米，辖6镇7乡1个社管会，209个行政村，1208个自然村，人口为23.02万人。该县特点是"三区合一"：一是太行深山区。该县山地面积占87%，耕地总计21.9万亩，人均0.96亩，俗称"九山半水半分田"。二是革命老区。中国共产党于1925年在阜平县建党，1931年建立北方第一个红色苏维埃县政权，1937年建立全国第一个敌后抗日根据地——晋察冀抗日根据地。抗日战争时期，阜平人口不足9万人，2万多人参军参战，5000余人光荣牺牲。三是严重贫困地区。阜平是国家级贫困县，是"燕山—太行山片区区域发展与扶贫攻坚试点"。阜平县贫困范围广，全县贫困村164个，2013年有贫困人口4.44万户，共10.81万人，贫困发生率达到54.37%。

二、主要措施和成效

（一）主要措施

一是组建县、乡、村三级金融服务网络，引导金融服务顺利进到农村。该县将金融扶贫作为全县扶贫工作的破局点、发力点，制定出台了《关于加快金融业发展的若干意见》等一系列文件，探索创建了"县金融服务中心＋乡镇金融工作部＋村金融工作室"三级金融服务网络，为金融扶贫工作的顺利开展提供了机制和组织保障。三级金融服务网络的具体架构如下：县级成立了金融服务中心，总体负责推动开展金融扶贫各项业务；乡级依托财政所设立金融工作部，负责上承下达、中间审核；村级成立了金融工作室，收集掌握基础用户信息。通过建成覆盖全县各乡镇、村的金融服务网络，有效解决了金融扶贫中存在的信息不对称、人力成本高、具体工作难的现实问题。

二是通过"联办共保"模式促进农业保险全覆盖，降低金融扶贫的风险。创建农业保险"联办共保"模式，即由政府与人保财险公司按照5:5的比例联办共保，双方均设立农业保险专用账户，保费收入由县财政和人保财险公司按5:5的比例分成，各自承担相应风险，如果发生保险责任赔付，双方按5:5的比例分担。通过"联办共保"模式的推广，该县有效扩大了农业保险覆盖面，基本实现了全覆盖，降低了农户和贷款银行的经营风险。在具体运作过程中，该县政府一次性注资3000万元设立了专门的农业保险基金，并转入每年的保费结余，扩大了保险基金规模，提高了整体农业防灾能力。

三是成立金融扶贫专门担保公司，促进更多信贷资金支持产业扶贫。阜平县政府牵头成立了惠农担保公司，本着"扶持产业，旨在扶贫，兼顾风险，全力惠农"的原则，与各金融机构和保险公司合作，为农民创业、龙头企业的发展提供担保，打通了金融扶贫进农村的"最后一公里"，有效解决了贷款难、放款难的问题。同时，凡是惠农担保公司担保的贷款，全部执行基准利率，有效解决了担保难题，促进了金融资源对优势涉农产业的支持，畅通了产业与贫困主体利益联结机制，实现了涉农产业发展与贫困户脱贫增收"双促双赢"。

（二）取得成效

三级金融服务网络的创建，促进了该县的金融基础设施环境进一步改善，提高了贫困区域的金融服务水平。截至2020年6月末，该县已累计布放ATM 76台，POS机522台，设置助农取款服务点4887个，行政村覆盖面达到100%，实现了农民"足不出户"就能办理款项支取业务。

通过采取"三板斧"等一系列政策措施,该县有效破解了金融扶贫中存在的梗阻和难题,促进了金融扶贫工作的顺利开展。截至 2020 年 6 月末,该县经惠农融资担保有限公司担保的扶贫贷款累计达 29.35 亿元,其中:企业 267 户,贷款 12.23 亿元;农户 16419 户,贷款 17.12 亿元。有效地支持了当地龙头企业发展,带动贫困群众脱贫致富。

三、经验启示

(一) 金融进农村可把保险作为突破口

农业属于弱质产业,只有结合本地实际,开发适合农民需求的农业保险品种,形成农业保险全覆盖,才能有效降低农业产业风险,解除农民的后顾之忧,同时吸引金融资源的流入。保险兜底,不仅可以充分调动农民发展产业的积极性,利用保单抵押贷款进行扩大再生产,而且可以降低银行放贷的风险,实现保险与银行业务在农村地区互利共赢。

(二) 金融进农村需要金融机构与政府等多部门合作才能顺利实现

金融进农村单靠金融机构单打独斗,或仅靠政府等部门自身推动,从实际看都是行不通的,必须相互合作才能合力推进。金融机构同政府等多部门合作,可以借助政府等多部门在乡村两级的工作力量,在开展保险理赔、贷款审核等业务时降低工作成本和风险,提高工作效率。同时,积极探索"金融+"扶贫机制,形成"几家抬"的工作格局可以带来无限的商机和融资便利,能够有效活跃和发展当地经济,实现政府部门、金融机构、企业、农户等多赢的局面。

(三) 金融进农村可作为综合型抓手助力农村经济发展

开展金融扶贫,有利于建立扶贫长效机制,成为发展农村经济、防止返贫的一个重要"抓手",具体有三方面优势:一是可以利用有限的财政资金,撬动金融资本和社会资金,有效破解资金瓶颈;二是通过金融下乡,实现金融与产业、服务与需求、资金与农户的精准对接,提高扶贫的精准度;三是通过提供"创业有贷款、经营有保险"的优质金融服务,在"输血"的基础上增强"造血"功能,激发群众脱贫致富的内生动力。

广西壮族自治区都安县
创推"信贷+保险"新模式

摘要： 扶贫产业资金短缺，为配合广西都安县打造"贷牛（羊）还牛（羊）"新扶贫产业项目，人民银行南宁中心支行引导和支持当地银行业、保险业金融机构，围绕产业发展资金需求，创新和丰富金融支持模式，突出信贷资源与扶贫产业链、保险融资与保险保障、市场化运作与政策扶持、企业带动与贫困户参与"四个结合"，支持都安县走出一条特色产业脱贫之路，提升了金融扶贫的产业带动效应。

一、背景介绍

广西都安瑶族自治县总人口为72万人，其中农业人口54.42万人，瑶族约占全县人口的22%。作为广西未脱贫的8个县之一，都安县既是民族县，也是深度贫困县。2016年确定建档立卡贫困人口达13.67万人，贫困发生率为26.54%。境内山多地少，石漠化严重，缺乏产业项目，通过实践和探索，都安县首创"贷牛还牛""贷羊还羊"产业项目和粮改饲生态种养模式，通过政府搭台、信贷投入、保险兜底、以奖代补等形式精准扶持，实现农业供给侧结构性改革，稳定产业发展，助力脱贫摘帽。

二、主要措施和成效

（一）创新金融扶贫模式，多渠道资金供给助力脱贫

"贷牛（羊）还牛（羊）"产业金融扶贫模式是人民银行向商业银行提供再贷款支持和信贷政策引导，农户利用扶贫小额信贷向扶贫企业贷款买牛（羊）犊，饲养出栏后"还"牛（羊）给企业，减去养殖成本后为农户收益，饲养过程由保险公司承保和赔付；扶贫企业向银行贷款或承接保险公司专项资金，用于收购牛（羊）以及基地和产业链建设，打造"供、储、展、运、销、配"全链条，形成一二三产业融合发展的格局，促进"贷牛（羊）还牛（羊）"扶贫

产业形成贫困户年均增收 5000 元以上的稳定长效脱贫路径。2016—2019 年 4 年间该县实现减贫 13.22 万人。到 2020 年初，贫困人口由 13.67 万人降到 17509 人，贫困户 4733 户，贫困发生率由 26.54% 降至 3.36%。2020 年，在"贷牛（羊）还牛（羊）"扶贫产业助力下，都安县将如期退出贫困县序列。

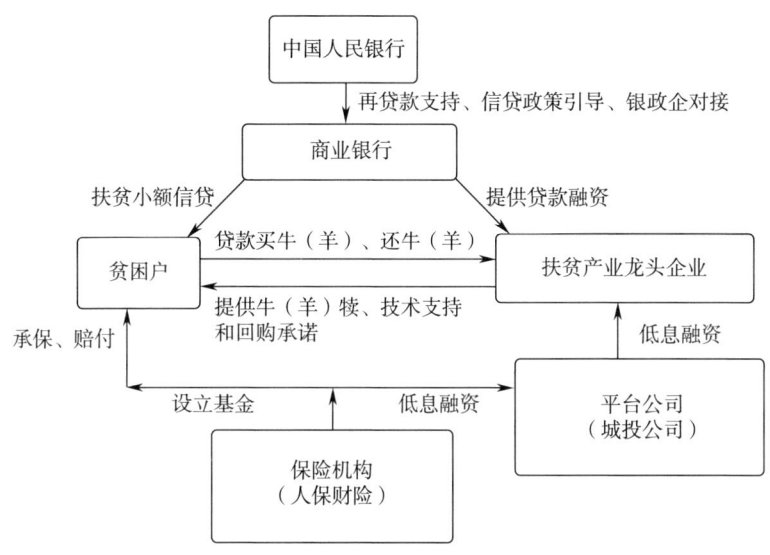

"贷牛还牛"产业项目金融扶贫示意

（二）创新信贷引导模式，形成信贷投放产业链全覆盖

一是创新"扶贫再贷款+金融扶贫示范点+金融精准扶贫专项评估"的信贷引导模式。人民银行都安县支行发放扶贫再贷款 7000 万元，依托"贷牛（羊）还牛（羊）"企业和合作社创建金融扶贫示范点 4 个，将金融机构产业扶贫贷款投放作为金融精准扶贫政策效果评估重点，充分引导信贷资源聚焦"贷牛（羊）还牛（羊）"扶贫产业链。二是形成信贷投放对"企业+合作社+贫困户"产业链条的全覆盖。都安县金融机构依托人民银行金融精准扶贫信息系统共享的扶贫对象名录，运用农村信用体系建设成果，全方位对接"贷牛（羊）还牛（羊）"产业链融资需求。截至 2020 年 6 月末，已累计向"贷牛（羊）还牛（羊）"产业项目发放各类贷款 3.56 亿元，其中产业链核心企业——广西都安嘉豪公司肉牛繁育基地贷款 4500 万元，广西都安桂合泉生态农业有限公司贷款 350 万元，都安澳寒羊养殖繁育基地贷款 1000 万元，

其他 31 家产业链养殖专业合作社贷款 4195 万元；向 6140 户贷养牛犊或羔羊的农户发放扶贫小额贷款 2.97 亿元。

（三）创设保险基金加专项融资，保险保障"壮底"扶贫产业

一是设立保险基金形成示范效应。2017 年 6 月，人保财险广西分公司与都安县签订《农业扶贫产业项目合作框架协议》，设立了 200 万元保险精准扶贫基金，用于"贷牛（羊）还牛（羊）"项目示范村建设。二是支农专项融资壮大产业链。2017 年 6 月，人保财险广西分公司提供 3 亿元融资额度，通过政府推荐的城投公司和担保平台为项目进行全额担保后，投放给扶贫产业龙头企业，用于扩大种牛（羊）养殖规模。2018 年 8 月，追加 2 亿元融资额度，用于完善产业链建设，包括都安西南冷链仓储物流中心建设、粮改饲项目建设、引进安格斯种牛、有机复合肥厂建设、活禽交易市场建设等项目。都安县目前已经建立 3 个万头种牛基地、发展"粮改饲"10 万亩，建成肉牛生产、加工、物流、销售一条龙产业链。截至 2020 年 6 月末，全县养牛数量达到 20 万头，养羊数量达到 80 万只，实现了"县有基地、乡有牛场、村有牛社、户有牛羊"的阶段性目标，覆盖贫困户 2.5 万户，10.2 万人。三是保险兜底为扶贫产业保驾护航。人保财险广西分公司将"贷牛（羊）还牛（羊）"项目纳入农业保险范围，每头牛保险金额为 8000 元、保费为 480 元，每只羊羔保险金额为 1200 元，保费为 60 元。截至 2020 年 6 月末，已累计承保肉牛 2.71 万头，山羊 3.41 万只，受益贫困户 1.76 万户；共赔付"贷牛（羊）还牛（羊）"项目 1288 万元。

三、经验启示

（一）顶层设计发展模式，催生自主脱贫内生动力

政府奖励养殖，银行提供发展本金，保险兜底保障，"贷牛（羊）还牛（羊）"产业扶贫模式得到多方政策扶持，产业项目补助资金超过 4 亿元，实现产业项目"扶上马，送一程"。采购成本转入循环本金，贫困户以贷牛（羊）、还牛（羊）的方式循环滚动运用资金，无风险、收益大，达到稳定收入、良性循环、防止返贫、永久脱贫的目标，可以激发贫困户的养殖意愿和自主脱贫的内生动力。

（二）突出市场导向，形成产业闭环循环发展

"贷牛（羊）还牛（羊）"产业项目充分发挥市场化运作机制，扶贫企业根据市场需求"贷"给农户牛犊或羊羔，按照市场价格进行回收，并根据消费者偏好对牛羊肉进行深加工，形成养殖、销售、深加工、冷链运输等环节有机衔接的产业闭环。此外，通过本地化的草饲和终端深加工压降养殖成本、提高肉牛（羊）产品利润率，确保产业项目循环发展可持续。

（三）建立稳定利益联结，扩大扶贫带动效应

金融机构在加大对扶贫龙头企业信贷支持的同时，支持企业通过安排贫困户就业，或与贫困户签订牛（羊）借贷协议、牛（羊）代养寄养协议、玉米秸秆牧草收购合同等途径，辐射带动周边种植养殖产业发展。支持贫困户自养4头牛犊或12~20只种羊，出栏后按市场价向企业出售，养殖过程出现意外由保险赔付。对于通过"贷牛（羊）还牛（羊）"产业项目实现脱贫的农户，支持其逐步扩大养殖规模，帮助其他贫困户代养3~5头牛犊或12~20只羊羔，代养分红由各相关方自行商定，促进贫困户积极参与，稳步提升自我发展能力。

黑龙江省海伦市金融衍生品助力脱贫攻坚

摘要：为落实中央文件精神，深入推进脱贫攻坚，在大连商品交易所的支持下，南华期货于2017年、2018年连续两年利用金融衍生品，为国家级贫困县海伦市豆农设计了"订单农业＋保险＋期货""大豆价格保值"等风险管理项目，助力豆农规避粮食集中上市时期的价格波动风险，为海伦市脱贫攻坚探索有效途径。

一、背景介绍

近年来，随着国家对农业种植结构的调整，以及"市场定价、价补分离"政策的逐步落实，国内玉米和大豆的种植面积此消彼长，加之国内玉米库存亟待消化、进口大豆量逐年递增等因素的影响，导致近年来我国农产品价格波动幅度加剧，农民担心的问题从以往的"如何种好粮"延伸到"如何卖好粮"。此外，2018年发生了中美贸易摩擦，使大豆等农产品价格面临着诸多不确定因素。海伦市是黑龙江省绥化市的县级市，耕地面积达441万亩，总人口为84.7万人。2012年，全市农村贫困人口近17万人，年人均纯收入不足1300元。海伦市是国家重要的商品粮基地县，以盛产优质大豆而远近闻名，大豆种植面积占全市耕地面积的40%，享有"中国优质大豆之乡"的美誉。

海伦市政府高度重视金融支农创新项目，由海伦市农经总站、海伦市扶贫办等相关部门组成政府工作小组，与南华期货团队建立了长效合作机制，积极配合南华期货落实试点工作，包括组织豆农参与"保险＋期货"培训会议、协助完成对农户的保费交收、对扶贫农户参与试点项目的资金扶持等工作。经过2017年、2018年连续两年在海伦市开展金融扶贫试点工作，累计服务了164位豆农，其中建档立卡贫困户87户，覆盖面积达17.6万亩，保障大豆2.8万吨，累计赔付282.97万元。

二、主要措施和成效

（一）开创"订单农业"与"保险+期货"结合模式

2017年在价格保险的基础上，南华期货引入龙头企业九三集团收购大豆，解决豆农卖粮难的问题，开创了"订单农业"与"保险+期货"结合模式。在价格风险转移方面，阳光农险向南华期货风险管理子公司南华资本购买大豆看跌期权产品以对冲价格波动风险。价格保险产品从2017年7月3日起至10月31日，单位理赔117.03元/吨，总计赔付1521390元。同年9月，部分投保户与九三集团签订了800吨的大豆基差采购合同，在南华期货的指导下，农户在2017年10月中旬在豆一1801合约3800元/吨价格点价，九三集团按照3640元/吨与农户结算，相较于同期现货市场价格3600元/吨，农户实现增收40元/吨。

（二）开创"场外期权+平台"模式

鉴于2017年"保险+期货"试点项目取得了保价增收的效果，2018年，由海伦市政府工作小组牵头、以海伦市兴农科技有限公司为平台，通过场外期权与融资、农资、农技、价格保值、粮食银行等多种服务手段相结合的方式，创新设计"场外期权+平台"的模式，保障参与试点的11家种粮大户及10位建档立卡贫困豆农在国际贸易关系多变环境下平稳经营。

在场外期权产品设计方面，南华期货团队设计了高于或等于3850元/吨最低赔付10元/吨，在3850~3705元/吨则按区间赔付的方案。采用结算价为最后一个月均价的亚式期权策略，在时间和价格上都比较符合农户的需求，同时节约成本、降低权利金。

三、经验启示

（一）开创新型金融服务"三农"模式

在大连商品交易所的支持下，南华期货于海伦市开创了"订单农业+保险+期货""场外期权+平台"等多种新型支农模式，不仅通过市场化的手段将粮食价格风险转移到市场中，还引入龙头企业、农业综合服务平台等资源，与金融试点项目有机结合，为海伦市豆农，特别是贫困种植农户提供了保值增收的新路子，为期货市场服务实体经济探索出一条可行之路。

（二）引入龙头企业，探索粮食购销新模式

在2017年的项目中引入龙头企业九三集团，采用国外基差采购先进模式，进一步延伸"保险+期货"服务面积——九三集团与投保农户约定-160元/吨基差价格，为投保户提供可在同年年底前按照豆—1801合约价格减160元/吨基差点价卖粮的权利。这种新型购销模式不仅能够有效地促进农民增收，同时也稳定了企业对原材料的采购，是兼顾买卖双方利益、市场化经营的新模式。

（三）尝试"场外期货+平台"模式综合服务农户

为提高海伦市农业竞争力，海伦市政府工作小组以兴农科技公司为新型农业平台，为农户提供融资、农资、农技、粮食银行等多种手段并用的方式，覆盖农户种、产、储、销等环节，但是苦于没有一种手段可以有效规避大豆价格下跌风险。为此，南华期货通过场外期权的手段介入，刚好弥补了"平台"对价格管理方面的缺失，实现农业全闭环运营模式，取得了良好的合作成果。兴农科技将进一步加强与南华期货的合作模式，未来将面向服务的合作社大力推广基差点价、延期点价与一口价三种售粮模式，农户可根据自身需求自主选择，形成多元化的售粮体系。

海南省白沙黎族自治县
天然橡胶"保险+期货"助力精准扶贫

摘要： 为应对天然橡胶价格近年来持续低迷对海南省橡胶产业健康发展及对胶农收入带来的不利影响，在上海期货交易所（以下简称上期所）和白沙黎族自治县人民政府的支持下，新湖期货股份有限公司（以下简称新湖期货）与中国人民财产保险股份有限公司海南省分公司跨市场合作，自2017年起连续3年在国家级贫困县海南省白沙黎族自治县开展了天然橡胶"保险+期货"精准扶贫试点项目。3年来，白沙县试点项目总承保现货数量达4.21万吨，累计受益胶农达36566户次（其中贫困户15196户次），共产生赔付3015.68万元，探索出精准扶贫的新模式，取得了良好的社会效益和经济效益。

一、背景介绍

海南省白沙黎族自治县是黎族、苗族等少数民族聚居的山区县，也是革命老区县、国家级贫困县。该县以种植业为主，橡胶是其重要的支柱产业，种植面积达97万亩，民营种植面积为63万亩，人均橡胶种植面积和人均产量名列海南第一和全国第二。全县92%的农户（全县农户26037户）、86%的贫困户（全县贫困户10864户）种植橡胶，橡胶产业带动着10万劳动力就业，是当地农民重要的收入来源，胶价直接影响着当地的经济发展和胶农的收入。

2017年4月，国务院印发《关于建立粮食生产功能区和重要农产品生产保护区的指导意见》，划定天然橡胶生产保护区1800万亩，其中海南省840万亩。按照海南省的规划，白沙县天然橡胶保护区划定面积为104万亩。因此即使胶价再低，胶农也不能砍树改种。由于割胶产生的胶水是生产橡胶的直接原料，与橡胶价格相关度达到94%以上，因此基于"保险+期货"模式在其他农产品的成功试点经验，新湖期货于2017年尝试将其引入天然橡胶产业，该模式可以很好地通过橡胶期货将白沙县贫困胶农的价格风险对冲掉，保障胶农割胶收入，进而达到精准扶贫的目的。

二、主要措施和成效

（一）项目具体实施

在上海期货交易所和白沙县政府的支持下，2017年6月1日，国内首单天然橡胶"保险+期货"精准扶贫项目保单正式签发，落地白沙县南开乡。随后连续3年在当地持续开展试点，全县天然橡胶3年投保总量达4.21万吨，受益胶农达36566户次，其中建档立卡贫困户15196户次，兑付理赔总额达3015.68万元，户均增收824.7元/年。项目受益农户均为重点扶持的农户，大多数为建档立卡贫困户，是项目精准定位扶持对象，且通过保险的形式运作，规避了传统直补政策中可能存在的补贴受益者不是实际种植者的问题，更加精准、有力地支持了白沙县的脱贫攻坚工作。

（二）项目成效

1. 经济效益。2017年项目总赔付555918.8元，户均赔付497.24元。2018年项目共实现赔付8267169元，赔付率达93.49%，户均赔付1051.134元，按海南省扶贫标准人均收入3523元，户均4人计算，赔付款的收入贡献率为7.46%。2019年试点项目共实现赔付1672.8万元，赔付率达82.77%，户均赔付735.4元。同时，当地的橡胶弃割率由2017年的40%降到2018年的20%，2019年进一步降低，试点对稳定当地橡胶产业起到了积极作用。

2. 扶贫效益。2017—2019年项目分别涉及建档立卡贫困户492户、4141户和9031户，目前均已通过年度考核，全面实现贫困户脱贫退出，胶农收入得到了保障，有效支持了白沙黎族自治县的脱贫攻坚。

3. 社会效益。为了顺利推进项目实施，普及金融知识，提高群众认识，3年来，除了小型的座谈会、研讨会外，新湖期货还组织了多场大型培训班（会），受众包括政府部门、乡镇干部、协保员、胶农代表，内容包括保险知识、期货期权知识、橡胶行业信息、项目运作模式、割胶技术、林下经济等各方面，参会人数近万人，真正起到了让"保险+期货"深入人心的作用。

4. 创新效益。2017年项目是全国首单橡胶"保险+期货"精准扶贫项目，2018年项目是全国首个且唯一的橡胶保险全县域覆盖的项目，并在保险方案设计上首次设计了下跌保险和上涨保险组合，充分保障投入资金的使用效益，且同时启动了会商机制，确保各参与方通畅、高效、有效地沟通。在期权方案设计上也在不断优化，在单位保费不变的情况下，从单一的虚值期权到实值、平值相结合，从普通亚式到增强亚式，从不保底到有保底理赔等，增强了对冲效果，提高了保障程度。

三、经验启示

（一）白沙项目的典型性具有可复制及可推广性

以"保险+期货"精准扶贫模式扶持国家级贫困县白沙县的农业支柱产业，具有十分典型的推广意义。通过全县域保险覆盖，以及参与期货公司和保险公司发挥各自专长的有效运作，成功探索出了可复制及可大规模推广的金融扶贫新模式。

（二）良好的组织保障和政策配套是"保险+期货"成功推行的必备要素

为了顺利推进"保险+期货"扶贫试点项目，白沙县政府将"保险+期货"作为脱贫攻坚的重点项目之一，并专门成立了白沙县天然橡胶"期货+保险"扶贫项目工作领导小组，在协调、推进项目各项工作的开展上发挥了巨大作用。同时政府在资金上也给予了大力支持，为了实现全县民营橡胶保障的全覆盖，连续两年在上期所资金支持的基础上，追加财政资金补贴差额，体现了当地政府对试点项目的认可，也为"保险+期货"建立长效机制，形成政策性险种打下基础。

（三）由"输血式"扶贫模式转变为"造血式"扶贫模式

近年来，"保险+期货"试点项目推广较快，并且由于与国家扶贫政策相结合，项目各参与方关注的焦点主要集中于赔付率，这是一种"输血式"扶贫模式。随着试点逐年成熟，未来"保险+期货"将逐渐转向"造血式"模式，该模式能够以较少的投入稳定贫困户的种植收益，同时正确地引导农户利用"保险+期货"模式增强其依靠自身劳动脱贫的信心。

郑州商品交易所特色农产品期货
促中西部农民脱贫

摘要： 在中国证监会的指导下，郑州商品交易所从期货市场服务实体经济和脱贫攻坚战略出发，先后上市苹果、红枣等中西部特色农产品期货。通过梳理相关期货品种扶贫功能的发挥情况，总结成功模式，探索可复制、可推广的经验。

一、背景介绍

我国苹果在中西部地区主要产于山西、河南、陕西、甘肃等省份，2019年4省苹果总产量达2355万吨，占我国苹果总产量的57%。在农业农村部认定的122个苹果重点县（市）中，曾经有33个贫困县，涉及贫困人口1751万人，苹果种植是当地农民的重要收入来源。新疆是我国红枣最大的产区，2018年产量为291万吨，占全国总产量的53%，产值接近300亿元，南疆地区26个贫困县都有红枣种植。在脱贫攻坚进入决战决胜的关键时期，在中国证监会的指导下，郑州商品交易所（以下简称郑商所）积极服务国家战略，开拓创新，于2017年、2019年先后上市全球首个鲜果期货——苹果期货，全球唯一干果期货——红枣期货，利用期货市场优势，推动产业扶贫，助力中西部产区脱贫攻坚。

二、主要措施和成效

（一）主要措施

1. 价格信息公开透明，产业主体有据可依。苹果期货和红枣期货上市后，通过提供公开透明的价格、推动产业标准化进程、推进"保险＋期货"试点、优化资源配置等手段，帮助产业主体增收、稳收、提质增效，助力相关产业脱贫。而在苹果、红枣现货贸易中，一地一价、一户一价的情况较为明显，缺少公开、及时的价格风向标，经常出现"好货贱卖"或"囤货滞销"的情况。

以陕西省延长县为例，2018年，我国苹果因大规模冻害而减产，延长县相关部门通过关注苹果期货价格，及时帮助果农对现货价格进行预判，提高苹果售价。当年延长县苹果总体减产8%，但整体销售价格同比提高30%，果农总收入增长了20%，全县苹果销售收入较2017年净增约3亿元。

2. 交割标准清晰明确，推动产业标准化建设。现阶段，我国苹果、红枣产业标准化程度相对较低，同果不同价、好果难卖好价的现象时有发生。苹果、红枣期货以国标为基础，设定清晰明确的交割标准，保证果品的一致性，增加产品附加值，提高产业在种植、分选、销售等环节的标准化程度。

2019年，部分地区企业在收购苹果时，对果农按照期货标准整理的苹果，给出0.2~0.3元/斤的溢价；而在新疆阿克苏地区，当地枣业企业按照期货标准加工红枣，通过期货盘面销售，比现货高出约500元/吨。与此同时，郑商所还在中西部地区选取22家龙头企业，设置交割服务机构，通过示范效应，提高当地产业的标准化理念和意识。

3. 推动"保险+期货"试点，稳定果农收入。苹果、红枣具有"集中采收，全年销售"的特点，通常果农在面临价格下跌、存货贬值时只能被动承受。苹果、红枣期货上市后，郑商所积极响应中央文件关于"扩大特色农产品'保险+期货'试点"的要求，大力推广"保险+期货"试点项目，保障果农收入。

2018年以来，郑商所共在山西、陕西、甘肃、新疆等中西部地区支持16个苹果、红枣"保险+期货"项目，其中11个位于国家级贫困县（区），涉及农户逾1.7万户，承保苹果10.3万吨、红枣1.38万吨，理赔金额逾5000万元，户均赔付3000元左右。特别是2019年的苹果"保险+期货"项目，甘肃省静宁县实现全县建档立卡贫困果农全覆盖，陕西省富县实现部分主产乡镇全覆盖，有效保障了果农收益，支持当地脱贫攻坚工作。

4. 推动金融资本与传统种植产业对接，优化资源配置。促进资金、人才、信息向中西部产区流动，苹果、红枣产业作为传统农业种植品种，种植、加工以当地农户、合作社为主，企业发展多依赖自身经验及资金积累，缺乏外部资金、人才、信息，融资、融智需求很难被满足。苹果、红枣期货上市后，通过市场化的手段和资本市场的带动效应，优化资源配置，吸引相关资源向中西部产区流动。

（二）取得成效

2017年以来，针对苹果、红枣期货，郑商所已在陕西、甘肃、新疆等中西部地区开展上百场市场培训，覆盖企业4000余家，农户1万余人；培育3家龙头企业为产业基地，做好期现结合，发挥带头作用。期货公司、投资机构派遣专业人员常驻产区，对接辅导产业主体，一方面通过仓单融资、合作套保、现货收购等方式，引导资金活水流向产区，有效缓解了当地企业融资难题；另一方面为当地产业带来更为公开化、多样化、专业化的信息，注入新的经营理念和模式。持续的市场培育、信息分享、人才和资金引流，将扶贫与扶智相结合，激发当地脱贫的内生动力。

三、经验启示

苹果期货和红枣期货既是郑商所服务脱贫攻坚的主动探索，也是勇担社会责任、服务国家战略的体现，为探索期货市场更好地服务实体经济，助力产业发展、农民增收提供了先行经验。

（一）期货市场勇担责任，助力传统农业转型升级

苹果期货和红枣期货的上市，为传统农业的转型升级提供了新模式、新渠道，为推动产业扶贫提供了内生动力，体现了期货市场勇于担当社会责任，更好地服务实体经济、服务国家战略的决心与信心。

（二）做好产业发展"护航员"，促进企业稳健经营

苹果期货和红枣期货的上市，为产业提供了有效的风险管理工具，帮助企业规避不同生产周期的价格波动风险，助力企业长期稳定经营。

（三）探索农业补贴新路径，保障农民收入

苹果、红枣的"保险＋期货"项目，将农业保险与特色农产品期货有机结合，通过期货市场对冲价格波动风险，为我国农业支持政策从"黄箱"向"绿箱"转变提供了新路径，更加符合国际补贴措施的惯例，也为农民应对价格风险，保障种植收益探索出可复制、可推广的有效路径。

广西壮族自治区罗城仫佬族自治县白糖品种"保险+期货"精准扶贫

摘要： 广西壮族自治区罗城县位于广西北部，是全国唯一一个仫佬族自治县，蔗糖产业是罗城县经济的重要支撑产业，白糖价格的波动牵动全县蔗农的收入。为了有效规避白糖价格波动风险，稳定蔗农收入，实现产业脱贫，在郑州商品交易所的支持下，人保财险、永安期货、南华期货、新湖期货共同合作发起白糖"保险+期货"县域全覆盖试点项目。该项目共承保55176吨白糖，覆盖全县11个乡镇116944.6亩甘蔗，涉及当地蔗农5953户，其中建档立卡贫困户1493户，项目最终实现赔付逾334万元。

一、背景介绍

广西罗城县是国家级贫困县，也是全国唯一的仫佬族自治县，蔗糖产业是罗城县经济的重要支撑产业，罗城县适宜甘蔗种植的面积约为19.63万亩，目前已种植12.63万亩。2011年，引进广西凤糖罗城制糖有限责任公司，日榨糖8000吨，是罗城县最大的龙头企业。2015年，该县被列入自治区500万亩高产高糖"双高"糖料蔗基地建设县。2019年，糖料蔗"双高"基地达38个，并且代表河池市顺利通过自治区现场测产验收，同年建成河池市首个甘蔗二级良种繁育基地。2020年，为继续对有发展能力的贫困户实现产业扶贫全覆盖，罗城县启动建设高标准糖料蔗基地，新种糖料蔗1.5万亩，总面积达18万亩。罗城县政府对支持当地蔗糖产业发展的决心始终坚定不移，对蔗糖产业的支持力度不变。由于近年来蔗糖价格波动剧烈，罗城当地相关贫困蔗农稳定收入面临极大的挑战，这无疑给当时罗城县脱贫攻坚工作的开展增加了难度。

二、主要措施和成效

（一）充分调研，探讨适合当地的合作方式

2018年，在人保财险以及数家期货公司的协调下，当地政府与郑州商品交易所进行了首次沟通，后经多次实地走访调研，最终决定在罗城县开展"保险＋期货"县域试点工作。项目由郑州商品交易所出资，由中国人民财产保险股份有限公司承保，永安期货股份有限公司、南华期货股份有限公司及新湖期货有限公司利用期货工具进行价格对冲，由此全国首例县域白糖品种"保险＋期货"试点项目落地罗城。

（二）运用标准化的产品方案，便于日后推广

项目方案设计及操作流程保持了"保险＋期货"产品标准化的做法和流程，即保险公司向农户出售标的为白糖期货合约的价格保险产品，保险公司以向期货公司下属子公司认购场外期权的形式进行风险对冲，将该保险产品所面临的价格风险完全释放至期货市场。若保险产品到期日结算价格低于目标价格，则发生赔付，赔付数额为目标价格与结算价格之差。

（三）因地制宜，设计适合当地的产品结构

为助力当地脱贫攻坚，从保护农户利益到提升蔗农种植积极性，2019年，项目在2018年亚式的基础上进行改进，设计了增强型美亚式价差期权结构保险方案，在维持较低保费成本的同时进一步提高了保险产品的保障效果，单位保费为190.57元/吨（89.91元/亩）。项目于2019年10月29日出单，保障白糖期货2005合约价格为5492元/吨，项目于2020年1月29日到期，最终该保险产品实现赔付334万余元。

（四）价格下跌，收入不减，项目取得良好的保护蔗农的效果

本次项目历时共8个月，挂钩现货55176吨，覆盖甘蔗种植面积116944.6亩，投入总保费10515041.70元，最终实现赔付3348631.44元，赔付率达31.85%，为5593户蔗农（建档立卡贫困户1493户）提供了价格保障。

三、经验启示

(一) 顺应市场需求,积极创新,助力农业市场化改革

随着我国农业市场化改革的不断深入,从价格干预向价格风险管理转型的需求日益增加,但是价格波动风险既无法估算损失,又没有对冲途径,因此传统保险产品无法满足现有市场对价格保险的需求。在此情况下,各期货交易所一方面借鉴国际成熟做法,另一方面开展实地调研,积极探索利用金融工具对冲价格波动风险的模式,助力农业市场化改革,实现金融服务农村、服务农业、服务农民。

(二) 以实际行动落实创新模式,并不断调整和更新

各期货交易所通过对期货公司会员提供政策及资金等支持的方式,将创新模式落到实处,从"粮食银行"到"保险+期货",再到如今的"保险+期货+订单"等模式,经过不断调整与更新,业务模式越来越成熟标准,规模越来越大。"保险+期货"业务如今在服务"三农"、精准扶贫以及服务乡村振兴战略中取得的成果,与3家期货交易所多年来对试点工作的支持是分不开的。

(三) 保险产品标准化操作,可推广、可复制,期货工具服务"三农",助力精准扶贫

期货作为一种金融工具,以往与普通百姓的生活很遥远,更谈不上用这个工具进行价格管理,但是通过"保险+期货"的组合,普通农户仅需要购买一个保险产品,就可以实现运用期货进行风险管理的需求,这就是这两个工具组合的魅力和作用。同时保险产品标准化的特点使该业务在全国范围内的推广、复制、创新极为简便。

Ⅴ 金融部门体制机制创新

安徽省灵璧县创推"一自三合"金融扶贫模式

摘要： 为解决贫困户产业脱贫中的选择项目难、筹集资金难、经营管理难、市场销售难等问题，激发贫困户发展产业内生动力，灵璧县在实地调研与实践探索过程中，创推"一自三合"金融扶贫模式，取得良好效果并获推广。

一、背景介绍

"一自三合"模式是指户贷户用自我发展、户贷户用合伙发展、户贷社管合作发展、户贷社管合营发展模式。主要基于国开办发〔2014〕78号、银监发〔2017〕42号等文件精神，为克服金融扶贫前期多地出现的"分贷统还"模式（或称"户贷企用"模式）中存在的诸多弊端，而探索出的符合欠发达地区的金融扶贫模式。该模式坚持扶贫小额信贷"户贷户用户还"的基本方向和"贫困户自愿、贫困户参与"两项原则，有效地解决了贫困户在发展产业中普遍存在的"有劳力""有场地"，但"选择项目难""筹集资金难""经营管理难""市场销售难"等"四难"问题及由此产生的"银行不敢贷""群众不愿贷"等现象，使金融扶贫政策得到有效落实。

二、主要措施和成效

（一）整合三方力量，精准投放扶贫信贷

一是行政推动。以"放管服"改革为契机，将扶贫小额信贷申请流程进行精简规范，缩短办理时限，由承贷银行包片客户经理牵头，村两委和驻村

扶贫工作队以及村民代表参与，有效解决了银行业金融机构发展扶贫小额信贷人手不足、网点不够的问题。二是银行主动。当地人民银行要求承贷银行对扶贫小额信贷的发放，按照扶贫小额信贷"免抵押、免担保、基准利率"等政策和攻坚期内脱贫不脱政策的要求，提供共享资料，提高工作时效性和精准度。三是产业带动。支持有劳动能力和发展基础的贫困户，通过扶贫小额信贷扩大生产规模，实现增收脱贫，确保扶贫小额信贷投入有项目、有产业，能增收、可致富。据统计，通过以上3种方式精准投放扶贫信贷73625万元。

（二）优化三方服务，精准使用扶贫小额信贷

一是加强回访服务。承办银行和村金融扶贫服务站定期"回访"获贷贫困户，跟踪做好贷后服务，调查产业发展情况，规范引导信贷资金科学使用。二是提供技术服务。整合农业、畜牧、人社、科技等部门技术资源，采取服务上门方式，及时解决产业发展中的问题和困难，加强技术技能指导。三是推进全程跟踪。村金融扶贫服务站进行信贷资金全程管理，对贷款到期后仍有资金需求的，采取"一次授信、随用随贷、周转使用、到期归还"的管理模式，在3年授信期限内给予"无还本续贷"。据统计，通过优化三方服务方式，共为贫困户发放扶贫小额信贷2.8亿元。

（三）完善三项机制，全面强化信贷资源管理

一是引入数据管理机制。依托扶贫大数据平台，建立金融服务、征信评价、风险控制、产业支撑"四位一体"金融扶贫电子管理系统，做到"牵头推进有机构、办理服务有人员、贷款发放有流程"，全面建立各乡镇贫困户获得扶贫小额信贷数据库。二是压实监管责任机制。明确村级金融扶贫服务站、承贷银行、保险公司、乡镇政府以及驻村工作队、第一书记、村扶贫专干和帮扶责任人的责任。建立金融扶贫项目库，以工作项目化、项目责任化促进金融扶贫工作制度化、规范化。三是建立调度会商机制。坚持月督查、月调度，围绕问题精准调度。通过对三项信贷管理机制的完善，多增加信贷扶贫资金投放约8000万元。

（四）推进扶贫小额信贷中坚持底线思维，紧紧盯住风险防控，牢牢守好安全底线，防止产生蝴蝶效应、破窗效应

一是防范制度风险。在发放扶贫小额信贷前，围绕选准产业、选准人这两个核心要素，通过吸收村两委干部参加评贷，精准把握获贷贫困户的诚信情况和产业发展能力，从源头降低风险概率。二是强化诚信宣传教育，防范道德风险。通过手机短信、微信微博、电视飞字和入户走访等方式，大力加强诚信教育，让"有借有还"的意识深入人心；积极开展星级信用村、信用户评定，着力营造"有信走遍天下、无信寸步难行"的社会氛围。通过以上3项措施，扶贫小额信贷不良率降至0.002%，比普通贷款不良率低4.7个百分点。

三、经验启示

（一）金融扶贫必须坚持"群众参与、群众自愿、群众主导"的原则

金融支持贫困农户实行产业脱贫，虽然有企业或合作社参与，但是群众自主发展产业，借用的只是企业或合作社的技术与销售渠道。"一自三合"模式，只是让贫困户与合作社利益联结更加紧密，但群众贷款主体、用款主体和还款主体没有变，群众自主生产经营的原则没有变，贫困户在扶贫产业发展过程中处于主导地位。

（二）金融扶贫模式必须与当地优势产业发展高度融合

"一自三合"的价值实现或者说带动脱贫模式，无论是"一自"还是"三合"中的哪一"合"，都与当地比较优势产业深度融合，是贫困户"自己的产业"。即使在"一自三合"的模式中关联企业出现风险甚至破产，贫困户也因为手中握着"自己的产业"，能有效保证基本收入，基本"造血功能"还在。

（三）金融扶贫模式必须实现各方合力下的贫困农户利益最大化

"一自三合"在保持贫困户参与生产这个基本前提下，最大化地保持贫困户使用贷款资金的主体地位，保障贫困户作为贷款主体能够实现利益最大化，提升贫困户自我发展生产能力。在此模式下，政府充分发挥作用，积极作为，有效提升了贫困户的组织化程度，实现了贫困农户与大市场的对接。

山东省鄄城县金融支持"就业扶贫车间"

摘要：2016年以来，山东省鄄城县将贫困人口纳入当地特色产业发展链条，打造384个规范化的"就业扶贫车间"，就近吸纳和辐射带动贫困劳动力就业27039人。金融部门借势跟进，为特色产业发展提供贷款支持，创新推出了"1+N+M"金融支持扶贫车间精准扶贫模式，既促进了当地特色产业发展，又解决了贫困户就业增收难题。

一、背景介绍

鄄城县是山东省扶贫开发重点县。截至2015年末，有省定贫困村103个，贫困户29930户，贫困人口90553人；户外家具、发制品等劳动密集型产业是鄄城县的特色优势产业。2016年以来，鄄城县实施"双百共建"工程，在全县建设384个规范化的精准扶贫就业点，吸纳贫困人口在家门口就业，把贫困群众纳入产业发展链条。人民银行鄄城县支行从金融切入出发，探索推出了"1+N+M"金融支持送岗到户精准扶贫模式，通过"1"家银行为"N"个企业提供信贷支持，引导"N"个企业吸纳"M"个贫困户就业，全力参与和助推脱贫攻坚。

二、主要措施和成效

（一）建立"1+N+M"精准对接机制

1. 精准开展银企对接，发挥"1"对"N"的支持作用。人民银行积极发挥中枢协调作用，2016年以来共组织召开银企对接会、洽谈会23次，金融机构累计发放各类扶贫贷款18.96亿元，余额为11.29亿元，其中向就业扶贫车间发放贷款7.82亿元，共带动67603人就业，其中建档立卡贫困人口21014人，人均月收入达2200元。

2. 组织引导企贫对接，发挥"N"对"M"的带动作用。人民银行会同扶贫办将建档立卡贫困户名单推荐给入选企业，让企业选择有劳动能力、有就业意愿的贫困人员,每家企业至少接纳不低于总用工数30%的贫困人口,大量贫困人员得以就地就近就业。例如,鄄城农商行对口支持的北方发制品公司(发放贷款700万元),在董口镇代堂村设立扶贫就业车间,直接安置贫困人员91人,人均月收入为2200元左右。

(二)完善"1+N+M"政策支持机制

1. 发挥再贷款支持作用。人民银行菏泽市中心支行专门出台扶贫再贷款运用意见,引导金融机构把扶贫再贷款资金向带动贫困户就业发展的企业、农业合作社倾斜,规定每带动1户可获得最高50万元的扶贫再贷款资金支持。2016年以来,人民银行鄄城县支行陆续向地方法人机构发放4.675亿元的扶贫支小再贷款,为精准扶贫提供了资金保障。

2. 助推建立财政补贴补偿机制。协调地方财政部门及时落实国家扶贫政策,安排专门资金实施风险补偿、财政贴息。2016年以来,地方财政拿出各类贷款风险补偿金2439.41万元,其中扶贫贷款风险补偿金和贴息资金为439.41万元,用于贴息补助,并对发放贷款形成的坏账损失,给予一定比例的风险补偿。

3. 创新金融产品和服务。指导金融机构为对接企业量身定做支持方案和措施,创新推广速贷通、信保扶贫贷款、双保惠农贷、预期收益权抵押贷款、发制品动产质押贷等贷款品种,助力企业发展。例如,农商行创新推出富民生产贷,按每带动1户贫困户发放5万元贷款支持的标准,鼓励企业带动更多的贫困户就业。

(三)丰富"1+N+M"配套服务措施

1. 为企业提供综合性金融服务。金融机构与对口支持的企业签订代发工资协议,开发工资联合监督平台,持续监测贫困员工收入情况。例如,工商银行与57家企业签订代发工资协议,监测783名贫困员工收入,督促企业按时足额发放工资。

2. 为贫困就业人员提供普惠式金融服务。金融机构自带移动终端深入扶贫车间,为贫困人员办理薪金卡8712张,免收年费和小额账户管理费等费用共40余万元。同时,在部分就业扶贫车间布设金融机具,了解贫困人员金融服务需求,建立金融服务档案,做到贫困人口金融服务和信贷需求全覆盖。

(四) 构建"1+N+M"长效推进机制

1. 建立金融服务"示范镇(村)",抓好典型带动。选取彭楼镇作为金融服务示范镇、旧城葵堌堆村为示范村,以金融扶贫为重心,融合金融支农支小、支持成长性企业、完善金融基础设施、普及金融知识等措施,打造金融扶贫样板,助力贫困户快速致富脱贫。2019年末,彭楼镇和旧城葵堌堆村贫困人口已全部脱贫。

2. 开展金融扶贫成果展,发挥鞭策作用。每年均组织召开金融扶贫成果展暨金融服务示范镇建设推进会,各金融机构以PPT形式汇报做法、展示成效,压实县域金融机构的扶贫工作责任。

3. 建立督导机制,保障扶贫措施落到实处。对全县的就业扶贫车间融资需求进行任务分解,要求金融机构主动对接,并采取月通报、季考核和年底成果展示等措施,力促金融扶贫政策和措施落地生根,开花结果。

(五) 得到上级肯定和推广,示范效应显著

"1+N+M"金融精准扶贫模式先后得到了县、市、省和国家有关部门的肯定和重视,该模式被列为"山东省金融扶贫三十六计"之一,在菏泽市、山东全省相继推广,国务院扶贫办专题听取汇报并给予肯定,人民银行总行《金融简报》扶贫专刊刊发。

三、经验启示

"1+N+M"金融精准扶贫模式充分发挥了当地人口多与劳动密集型企业集中的优势,以就业扶贫车间为载体,加大对带动贫困人口就业的生产经营主体的信贷支持,开拓出一条可复制、可推广的金融精准扶贫新思路,走出一条以劳动密集型特色产业为依托、以就业扶贫车间为载体、以就地就近就业覆盖贫困村和贫困户推动扶贫开发的新路子。

广东省肇庆市开展"百行扶千村"精准扶贫专项行动

摘要： 2019年9月以来，人民银行肇庆市中心支行（以下简称肇庆中支）主导开展肇庆市"百行扶千村"金融精准扶贫专项行动（以下简称专项行动），积极探索"两机制一平台"（"联络员机制＋志愿者机制＋融资对接平台"）金融精准扶贫新模式，有效畅通金融精准扶贫工作"最后一公里"。截至2020年6月末，肇庆市金融机构累计发放精准扶贫贷款711笔，金额达3.81亿元，带动贫困人口12293人次，打造出了一条金融精准扶贫"高速路"。

一、背景介绍

近年来，肇庆市金融精准扶贫工作虽然在政策引导、机制建设、产品创新、定点扶贫等工作上取得了较为明显的成效，但仍然存在金融机构扶贫力度"冷热不均"、扶贫融资需求对接不畅、金融扶贫政策宣传力度不够、扶贫项目可持续发展能力不足等问题。为有效破解上述难点和痛点，肇庆中支主导探索开展"百行扶千村"金融精准扶贫专项行动，着力打造金融精准扶贫长效机制。

二、主要措施和成效

（一）优"路基"：强化金融精准扶贫合力

肇庆中支针对金融扶贫面临的主要问题，借鉴广东省"访百万企业 助实体经济"专项行动成功经验，在广州分行指导下创新提出"百行扶千村"金融精准扶贫专项行动思路，得到市扶贫办、金融局、银保监分局等部门的高度认可，并会同有关部门制定《肇庆市"百行扶千村"金融精准扶贫专项行动方案》，成立市、县两级金融精准扶贫工作小组，有效压实专项行动工作责任，切实增强金融精准扶贫工作合力。

（二）优"路面"：搭建"两机制一平台"扶贫架构

专项行动以"两机制一平台"为抓手，通过组织全市100家以上银行业机构网点，对全市有建档立卡扶贫对象的1300多个行政村（包括111个省定贫困村和1200多个有建档立卡贫困对象的非省定贫困村）提供全方位金融服务，打造"联络员机制+志愿者机制+融资对接平台"的长效金融精准扶贫模式。

（三）优"路线"：突出产业金融精准扶贫为工作重点

专项行动以产业金融精准扶贫为工作重心，推动扶贫模式由单一的"融资"扶贫向"融资+融智+融商"扶贫转变，从而实现长效、稳定脱贫。目前，肇庆市银行发放产业精准扶贫贷款54笔，金额达3.56亿元，带动贫困人口10470人次。

（四）优"路况"：大力开展金融精准扶贫系列宣传

肇庆将2019年11月定为"金融精准扶贫宣传月"，组织辖内各县市通过印制金融精准扶贫宣传册、创建金融精准扶贫驿站和开展集中宣传日活动等方式，形式多样地举办金融精准扶贫政策宣传和融资对接活动。2019年11月以来，肇庆市全辖共发动237名志愿者开展集中宣传20多次，进村分散宣传116次，建成并投入使用49个金融精准扶贫驿站，派发宣传册1.8万册。

三、经验启示

（一）加强上下联动、深化横向合作，是做好金融精准扶贫工作的前提

金融精准扶贫工作是一项政策性较强、牵涉面广的工作，单靠一个部门难以开展。为此，在"百行扶千村"专项行动中，肇庆中支主动加强与广州分行的请示汇报，得到广州分行的大力支持和指导，同时加强与地方党政领导及扶贫办、金融局、银保监分局等部门的沟通合作，指导辖内支行和县扶贫办组织金融志愿者和驻村扶贫干部充分发挥金融精准扶贫主力军作用，形成上下联动、多方参与、齐抓共管的金融精准扶贫工作新局面。

(二）组建专业队伍、打造融资平台，是做好金融精准扶贫工作的关键

专项行动以"两机制一平台"为抓手，组织金融志愿者与扶贫联络员建立起紧密结对帮扶关系，依托科技手段搭建起便捷高效扶贫融资对接平台，打造了一支熟悉扶贫政策、知晓金融知识、了解融资需求的金融精准扶贫专业队伍，有效破解了金融精准扶贫工作信息不对称难题，打通了金融精准扶贫融资对接"最后一公里"，对全辖金融精准扶贫工作进一步提高效率、降低成本和防控风险起到了非常积极的作用。

（三）突出产业扶贫、整合扶贫资源，是做好金融精准扶贫工作的重点

专项行动将产业扶贫作为金融精准扶贫工作的着力点，有效整合政策、资金、人员、信息等各方扶贫资源，实现三个转变：一是实现由"输血扶贫"向"造血扶贫"转变，让扶贫对象更清醒地认识到扶贫资金不是"救济款"，形成稳定、长期脱贫机制；二是实现由扶贫资金单一投入向扶贫资金和信贷资金共同投入转变，更好地满足扶贫项目资金需求，提高扶贫资金使用效率；三是实现由"融资"向"融资+融智+融商"转变，通过金融机构贷前、贷中、贷后管理，指导和帮助扶贫项目完善经营机制，提高扶贫项目可持续发展能力。

（四）注重舆论宣传、加大督导力度，是做好金融精准扶贫工作的保障

专项行动坚持宣传与督导并重，组织金融机构及时总结反馈做法成效和典型案例，定期编制专项行动工作简报，促进金融机构间相互学习、你追我赶、共同提升，并积极通过主流媒体、微信公众号、宣传手册等方式，切实加大宣传力度和广度，营造良好工作氛围。同时，肇庆中支和肇庆市扶贫办还通过融资对接平台实时监测各金融机构专项行动进展情况，加大督导力度，压实工作责任。

国家开发银行海南分行
创新"3+3"金融扶贫新模式

摘要： 国家开发银行海南分行（以下简称国开行海南分行）创新打造"3+3"合作模式，同步推进健康扶贫、就业扶贫、产业扶贫，调动更广泛的力量投入脱贫攻坚的战场，对推动海南省脱贫攻坚工作实现"三个转变"具有重要意义。

一、背景介绍

2018年末，海南省有5个国定贫困县（含1个深度贫困县）、83个贫困村（含35个深度贫困村）、8.3万建档立卡贫困人口尚未脱贫。当前建档立卡贫困人口中，因病、因残致贫比例分别超过40%和14%。但海南省乡村医生和卫生员仅占农业人口的0.64‰，远低于1.5‰的国家规定标准。除了人员短缺外，海南还面临着乡村医生群体年龄偏大、待遇不高、流失严重等问题，部分地区甚至出现了无人执业的空白村现象。在此背景下，为了解决乡村医生进得来、用得上、留得住的问题，海南创新打造"3+3"模式（第1个"3"为政府、银行、企业，第二个"3"为健康扶贫、就业扶贫、产业扶贫），即政府、银行、企业、社团创新体制机制，探索构建健康扶贫、产业扶贫、就业扶贫有机结合的大扶贫格局，推动优质医疗资源和医疗队伍延伸到贫困地区。

二、主要措施和成效

（一）开展"乡村医生"健康扶贫项目

2018年6月，国开行海南分行启动"海南省乡村医生健康扶贫公益项目"，该项目将包括5个国家级贫困县在内的海南省6个市县的政府与银行、企业联系起来，国开行海南分行发挥扶贫开发综合金融协调作用，携手上海复星集团与6个市县政府分别签订《医疗健康精准扶贫合作协议》，启动"海南省乡村医生健康扶贫公益项目"。一方面，上海复星集团向6个市县政府提供短缺医疗设备和器械、开展乡村医生培训、为乡村医生购买意外险与健康险、设立转诊绿色通道等；另一方面，国开行海南分行向 6 个市县捐赠资金 489 万元，定向用于改善提升乡村卫生医疗设施、引进村医培训师资、拓展医疗帮扶渠道，推动优质医疗资源和医疗队伍延伸到贫困地区。

（二）汇聚力量助就业扶贫

国开行海南分行充分发挥客户、人才等资源优势，围绕实现"帮扶一人，就业一人，脱贫一户，激励一片"的目标，把就业脱贫作为"救济式"扶持向"自立式"扶贫转变的有效途径。近几年，国开行海南分行结合信贷项目合作，带动贷款客户通过吸纳就业的方式帮扶当地贫困人口脱贫。国开行海南分行累计发放扶贫相关贷款 14.55 亿元，累计帮扶 59 户 281 名建档立卡贫困人口，带动 70 户 223 名建档立卡贫困人口就业，充分发挥"就业扶贫"在脱贫攻坚中的重要作用。此外，国开行海南分行与亚特兰蒂斯酒店、保亭县政府签订了《就业扶贫合作协议》，建立贫困户劳动力信息库，对贫困劳动力开展针对性技能培训，并对符合岗位要求的人员予以录用，实现一人就业全家脱贫的目标。

（三）搭建平台引产业扶贫

国开行海南分行将国开行融资融智优势和企业经营管理优势相结合，将优质客户资源引入贫困地区，为贫困地区优势产业牵线搭桥，引导社会资金进入扶贫开发领域。各市县分别推荐了当地较好的特色产业，与企业在资金、技术、人才等方面深入交流，寻找商机、投资兴业，以产业发展为突破口，增强贫困地区发展的内生动力。

（四）暖心公益促健康扶贫

国开行海南分行与海南省卫健委签署《开发性金融合作备忘录》，为全省医疗事业发展提供长期稳定的金融支持和全方位金融服务。国开行海南分行还邀请了屈正基金会共同参与健康扶贫行动，屈正基金会将对海南省先天性心脏病儿童提供医疗费用资助，并将向海南 6 个市县近 80 家镇医院提供价值近 600 万元的设备，用于连接心电网络系统，开展实时诊断、实时监测，提供心电区域化诊断服务，多措并举提升基层医疗服务能力，打通健康扶贫"最后一公里"，为海南的精准扶贫攻坚工作添砖加瓦。

三、经验启示

一是推动政府、银行、企业协同作战。国开行形成"健康、就业、产业"扶贫同步推进的大扶贫格局,引导更多央企、国企客户对接贫困市县,因地制宜开展产业扶贫,建立长效机制创新打造出"3+3"扶贫新模式,把培育产业作为推动脱贫攻坚的根本出路。为全省医疗事业发展提供长期稳定的金融支持和全方位金融服务,多措并举提升基层医疗服务能力,打通健康扶贫"最后一公里"。

二是扶贫先扶志,扶贫必扶智。国开行与企业在资金、技术、人才等方面深入交流,寻找商机、投资兴业,以产业发展为突破口,增强贫困地区发展的内生动力。构建共建扶志、产业探索扶制、文化教育扶智的"三扶"模式。对符合岗位要求的人员予以录用,实现一人就业全家脱贫的目标。以屯昌县西昌镇为例,国开行海南分行累计投入捐赠资金 274.7 万元,实现村集体经济实体化,村集体经济已实现分红 15 万元,为贫困户提供岗位 9 个,流转 21 户农户土地 30 亩。此外,发挥客户资源优势打通转移就业渠道,在村内直接购买和帮助销售扶贫产品 47.27 万元,帮助屯昌县西昌镇更丰村整村脱贫出列,实现全村 79 户贫困户 342 人全部脱贫摘帽。

中国农业银行贵州省分行
"金融扶贫融智专家组"助推深度贫困县脱贫攻坚

摘要： 为深入推进金融扶贫工作，农行贵州省分行优选政治站位高、担当精神强、经验丰富、业务熟悉的处级干部，成立深贫县金融扶贫融智专家组，重点指导深贫县支行开展金融扶贫工作。通过实施差异化帮扶政策，制订精准化帮扶方案，解决金融扶贫工作困难和问题，有效提升了被帮扶行金融服务脱贫攻坚的能力和水平，全力助推贵州省深贫地区打赢脱贫攻坚战。

一、背景介绍

贵州省是全国贫困人口数量最多、贫困面最广、贫困程度最深的省份之一，全省88个县中有国家扶贫工作重点县66个、深度贫困县14个。为深入推动深贫地区金融扶贫工作，全力助推贵州省打赢脱贫攻坚战，农行贵州省分行切实提高政治站位，主动担当作为，创新工作思路与方法，优选政治站位高、担当精神强、经验丰富、业务熟悉的到龄转岗处级干部组成深贫县金融扶贫融智专家工作组，重点指导深度贫困县支行开展金融扶贫工作，取得了良好成效。

二、主要措施和成效

贵州省分行层面出台《贵州分行深度贫困县金融扶贫融智专家组工作方案》，在正、副处级调研员中优选8位曾担任过市（州）级分行领导、长期从事"三农"和县域信贷业务的同志，组成金融扶贫融智专家组，对深度贫困县支行金融扶贫工作进行重点帮扶。明确帮扶工作具体内容、提出具体工作要求，确保帮扶工作富有成效。

（一）主要措施

1. 实行分组包片管理。将8名专家分成两个小组，每组4人。根据贫困区域分布特点，明确每个小组各负责帮扶8个县支行（含两个贫困程度较深的非深度贫困县支行），确保任务分工明确。自金融扶贫融智专家组成立以来，小组成员主动深入帮扶县支行，先后拜访地方政府、企业、农户100多次，重点调研了解当地产业发展、项目建设等金融需求情况，掌握大量第一手资料，为指导帮扶县支行业务发展提供依据。

2. 因地制宜实施差异化帮扶政策。按照"一行一策""一户一策"思路，专家小组定期通过座谈、培训、调研等方式，听取帮扶县支行金融扶贫工作开展情况，督导县支行重点工作开展落实，指导县支行找准业务发展短板，制订切实可行的业务发展方案，针对性开展业务拓展，努力提升金融服务水平和能力。对重点项目，专家小组切实发挥"融智"作用，积极为项目调查筛选出谋划策，积极为金融服务方案制订建言献策，积极协调相关部门推进业务落地，努力促进贫困县支行业务发展。

3. 切实解决帮扶县支行困难和问题。两个专家小组定期或不定期召开小组碰头会，对帮扶过程中发现的县支行经营困难和问题进行沟通交流，探讨问题解决方案。省分行分管金融扶贫工作的副行长按季度召开联席会议，邀请相关职能部门参会，听取专家组汇报，研究解决被帮扶行经营困难和问题，推动金融扶贫工作顺利开展。

（二）取得成效

1. 切实提升了被帮扶行金融服务脱贫攻坚的能力和水平。截至2019年末，专家组共帮助被帮扶县支行设计法人信贷项目方案30余个、储备法人贷款项目23个、创新金融扶贫产品10个、解决业务经营困难和问题32个，有效促进了支行业务发展，助推了当地脱贫攻坚进程。例如，帮助沿河县支行和晴隆县支行分别策划落地5.2亿元和6.8亿元的棚改项目，帮助水城支行落地0.6亿元的半方塘旅游项目，帮助从江支行落地1.45亿元的土地整治贷款，帮助赫章支行储备土地增减挂钩信贷项目和威宁支行安全饮水工程信贷项目，帮助纳雍支行创新推出"红托竹荪"产业贷产品。被帮扶的16家县支行2019年累计投放贷款138亿元（其中通过融智专家组帮扶累计投放的贷款金额近50亿元），2019年末贷款余额为295亿元，较年初净增69亿元，带动贫困人口57714人。

2. 有效激发了员工参与金融扶贫的积极性。通过专家小组帮扶，被帮扶县支行不仅业务发展呈良好态势，而且进一步鼓舞了士气，锻炼了业务能力，增强了发展信心。支行员工凝聚力进一步增强，参与金融扶贫工作的积极性、主动性、荣誉感与成就感极大提升。2019年，被帮扶县支行中，涌现出了一批省级脱贫攻坚优秀党基层组织、优秀党员、脱贫攻坚先进个人等先进集体和先进个人。

3. 营造了良好社会发展环境。在融智专家组的帮扶下，被帮扶行重点支持和储备了一批地方政府关注的旅游、水利、基础设施建设和产业扶贫项目，有效改善了当地居民生产生活条件，赢得了当地政府和老百姓的充分认可和肯定。不仅彰显了农业银行的责任担当，也为金融扶贫工作的持续深入开展创造了良好社会环境。

三、经验启示

（一）提高政治站位是基础

担当意识是推动金融扶贫工作有效开展的决定性因素。做好金融扶贫工作，需要我们切实提高政治站位，不断增强责任感、使命感、紧迫感，切实将金融扶贫工作作为重要政治任务来抓，扎扎实实推进工作开展。

（二）建立有效工作推动机制是关键

从找准"贫根"，到制订精准化帮扶方案，实施差异化帮扶政策，督导重点工作落实，需要建立一整套行之有效的工作推动机制，确保金融扶贫工作持续推进，富有成效。

（三）真抓实干是根本

做好金融扶贫工作，需要发扬钉钉子精神，实打实干，锲而不舍、驰而不息抓下去。要找准贫根，因地施策、因行施法，妥善设计金融服务方案，切实解决金融扶贫工作中困难和问题，确保金融扶贫工作不断向纵深推进。

甘肃省山丹县金融"三色管理"固脱贫防返贫

摘要：为进一步提升金融扶贫成效、巩固金融支持脱贫攻坚成果，人民银行山丹县支行与辖内金融机构积极探索做好做实"固脱贫"和"防返贫"，创新推出贫困地区扶贫再贷款"三色管理"模式，确保有限的扶贫再贷款发挥最大效率，助力"固脱贫防返贫"取得明显成效。

一、背景介绍

在金融扶贫攻坚战中，如何防止脱贫户再度返贫，杜绝"大水漫灌"式金融扶贫方式，如何做好"固"和"防"，确保有限的金融资源发挥最大效用，一直是当地人民银行思考的问题。要解决以上问题，就必须要全面了解掌握扶贫脱贫对象基本情况，进而对贫困人口进行精细化分层，从而确保金融固脱贫防返贫工作精准发力、有的放矢。正是沿着这种思路，人民银行山丹县支行与山丹农商行共同深入贫困村具体分析致贫原因，并重点对建档立卡已脱贫户金融需求进行细致摸底，全面掌握脱贫户及当地特色产业发展情况，对金融需求进行分层管理，梳理需求清单，建立融资需求对接档案，采取"一户一档""一户一策"方式，打造出了贫困地区防返贫"三色管理"模式。

二、主要措施和成效

（一）三级划分，突出精准性

人民银行山丹县支行联合金融办、扶贫办、金融机构深入全县13个贫困村，详细调查摸底脱贫户生产经营情况及金融需求，并根据《甘肃省贫困退出验收办法》规定的脱贫标准，结合2016年脱贫户的家庭实际收入，对脱贫户进行三级精准划分。第一类是极易返贫户（标注为一级红色），主要指2016年年均纯收入达到《甘肃省贫困退出验收办法》规定标准3500元，家庭人员主要以孤寡老人为主、自身发展动力不足的脱贫户。第二类是容易返贫户（标注为二级橙色），主要指2016年年均纯收入在4000元以上、5000元以下，家庭人口较多但劳动力较少，缺资金、缺技术和耕作较为单一的脱贫户。第三类是不易返贫户（标注为三级蓝色），主要指2016年年均纯收入在5000元以上，家庭劳动力有能力且通过自我发展持续提高收入的脱贫户。根据上述划分标准，山丹农商行对全县2896户脱贫户建立了经济档案，其中"一级红色"极易返贫户183户、"二级橙色"容易返贫户378户、"三级蓝色"不易返贫户2335户，采取"一户一档""一户一策"方式，实现对贫困村不同类型脱贫户信贷支持的有效覆盖，使脱贫户内生发展动力被激发出来，主动参与金融精准扶贫工作，脱贫户自我发展能力也得到有效提升。截至2019年末，全县2896户脱贫户人均收入达到8340元，较2018年增长7.8%，金融固脱贫防返贫工作取得了显著成效。

（二）分类施策，突出差异性

人民银行山丹县支行有效发挥扶贫再贷款作用，引导山丹农商行对不同类别的脱贫户，采取差异化的贷款发放和支持措施。一是对极易返贫户以"帮"为主，即以致富能人"帮扶"为主，农商行给予5万~10万元扶贫再贷款资金支持，扶贫再贷款资金由帮扶人使用，农忙时雇用被帮扶人到田间操作，按日发放工资，帮扶人年底根据资金情况给予被帮扶人一定分红。二是对容易返贫户以"扶"为主，即以致富能人带动为主，组织致富能人采取"菜单式""互动式"方式，对容易返贫户开展劳务技能和产业脱贫培训，并指导和扶持他们发展产业，农商行根据信用评级情况，给予10万~20万元扶贫再贷款资金支持，助力脱贫户增产增收。三是对不易返贫户以"引"为主，即农商行立足本地资源禀赋和地域特点，为脱贫户出谋划策，并根据"一次授信、周转使用"的信贷策略，为脱贫户发放40万元左右的扶贫再贷款资金，引导他们发展特色产业或规模种养殖业，提高脱贫户自我脱困和自我发展能力。

（三）产融结合，突出实效性

人民银行根据近年来产业扶贫成效，筛选香菇、木耳、蔬菜、枸杞种植等产业，引导金融机构在马营圈沟村、李桥上寨村、老军乡老军村深入推进扶贫再贷款专项扶贫项目5个，有效发挥了政策性资金助推特色产业发展、引领脱贫户稳定增收的政策效应。推出"1+1+N"（银行+经营主体+脱贫户）脱贫模式，并分类实施"帮""扶""引"策略，支持县域食用菌、中药材、山丹羊肉等特色产业带动贫困户增收。通过扶贫再贷款资金和当地特色产业的有效结合，山丹县形成了"一村一品""一村多品"的产业布局，夯实了固脱贫防返贫的基础。

三、经验启示

（一）坚持精准发力，充分发挥扶贫再贷款政策作用

人民银行山丹县支行加大对山丹农商行扶贫再贷款支持力度，引导机构推广应用"三色管理"模式，确保金融支持"固脱贫防返贫"精准发力，将扶贫再贷款优惠利率政策精准传导至贫困地区实体经济，一方面扩大了贫困地区的信贷投放，另一方面降低了贫困地区的融资成本和脱贫成本，有效提升了扶贫再贷款支持精准扶贫、精准脱贫的政策效果。

（二）坚持产业引领，有效夯实脱贫户增产增收基础

山丹县金融机构以扶贫产业发展为切入点，紧盯脱贫户实际发展和融资需求，对极易返贫户、容易返贫户、不易返贫户分别通过帮、扶、引的方式，在做好脱贫户继续发展后续资金对接帮扶的基础上，积极引导脱贫户融入地方特色产业发展，增强产业发展后劲，为脱贫户增产增收注入持续动力。

（三）坚持多措并举，切实提升固脱贫防返贫成效

人民银行山丹县支行积极引导金融机构将信用环境创建、"扶志"与"扶智"等纳入金融支持"固脱贫防返贫"工作中。一是推广"三信"评定工作，评定信用农户、信用村、信用乡镇，促进农村信用体系建设与扶贫再贷款工具使用深度融合。二是通过向农户宣传普及国家惠农惠民政策、脱贫致富案例、金融知识等，激发贫困户和脱贫户致富奔小康的内在动力；加强对贫困户和脱贫户的专业技能、技术培训，切实提升脱贫户自我发展能力。三是促进扶贫贷款与创业贷款等优惠政策相融合，支持金融机构向创业人员、致富能人提供资金支持，发挥其带动和引领贫困群众脱贫致富的作用。

青海省构建农牧户"六个一"金融精准扶贫工作机制

摘要：2015年，人民银行西宁中心支行牵头青海省扶贫局、省金融办等部门，提出在全省建立到村到户的"六个一"金融精准扶贫工作机制，有效解决了贫困户识别难、贷款难的问题，为青海普惠金融扎根落地提供了制度保障和操作指引。

一、背景介绍

党的十八大以来，落实脱贫攻坚政策，打赢脱贫攻坚战，确保青海与全国同步全面建成小康社会，既是政治任务，也是迫切需求。2016年，青海省普惠金融综合示范区试点建立以来，人民银行西宁中支将金融扶贫作为普惠金融试点的首要目标，针对青海省农牧区群众贷款缺渠道、缺担保、风险高的问题，创新设计出"六个一"金融精准扶贫工作机制。将扶贫局、主办银行、村干部、驻村扶贫第一书记、金融服务档案、贫困户特殊信用证六方面有机结合起来，形成四员一证一档案的"六个一"精准扶贫金融服务工作机制，发挥政策合力，高效、快速、准确对接农牧户的金融需求，为贫困户发放"530"（5万元、3年期、全额贴息）扶贫小额信贷，为青海脱贫攻坚贡献金融力量。

二、主要措施和成效

（一）主要措施

1. "四员"形成金融扶贫合力。由扶贫局、主办银行、村干部、驻村扶贫第一书记分别担任精准金融服务联络员、服务员、协管员、指导员，做好金融服务前期工作。到村到户开展调查摸底，逐村逐户细致走访，精准识别贫困村、贫困户，从家庭人口、人员结构、年度收入、收入来源、财产和其他收入等基本情况，详细了解贫困户生产生活情况，掌握第一手资料。结合贫困户实际情况，制定增收目标，形成产业发展和创业就业方案，有针对性地做好信息、资金、技术、政策等方面服务，协调好政策落实和项目支持。

2. 建立金融服务档案。针对农牧户自身的金融需求，对建档立卡贫困户进行金融需求调查，全面、真实反映贫困户的资金需求，重点对建档立卡贫困户的信用和经营能力等情况进行准确评定，建立金融服务档案，对贫困户生产、生活、资产、发展情况，贷款需求额度及用途期限等信息进行准确采集，有针对性地提供金融服务，为金融机构信贷支持提供先期保障。

3. 开展联合信用评定。通过集合当地扶贫部门工作人员及选派的扶贫第一书记、村委会和金融机构组成资信评估小组，对提出申请的贫困户，进行信用评审，信用评定指标在 70 分以上的作为信用户，为其颁发贫困户特殊信用证，并以此作为小额信贷发放的信用指标。

4. 提供"530"信用贷款。在准确掌握贫困户金融需求、资金用途、产业计划的基础上，向贫困户提供"530"信用贷款，即 5 万元、3 年、0 利率，利息由财政全额贴息，此外，增加扶贫贷款风险补偿和农村小额信贷保证保险增信机制，进一步提升"六个一"金融精准扶贫工作质量。

5. 创新名单制管理。针对"三有一无"（有发展意愿和项目、有劳动技能、有资金需求、无欠贷欠息）的贫困户，创新开展名单制管理，进一步拓展"530"信用贷款受众面。

（二）取得成效

1. 快速满足农牧民金融需求。通过"六个一"金融精准扶贫工作机制的准确对接，在短期内，快速满足了农牧区贫困户的金融需求。截至 2019 年末，青海省"530"扶贫小额信贷余额超过 10 亿元。

2. 有效控制金融扶贫贷款不良率。"六个一"金融精准扶贫工作机制实现扶贫贷款不良率的有效压降，充分发挥联络员、服务员、协管员、指导员对贫困群众金融需求能够有效搜集的优势，在缺少抵押担保的前提下，最大限度地控制不良率。截至 2019 年末，青海省"530"扶贫小额信贷不良率仅为 0.2%。

3. 覆盖面不断扩展。在"六个一"金融精准扶贫工作机制推进过程中，充分发掘贫困户金融需求，对"三有一无"贫困户进行专项管理，努力扩大贫困户贷款范围，青海省"三有一无"贫困户享受"530"信用贷款的覆盖面超过80%，有效推进了全省脱贫攻坚战略的全面实施。

三、经验启示

"六个一"金融精准扶贫工作机制的实践经验表明，为贫困群众搭建行之有效的金融供需对接平台，切实解决贫困户所面临的"双零"（净资产基本为零、现金流基本为零）困境，解决贫困群众缺抵押、少项目的现实难题，是"六个一"金融扶贫机制的核心关键。

"六个一"金融精准扶贫工作机制，通过金融扶贫体制机制创新，捏合政府、金融机构、村集体等多个主体，以共搭共建的方式，形成制度创新和发展平台，充分挖掘贫困群体的金融需求和产业诉求，联通了信贷支持与实体发展之间的关键环节，成功引导金融资源流向精准扶贫、脱贫攻坚重点领域，有效推动金融扶贫效果最大化。

"六个一"金融精准扶贫工作机制，创新探索了完整的贫困户信用评定体系，实现贫困户金融需求信息快速、准确搜集的新路径，通过将信息全面归集为金融需求，实现信贷风险的有效降控，推动建立的"530"信用贷款，以政府贴息、配合贷款风险补偿的方式，消除了金融机构放贷的后顾之忧，形成完整的贫困户小额信贷支持链，具有较强的可复制、可推广价值。

甘肃省甘南藏族自治州
打造"藏饰贷"金融扶贫新模式

摘要： 甘南藏族自治州是全国十个藏族自治州之一，也是"三区三州"深度贫困地区。全州总人口74.97万人，其中藏族人口42.38万人，占全州总人口的31.75%。长期以来，农牧民有效抵押不足严重制约了金融扶贫成效。在脱贫攻坚任务当头、农牧区群众脱贫难度大的严峻形势下，当地农村信用社急群众之所急，将农牧民群众的"藏饰品"作为质押物，创新推出"藏饰贷"信贷产品，把藏族群众戴在身上的"死资产"变成"活资金"，全方位满足藏族群众的贷款需求和金融服务。

一、背景介绍

一直以来，由于农牧民有效抵押不足，很难获得银行信贷的支持。在传统的藏族文化中，金银、珊瑚、玛瑙、松石、蜜蜡珠等珠宝饰物，是全家甚至几代人积累下来的财产，不仅代表着财富，更象征着吉祥、如意、平安、幸福。由于资源稀缺，这些别具匠心的藏饰品通常价值不菲。自2015年以来，甘南藏族自治州农村信用社借力金融精准扶贫，深挖信贷资源，创新推出"藏饰品质押贷款"信贷产品，为金融精准扶贫打造了新模式，实现了金融机构与农牧民群众"双赢"。

二、主要措施和成效

（一）"贷款难，难贷款"问题得到有效化解

"藏饰贷"是针对涉藏州县群众抵押不足而创新的信贷品种，有效解决了有房无证、有地无证的实际问题，化解了"贷款难，难贷款"难题，也为涉藏州县农牧民打造了金融扶贫新模式。由于藏饰品资源珍贵稀缺，升值空间较大，这款信贷创新产品的推出，使藏族群众佩戴在身上的吉祥物成了发家致富的经济来源，真正让"死资产"变成了"活资金"。

(二)农牧民融资渠道拓宽、手续简便

长期以来,甘南信贷投放渠道狭窄,信贷产品创新不足,严重制约了金融精准扶贫成效和农牧民发展生产的积极性。"藏饰贷"的推出,在惠农、便农、利农方面大胆创新,拓宽了融资渠道。同时,由于贷款申请方便,手续流程简捷,还款灵活,利率优惠,深受藏族群众的欢迎。

(三)农村信用社服务涉藏州县积极性显著提高

藏饰品的挖掘利用,成为助推金融精准扶贫的有力抓手,为群众增收、创收开辟了新渠道,注入了新活力,农村信用社支持涉藏州县积极性显著提高。据初步统计,甘南藏族自治州"藏饰贷"市场潜力巨大,全州"藏饰贷"大致可发放20亿元质押贷款,占全州贷款总量的10%左右。

(四)涉藏州县金融扶贫成效显著增强

"藏饰贷"丰富了农牧村金融产品,金融的输血和造血功能得到了有效发挥,支撑保障作用更加显著。农牧民人均纯收入从2015年的5928元上升至2019年的8437元,增长42.32%。在金融扶持下,全州建成旅游专业村186个,发展农(藏)家乐1112户,3.6万农牧民从旅游业中直接受益,成为带动农牧民增收的新亮点。农村信用社借助政策宣传和贷前调查的有利时机,为群众讲解惠农惠牧政策,藏族群众的自我发展意识不断增强,密切了干群关系,在维护甘南稳定和经济发展方面发挥了独特的作用。2019年12月,甘南藏族自治州8县市全部退出贫困县序列,实现整体脱贫摘帽。全州贫困人口由2015年末的8.38万人下降至2019年末的2795人,贫困发生率由15%降至0.49%,282个贫困村脱贫退出,占全州贫困村总数的99.3%。

三、经验启示

(一)正视困难挑战,坚定金融扶贫信心

人民银行甘南中支将金融扶贫作为精准扶贫、精准脱贫的重要抓手,引导金融机构深耕贫困地区,精准对接脱贫攻坚多元化融资需求。从支持政策、信贷产品、金融服务等多方面架设滴灌网,精准对接特色产业、贫困人口、易地扶贫搬迁、重点项目等的资金需求,形成了"政策支持精准、信贷投放精准、产业对接精准、金融服务精准、信用培育精准"的金融扶贫思路。通

过改善"三农"、小微企业、创业就业等民生领域和薄弱环节的金融服务，强化金融扶贫的"造血"功能。截至2019年末，全州涉农贷款余额为187.09亿元，占全州贷款总额的76.53%。

（二）立足涉藏州县实际，创新金融扶贫模式

抵押品匮乏是农牧村信贷需求增长得不到满足的重要原因，而探索有效的抵押品是破解农业信贷约束的方式之一。甘南藏族自治州农村信用社聚集"三区三州"深度贫困地区的实际，瞄准突出问题和薄弱环节，大胆探索，为农牧民量身打造"藏饰贷"信贷产品，将农牧民群众的藏饰品作为质押物，既解决了借款人质押不足的问题，又降低了信贷风险。

（三）大力宣传推广，提升涉藏州县金融扶贫成效

甘南藏族自治州农村信用社通过多年扎根涉藏州县扶贫的工作经验，深入农牧民中开展宣传动员，加大政策引导，打消了农牧民思想顾虑，为"藏饰贷"的成功推广奠定了基础。对质押品范围、评估方式、办理流程进行规范。"藏饰贷"的推出深受藏族群众的欢迎。2019年末，全州累计发放"藏饰贷"2087笔，金额达2.31亿元，有效提升了农牧民群众发展生产的积极性，成为带动农牧民增收致富的新亮点。"藏饰贷"荣获甘肃省2017年"金融产品创新奖"。

（四）拓宽涉藏州县融资渠道，为涉藏州县金融扶贫提供借鉴

"藏饰贷"不仅解决了涉藏州县农牧民贷款无抵押物的难题，还成为金融扶贫的有力抓手，彰显了涉藏州县金融服务的特色。西藏自治区和青海、四川、甘肃、云南四省，藏族人口众多，脱贫攻坚及防返贫任务艰巨。"藏饰贷"的推广应用将在助力脱贫攻坚、防返贫、促进社会和谐及经济发展等方面发挥特有的作用，同时为涉藏州县金融扶贫提供借鉴和启发。

中国农业银行西藏分行
创设农牧民"建档立卡贫困贷"

摘要：党的十八大以来，中国农业银行西藏分行以习近平总书记关于扶贫工作的重要论述为指导，认真贯彻落实党中央脱贫攻坚决策部署，努力克服高寒恶劣自然环境，缺氧不缺精神，用情用心用力做好金融扶贫工作。针对西藏农牧区社会信用体系不完善、农牧民贷款难等问题，农行西藏分行加强与当地政府、人民银行、银保监局等部门合作，创造性开展全区县、乡（镇）、村三级信用体系建设，创新推出"建档立卡贫困贷"，实现对全区有劳动能力贫困人口的应贷尽贷，帮助农牧民脱贫致富，助力西藏打赢脱贫攻坚战。

一、背景介绍

西藏自治区集民族地区、边疆地区和集中连片特困地区于一体，是全国贫困发生率最高、贫困程度最深的区域之一，扶贫成本高，脱贫难度大。西藏经济社会发展总体滞后，旅游业、资源开发、藏医药产业、特色农产品加工等产业为其支柱产业。西藏广大县域农牧区社会信用体系建设滞后，是全国少数未建立农业担保体系的地区，农牧户贷款缺乏多元化担保支撑。

二、主要措施和成效

（一）积极做好金融扶贫政策的宣传普及

让贫困农牧民了解金融理念与扶贫政策，是做好涉藏州县金融扶贫工作的关键。在西藏广大县域农牧区，农行营业网点的金融服务半径最长达数百公里，自然条件极其艰苦，农行西藏分行努力克服人手不足、交通不便等困难，持续开展金融扶贫政策宣传普及活动，印发藏汉双语宣传折页，用农牧民群众看得见的事例、听得懂的语言把金融扶贫政策和产品送到家门口，帮助建档立卡贫困农牧民建立金融理念，了解金融扶贫政策要点与申贷流程，为大规模信贷投放奠定基础。2019年，各级行共组织宣传活动539次，发放宣传折页55565份。

(二) 创造性搭建西藏地区金融扶贫信用体系

为解决"农牧区社会信用体系建设滞后"这一难题，农行西藏分行加强与地方政府、人民银行、银保监局等部门合作，联合村级基层组织，创造性地将诚信体系建设与农牧民道德建设结合起来，全面推进县、乡（镇）、村三级信用体系建设，为每个农牧户提供"信用身份证"，切实增强农牧民信用意识。建立信用奖惩机制，配套金融优惠政策，营造"守信获益、失信受损"的社会信用环境。对诚信守约的农牧户，给予"金融服务优先、贷款优先、额度放宽、手续简便"等金融优惠政策支持，对违约失信者采取降低信用等级甚至停贷等惩罚措施。在信用环境较好的区域率先打造一批"钻石卡村""金卡村"等诚信示范点，发挥先进典型引领作用，切实改善当地金融生态环境。

（三）创新推出专属金融服务产品"建档立卡贫困贷"

按照"跟准政策、找准路径、精准投放"的原则，紧密对接西藏 59 万建档立卡贫困人口，创新推出"建档立卡贫困贷"，向广大贫困农牧户提供"免抵押、免担保"扶贫小额贷款。明确贷款户借、户用、户还，精准用于贫困户发展生产，不得用于非生产性支出，更不能户贷企用，确保贷款使用能发挥减贫效应。针对金融扶贫风险大、成本高的现实问题，农行西藏分行基层营业所加强与村支部合作，客户经理走村入户普及政策，指导农牧户进行贷款申请，农牧户从申请到获贷周期平均为 1~3 天，有效满足了农牧民发展生产的资金需求。村支部全程协助农行贷款调查及贷后管理，监督村民贷款使用，确保贷款用途合规。

（四）持续发力提升贫困户贷款覆盖率

按照"广覆盖、普惠制"的原则，农行西藏分行切实加大对贫困农牧户的信贷支持力度。2016 年以来，累计发放建档立卡贫困户贷款 119 亿元，服务带动建档立卡贫困户 21.63 万户次。截至 2019 年末，西藏分行建档立卡扶贫贷款余额达 60 亿元，覆盖了全区 70% 的建档立卡贫困户，超过全国平均水平 30 个百分点，占金融系统建档立卡贫困户贷款的 99.8% 以上，基本实现对建档立卡贫困人口的"能贷尽贷"。很多贫困农牧民通过申请农行"建档立卡贫困贷"发展产业，走上了脱贫致富道路。2019 年末，西藏已基本消除绝对贫困，实现全区整体脱贫。

三、经验启示

（一）优化金融生态环境是基础

农行西藏分行以提升农牧户信用意识为切入点，将信贷支持与农牧民道德建设紧密结合起来，持续开展诚信教育，创新开展信用县、乡（镇）、村评定工作，加强农牧区信用体系建设，有效解决了深度贫困地区社会信用体系不完善的难题，为金融扶贫事业在欠发展地区实现可持续发展奠定坚实基础。

（二）创新信贷产品是关键

农行西藏分行结合全区金融扶贫工作总体部署，立足区域实际和金融需求特点，创新推广"建档立卡贫困贷"产品，采取"银政联手、信息共享、逐级筛选、择优发放"的方式，创新到户扶贫模式，实现了对有劳动能力、有致富渠道、有贷款需求的贫困人口基本覆盖。截至目前，农行西藏分行仍是全区唯一一家出台精准扶贫小额到户贷款管理办法的商业银行。

（三）充分激发内生动力是保障

建档立卡贫困群众既是脱贫攻坚的主要对象，更是脱贫致富的主体，有效激发贫困群众脱贫的内生动力是实现长久脱贫的关键。农行西藏分行通过信贷支持帮助贫困户参与产业发展，同时积极引导贫困群众树立主体意识，依靠勤劳双手和顽强意志实现脱贫致富，不断提升自身素质和发展能力，实现稳定脱贫的目标。

"信用修复"工程助力脱贫攻坚

摘要： 青海省、四川广元、陕西铜川在推进金融精准扶贫工作中发现，信用不良成为制约贫困户享受金融扶贫政策和获得金融扶贫资金支持的主要瓶颈。为解决贫困户信用不良问题，青海省、四川广元、陕西铜川分别通过实施信用修复工程、农村信用救助重建等综合方式，在现有法律法规框架体系下，使有发展意愿和能力的失信贫困户再次获得贷款，用于发展生产、结清欠款、脱贫致富、重塑信用，实现贫困户脱贫致富与信用自我修复的双重目标。

一、背景介绍

2017年，人民银行西宁中心支行引导各金融机构对有发展项目、有一定还款能力、有劳动技能，但存在征信不良记录的贫困户构建信用修复重建机制，为其再次发放信用贷款，帮助其在脱贫攻坚中增产增收，待归还欠款后重新获得信用，通过"自我修复"形成信用良性循环通道。2018年以来，广元中支探索实施农村信用救助模式，帮助1.2万户农户、255户新型农业经营主体重建信用，重获贷款支持5.7亿元，为打赢脱贫攻坚战提供有力支撑。2016年4月，人民银行批复开展陕西省铜川市宜君县农村普惠金融综合示范区试点。在试点建设中发现，建档立卡贫困户中，有发展生产意愿和生产经营能力却因个人信用记录不良（失信）而受到金融机构排斥、无法获得信贷支持的群体占比达42%。

二、主要措施和成效

（一）主要措施

1. 构建协调"联动体"。一是部门协作。人民银行、发展改革委、财政等部门签订信用救助工程建设协议书，在资源配置、盘活资产、政策扶持等方面联合实施信用救助。二是银行参与。落实"分片包干、整村推进"模式，主办银行与被救助对象签订信用救助协议书,"一对一"开展信用救助。三是当地政府设立农户综合信用信息中心,搭建综合信用信息评级系统,采集涵盖基本信息、社保、奖惩等14类信息,为涉农金融机构实施信用救助提供更为全面客观的信息参考。

2. 抓住识别"关键点"。一是筛选失信主体。依托征信、扶贫、失信被执行人等信息筛选失信主体名录。基层政府摸底失信主体基本情况、失信原因、发展能力等情况,对符合救助条件的非主观恶意欠款造成失信的贫困户进行公示。二是重新评级授信。创新"五有两无一勤劳"(有劳动力、劳动技能、贷款需求、信用重建意愿和产业项目,无恶意欠贷行为、无不良嗜好,勤劳)失信农户重新评级授信指标体系,由村风控小组初审评级,主办银行审核授信。

3. 绘制救助"路线图"。各金融机构针对不同类型的失信贫困户建立不同的修复机制,重点建立"原谅+救济"两类信用修复机制。对欠款已还清、不良记录未满5年、累计逾期次数最高不超过6次的贫困户实施"谅解机制",通过贫困信用评定,重新确定信用等级,准予信贷准入,适时发放扶贫信用小额贷款。对非主观恶意致使贷款无法归还,存在不良记录的贫困户,实施"救济机制",通过贷款展期、减免欠息等方式,帮助其减轻还款压力,待生产发展、收入稳定归还欠款后,根据信贷需求由金融机构二次授信。

4. 打好政策"组合拳"。一是财产收益救助。通过财政支农资金、村组集体经济、流转土地等形成资产股权量化,赋予被救助对象更有保障的财产收益权。二是依托产业救助。建立"信用救助+产业支撑"长效机制,确保每户有一项增收项目,每村有3~5个致富带头人帮扶被救助对象。三是实施联合救助。引导扶贫再贷款、"政担银企户"贷款借款人通过就业、入股、流转土地等带动被救助对象,增强其稳定增收能力。四是实施信用提升工程。优化农户和新型农业经营主体信用评价模型,探索建立扶贫小额信贷"诚信指数"标准。

(二)取得成效

1. 增收脱贫"助推器"。通过贫困户信用修复重建,不良记录逐步消失和归零,有效破除了扶贫信贷投放对象存在不良记录的瓶颈,对农户脱贫增收形成了良好的助推效应。截至2019年末，青海省2268户贫困户信用得到修复重建，同比增长11.55%，向1802户信用得到修复的贫困户再次发放贷款6125.78万元，同比增长9.87%。截至2020年3月末，广元市精准识别1.9万户失信主体，对1.2万户重新评级授信3.6亿元，分别发放农户、新型农业经营主体信用救助贷款2.6亿元、3.1亿元，通过发展产业带动脱贫25.1万人。截至2019年末，铜川宜君县已有548户失信贫困户完成信用修复，占全县建档立卡失信贫困户的82%，授信2216万元，实际发放贷款2018万元，有效破解了贫困户融资瓶颈，"信用普惠"价值不断彰显。

2. 防控风险"稳定器"。贫困户信用修复后，金融机构沉淀的扶贫资金得到有效补充，促使存量资金得到有效盘活，增量资金循环使用，解决了失信贫困户"不能贷"及金融机构"不好贷"的难题。截至2019年末，青海省贫困户不良贷款余额为1122万元，同比下降30.24%，贫困户不良贷款率仅为0.8%。通过实施信用救助，广元有效化解灾后农房重建贷款违约风险及扶贫小额信贷逾期风险。2018年，广元市青川县通过信用救助处置农房重建不良贷款1.1亿元，全县不良贷款率大幅下降2.1个百分点。截至2020年3月末，广元市扶贫小额信贷余额达16.4亿元，不良率仅为0.5%，连续15个月低于全省平均水平。

3. 优化生态"净化器"。信用修复和救助工程充分发挥金融、产业、扶贫等政策协同效应，对诚信主体加大激励支持，严厉打击恶意逃废银行债务行为，进一步净化农村金融生态环境。截至2020年3月末，广元市有69.2万农户建立信用档案（建档面达100%），评定信用户46.1万户。2019年，广元市金融生态环境评价排名居全省第6位，较2018年提升1个位次，各县区排名也居全省前列。截至2019年末，青海省累计评定贫困信用户13.99万户，贫困信用村803个，分别同比增长12131户（9.49%）、10个（1.26%）。

三、经验启示

（一）搭建农户综合信用信息平台是基础

充分发挥地方政府的主导作用，建立采集农户非金融信息的综合信用信息数据库，实现地方政府、金融机构、信息主体间的信息共享和互联互通，最大限度地解决贫困户信用重建中的信息不对称问题，也为金融机构二次放贷提供较为全面的参考。

（二）引导金融机构重塑信贷流程是重点

金融机构突破传统信贷运行机制，重塑信贷流程，创新评级授信管理办法，通过重新划分评级授信指标、给予特殊加分等措施，在贷款条件、程序等方面进行政策突破和倾斜，对失信贫困户再次提供信贷支持。

（三）建立健全风险分担机制是关键

通过设立风险分担补偿基金、过桥基金、贫困户贷款贴息等，有效发挥财政资金作用；协调金融机构共同建立贷款违约缓冲机制，在贷款到期前对贫困户进行提醒、帮扶等；不断扩大政策性保险覆盖范围，充分发挥保险的风险保障和增信作用。

（四）营造良好金融生态环境是保障

大力营造"守信者荣、失信者耻"的金融生态环境，在普遍提升农户金融素养的基础上，注重区分受教对象，针对不同失信原因、失信群体明确不同的宣教内容和方式，尤其加大对年轻失信群体的宣教指导，避免"二次失信"，探索"信用普惠"助力金融精准扶贫的新路径。

四川省甘孜藏族自治州金融扶贫"1+7+N"模式

摘要：2015—2019年，四川甘孜严格按照金融扶贫"一个根本"和"四个基本"要求，引导金融机构主动履行社会责任，自觉担当职责使命，突出"便民、利民、惠民"这一核心要义，统筹推进农村普惠金融、金融精准扶贫及金融生态环境建设，全面提升四川省甘孜州金融扶贫的广度、深度和精度，探索出了普惠金融与金融扶贫有机结合的"1+7+N"模式。该模式着眼"精准滴灌"，找准科学路径，使扶贫政策红利到村到户到人，切实破解了"滴得到"的难题；着眼"靶向治疗"，对症对因对病用药，使扶贫措施有的放矢，切实破解了"滴得准"的难题；着眼"量体裁衣"，科学配置资源要素，切实破解了"滴得管用"的难题，最终帮助建档立卡贫困户实现了精准脱贫的目标。

一、背景介绍

甘孜州总面积为15.3万平方千米，辖18个县325个乡2673个行政村。2015年末总人口为114万人，贫困村1360个、建档立卡贫困人口19.75万人，是全国14个连片特困地区之一，也是四川省唯一的县县都是贫困县、乡乡都有贫困村、村村都有贫困户的地区。2016年，甘孜州地区生产总值为229.8亿元，仅占全省的0.7%；农村居民人均可支配收入为9367元，仅相当于全省平均水平的82.05%，两项指标均居全省末位，属于全国比较具有代表性的贫中之贫、坚中之坚的深度贫困地区，脱贫攻坚难度极大。

二、主要措施和成效

（一）"1+7+N"模式

"1"即确定1个"扶贫再贷款支持创业扶贫示范村"。

"7"即七项重点措施。一是开通一张惠农卡。为每户建档立卡贫困户办理一张惠农卡，使其成为连接农户与惠农资金的纽带，方便各项惠农资金及交易资金及时到达农户手中。二是建设一个银行卡助农取款点。在每个贫困村建立一个"助农取款点",同时把"助农取款点"提升为"惠农金融服务站",使其成为普惠金融的小超市,推动助农取款服务与"新农保""新农合"和涉农补贴资金发放相结合,将政府的各项惠农补贴和保障送到农户家门口,打通普惠金融服务"最后一公里"。三是评定一批信用户。对每户建档立卡贫困户开展信用评定和诚信教育,并根据信用户等级进行授信,增加贷款获得性,提升农户参与积极性并树立正确创业观念和诚信意识。四是建立一种风险分担补偿机制。由政府出资设立扶贫小额信贷风险基金,贷款如果发生损失,由风险基金承担不低于70%的损失,其他由扶贫小额信贷承办金融机构继续追偿。五是发放一批扶贫小额信贷。金融机构运用人民银行扶贫再贷款,为建档立卡贫困户量身定制信贷产品,优先采取扶贫小额信贷"整村推进"的方法,对符合贷款条件的建档立卡贫困户提供5万元(含)以内,期限不超过3年的优惠利率信用贷款,财政部门对扶贫小额信贷按季进行全额贴息。六是培育一个产业。通过使用人民银行扶贫再贷款的低成本资金,支持各地打造"专合社+基地+贫困户"的产业支撑模式,各村因地制宜大力发展特色产业,使其成为实现稳定脱贫的可持续发展路径,成为真正脱贫的路径。七是创建一个信用村。通过开展信用村评定,提高贫困户及村民授信额度,不断改善当地金融生态环境,将贫困村逐步发展为信用示范村。

"N"即拓展、延伸农村普惠金融服务广度和深度,主要包括农村金融知识教育、金融宣传、金融机构定点帮扶、普通农户贷款、涉农保险服务等多种金融服务。

(二)取得成效

1. 全面实现脱贫奔小康目标。截至2019年末,甘孜州金融机构精准扶贫贷款余额为174.27亿元,累计带动和服务贫困人口23万人;累计发放扶贫小额信贷12.21亿元,累计发放易地扶贫贷款5.76亿元,累计支持1.5万户6.28万建档立卡贫困人口实现安居。2019年末,甘孜已实现18个县(市)全部摘帽、1360个贫困村全部退出、222986名贫困人口成功脱贫,贫困发生率由2014年的23.17%下降至2019年末的0.23%。

2. 农村支付基本实现便利化。2019年末,甘孜州已累计新建、调整和恢复助农取款服务站(点)3159个,覆盖325个乡镇和2679个行政村,乡镇覆盖率达 100%。

3. 金融产品和服务创新不断深化。在脱贫攻坚战中，甘孜州创新开办了青稞、牦牛、羊肚菌、樱桃、玉米、土豆等保险品种，推出线上自主小微循环信用贷，额度在 500 万元以内，贷款利率低至 4.35%，累计布放藏汉双语版个人信用报告自助查询机 19 台，成为涉藏州县第一个实现藏汉双语自主查询个人信用报告全覆盖的地区。

4. 农牧区信用环境显著优化。截至 2019 年 12 月末，全州累计采集农户信用信息 19 万户，评定信用户 15 万多户，评定信用村 132 个，评定信用乡（镇）36 个，评定信用新型农村经营主体 296 户。完成建档立卡贫困户评级授信 3.57 万户，授信 12.44 亿元，授信覆盖面达 73.7%。

三、经验启示

近 5 年来，甘孜州在百万康巴儿女的努力下提前一年实现了脱贫奔小康的目标，它给我们今后攻坚克难留下了深刻启示，积累了宝贵经验。一是金融工作就是在中国共产党领导下的经济工作，金融机构与党中央保持高度一致，确保了金融精准扶贫工作的正确方向和顺利推进。二是因地制宜进行系统研究，科学谋划切实可行的金融精准扶贫工作思路和政策措施，做到了金融精准扶贫工作务实、脱贫过程扎实、脱贫结果真实。三是注重在发挥农村市场机制作用方面下足功夫，逐步减弱脱贫攻坚对行政手段和政策的依赖，克服过度追求"短、频、快"和产业同质化现象，最终实现稳定可持续的脱贫奔小康。

综合类

广西壮族自治区"田东模式"助力脱贫攻坚

摘要： 广西田东县将农村金融改革与脱贫攻坚紧密结合，紧紧围绕"精准对接扶贫金融需求，精准完善惠农服务体系，强化金融扶贫工作质量与效率"的要求，依托建设以机构、信用、支付、保险、担保、村级服务组织等六大金融服务体系为核心的"田东模式"，精准发力，为田东县脱贫攻坚提供有力有效的金融支撑。

一、背景介绍

2008年12月，根据时任中央政治局常委、全国人大常委会委员长吴邦国在田东调研时的指示精神，田东拉开了农村金融综合改革试点的序幕。人民银行田东县支行在总行、南宁中心支行、百色市中心支行及地方党委政府的领导、支持和帮助下，经过10年的努力，探索出一条以信用体系建设为重点，以支付体系建设为基础，以信贷产品创新为动力的农村金融发展之路，探索形成以"六大体系"为核心，为农户增资增信的多层次、广覆盖、可持续的"田东模式"。

二、主要措施和成效

（一）"引金入县"，搭建金融精准扶贫稳健支撑面

为夯实金融基础，田东县大力推动金融机构组织体系建设工程，先后推动村镇银行、助农融资担保公司落地田东，完成"信用社—农合行—农商行"

改制工作，成立广西首家农村资金互助社。截至2020年3月末，田东已搭建形成由10家银行金融机构，19家非银行金融机构组成的多层次、梯度化、广覆盖的金融机构组织体系，实现全县乡镇银行网点全覆盖及"金融活水"精准注入机制，切实解决"三农"融资渠道单一难题，为扶贫工作提供强有力支撑。截至2020年3月末，全县金融精准扶贫贷款（含已脱贫人口贷款）余额为17.58亿元，较2015年末增加7.69亿元，增长77.76%，占同期田东县金融机构各项贷款余额的14.82%。

（二）建立和完善农村信用体系，有效降低融资成本

为提高农户贷款可获得性，田东县以推进社会信用体系建设为切入点，大力开展农户信用信息采集、录入、评级和授信工作，建设完成"农户信用信息采集与评级系统"，解决金融机构与农户之间信息不对称问题，提高农民信用意识，不断增强守信收益辐射效应。截至2020年3月末，全县累计完成53个贫困村、1.4万户贫困户的建档评级工作，建档、评级、授信面达100%，授信金额达7.5亿元。为结合扶贫攻坚工作，田东县创新贫困村信用建设工作，在原系统基础上嵌入"精准扶贫"模块，提高农户信用信息与精准扶贫信息融合程度。截至2020年3月末，全县累计发放扶贫小额信贷24317万元，带动5189户建档立卡贫困户增收脱贫，贫困人口由2015年精准识别时的52109人下降到2019年末的905人，全县贫困发生率从15.01%下降到0.24%。2019年4月，经广西壮族自治区政府批准，田东县顺利脱贫摘帽，同年10月获脱贫攻坚奖"组织创新奖"，是全国获奖的10个县之一，也是广西唯一的上榜县份。

（三）构建农村支付服务体系，完善支付基础设施建设

2009年以来，田东县紧紧围绕"构建安全、高效的农村支付体系"的工作目标，大力推进田东县农村支付体系建设，有效化解农村"支付结算难"困境，不断提高基础金融服务的效率和便捷度。一是积极引导金融机构接入大小额支付系统、人民币结算账户管理系统和财税库横向联网，提高农村地区支付体系现代化程度。二是丰富农村支付服务主体，持续推广非现金支付，引导各金融机构加大贫困地区ATM、POS机、转账电话等支付终端布设力度，将便农支付通道延伸到农民家门口。截至2020年3月末，全县共布放ATM和自助服务终端172台，实现ATM乡镇全覆盖；共布放POS机2616台，成为全国首个实现转账支付电话"村村通"的县。建立村级助农取款服务点 210 个、惠农支付服务点 210 个、农村金融综合服务站 21 个,农民足不出村即可享受办理取款、现金汇款等基础金融服务。

(四)建立保险保证体系,分散与转移农村金融风险

为守住不发生系统性、区域性金融风险的底线,田东县探索建立健全农业保险、风险补偿等风险防范机制,不断提高金融机构防范风险的意识和金融扶贫的积极性。一是建立县乡村三级农村保险保证服务网络,实现农村保险服务站乡镇全覆盖,保险服务点行政村全覆盖。在广西百色市首先开办扶贫小额信贷保证保险,截至 2018 年末,为 3172 户贫困户 1.51 亿元贷款提供保障。二是不断建立完善信贷风险补偿机制。截至 2020 年 3 月末,推动地方政府建立 800 万元土地经营权抵押贷款风险补偿基金、378 万元扶贫小额信贷保证保险基金、2300 万元扶贫小额信贷风险补偿基金、736 万元小额担保贷款补偿基金,落实风险共担机制,为脱贫攻坚"上保险"。

(五)建立抵押担保体系,不断拓宽农户融资渠道

推动成立和引进融资担保公司 2 家,为规模种植大户、养殖大户、家庭农场和县域小微企业提供融资担保。推动设立田东县农村产权交易中心,不断完善农村承包土地的经营权抵押贷款管理制度,加快土地流转,增强"三农"融资担保实力。截至 2020 年 3 月末,累计产权交易额达 11.25 亿元(其中,贫困村产权交易额为 3.21 亿元);土地经营权流转鉴证为 12.27 万亩(其中,贫困村土地流转鉴证为 4.13 万亩);产权抵押贷款为 15.05 亿元(其中,贫困村产权抵押贷款为 1.37 亿元)。

(六)建立村级金融服务体系,延伸金融扶贫服务触角

全面实施"农金村办",整合利用农村行政资源,建立村级"'三农'金融服务室",发展农村支付网络,把金融知识宣传、信用信息采集、贷款调查、还款催收、保险业务办理、小额取现等金融服务向村一级延伸,打通农村金融服务"最后一公里",缩短金融机构与农户间的沟通距离和时间,缓解农民贷款难、支付结算难的问题。截至 2020 年 3 月末,"'三农'金融服务室"已实现行政村全覆盖,累计协助 7.57 万农户获得免抵押、免担保小额贷款超过 26 亿元。

三、经验启示

（一）建设"信用+信贷+支付"大数据平台体系

一是构建信用信息中心。实现原组织、信用、支付结算三大体系整合提升及原农户信用信息系统升级改造；将小微企业、农民专业合作社等信息纳入信用体系；开展民间借贷失信监管，及时披露不良信用信息，把银行机构信贷的征信指标和农户信息求同整合，实现最大化共享，建成农村信用智能APP"六合一"系统平台，实现对"信用+信贷+支付"联动模式创新性改造。

二是推进"互联网+"新型支付体系。优化银行机构在农村的支付网点，逐步淘汰利用率不高的终端设备。大力推广网络支付等新型支付方式，提高农村地区无卡支付服务水平。

三是在构建"信用+信贷+支付"大数据平台的基础上，结合田东的产业实际，借鉴其他试点县的经验，推行"信用+信贷+支付"的试点产品。

（二）完善风险防控体系（村级服务体系+抵押担保平台+产业基金+保险）

提升村级服务体系的功能。通过大力培训，保持金融服务工作的延续性和服务能力，拓展"金融服务窗口（站）"的服务功能，改变村级金融服务站功能弱化的局面。

增强担保抵押的实力。一是政府应继续完善各类贷款风险缓释和处置机制，扩大各类贷款风险补偿基金规模。二是引导金融机构与担保机构加强合作，在农村产权抵押贷款中积极引入反担保措施。三是改革助农担保公司，引进社会资本做大做强。

发挥保证保险体系的作用。调优保险品种及完善保险条款，探索农作物和农产品的产量或价格指数保险（比如芒果、甘蔗、香蕉）以及农产品储藏、运输、加工保险，停止不符合现实的保险品种。扩大农村小额人身保险、健康保险及意外险，继续充实扶贫小额信贷保证保险基金。

金融助力脱贫攻坚实践成果

宁夏回族自治区金融扶贫"盐池模式"

摘要： 盐池县于2018年在宁夏9个贫困县区中率先脱贫摘帽，在脱贫攻坚进程中走出了一条"依托金融创新推动产业发展、依靠产业发展带动群众增收"的富民之路，形成以"信用建设＋产业基础＋金融支撑"为核心的金融扶贫"盐池模式"。

一、背景介绍

盐池县是六盘山连片特困地区国家级贫困县。2014年精准识别贫困村74个，贫困人口达32998人，贫困发生率为23%。2019年经过动态调整后，全县剩余的318户682名贫困群众已全部稳定脱贫，实现了一户不落全部脱贫的目标。宁夏吴忠市盐池县坚持把金融扶贫作为脱贫攻坚主要抓手，探索总结出了诚信支撑、产融结合、风险防控、保险跟进、改革创新等五大举措，破解了贫困户贷款难、贷款贵等难题，盐池县将金融创新作为撬动脱贫富民的杠杆，聚合政府有形之手、市场无形之手和群众勤劳之手，精准发力。

二、主要措施和成效

（一）打造诚信体系，解决贫困户贷款难的问题

一是抓住信用建设这一金融扶贫可持续发展的关键，建立乡村组户四级信用评定体系，用信农户按时还款积累良好信用，优化信用生态，培养农户发展潜能。建立"631"评级授信系统，其中建档立卡贫困户诚信度占60%，资产状况占30%，家庭情况占10%，银行根据评级给予不等授信额度。在此基础上，推广"1531"模式，实行政银社民四位一体同评定、同认可、共应用，贷款额度、利率优惠与信用等级挂钩，推行免担保免抵押贷款，有效降低贷款门槛和贷款成本。全县共评出信用乡镇8个、信用村92个、信用组525个、信用户4.2万户，诚信度均达到90%以上。二是利用诚信体系，对60~70岁有发展能

力的农户进行二次授信,拓宽年龄限制激发其内生动力,累计向637户发放贷款3247万元;对"黑名单"贫困户进行分步解决,累计释放"黑名单"贫困户171户,放贷金额达1269万元。此后,政策推广至非建档立卡贫困户,有效解决了贫困边缘户贷款问题。三是建立县级"智慧扶贫综合管理服务平台",汇集农户家庭情况、贷款、保险等信息,实现数据共享,破解金融扶贫精准统计难题。基于平台数据,为群众量身定做"富农贷"金融产品,可以一次授信,3年内随用随取,新冠肺炎疫情期间,通过不见面方式向农户贷款超过1亿元。

(二)推进产融结合,解决可持续发展的问题

一是严格落实扶贫小额信贷政策,满足贫困群众发展产业资金需求,实现了"应贷尽贷"。二是深入推进"千村信贷·互助资金"金融扶贫工程,将扶贫专项互助资金与银行信贷资金、互助社三方联通,对经过互助资金支持仍然不能满足生产发展资金需求的、信用良好的互助社社员,经互助社推荐,由银行给予互助资金借款金额放大5~10倍的信贷资金支持。自工程运行以来,已累计发放"千村信贷·互助资金"贷款23.88亿元,惠及群众2.56万户。三是围绕当地资源禀赋和产业特色,积极支持农业产业化龙头企业完善产业链条。在滩羊养殖方面,成立盐池滩羊产业集团公司,引导龙头企业与养殖村建立"养+销"产业链利益共享、风险共担联结机制,通过与金融"嫁接",促进产融良性循环。截至2020年6月末,盐池县建档立卡贫困户扶贫小额信贷覆盖面已达到86%,"盐池滩羊肉"品牌价值达68亿元,以滩羊为主导的特色产业对农民增收的贡献率超过80%。

(三)强化风险防控,解决金融机构资金安全问题

一是成立了盐池融盐扶贫信用担保公司,财政出资0.5亿元,社会融资2.5亿元,形成担保基金,撬动银行30亿元的信贷资金,形成可持续发展的"资金池",定向精准扶持滩羊等优势特色产业。二是与涉农银行建立风险补偿合作机制,政府筹集各类风险补偿金8000万元注入各商业银行,银行按1:10的比例提供扶贫小额信贷,因不可抗力因素造成不能偿还的,由风险补偿金和银行按7:3的比例分担。这不仅撬动银行扩大倍数放贷,解决了新型经营主体和小微企业融资难题,还降低了银行借贷风险。

（四）推行保险扶贫，解决不确定因素致贫返贫问题

针对养殖、种植产品市场价格波动较大，因灾因病因婚致贫比重大，群众能力不强等因素，采取"政府+商业保险"方式，按照保本微利的原则，建立了"2+X"菜单式扶贫保模式，涉及滩羊肉、黄花菜价格指数险，黄花菜种植效益险等10多种特色产业保险。设立1000万元"扶贫保"风险补偿金，建立盈亏互补机制，构建起风险保障体系，实现全县农户"扶贫保"全覆盖，为防止因意外返贫补位。

（五）持续改革创新，解决贫困户长期稳定脱贫问题

一是主动降息让利于民。金融机构针对建档立卡贫困户贷款，几度下调贷款利率，有效解决了贫困户"贷款贵"问题。目前，对30万元以下建档立卡贫困户贷款全部执行基准利率。二是简化信贷审批流程，提高金融扶贫效率。辖内金融机构利用"智慧扶贫综合管理服务平台"和本行研发系统，不断简化信贷流程。三是全力推进电子银行，在县内金融服务空白点布放电话自助终端、POS机等支付终端服务设备，实现了金融服务行政村全覆盖。同时实行客户经理"包村制"，每一个村、每一个组都有专职客户经理为其提供金融政策、产品宣传和业务咨询办理等金融服务，真正做到了农村金融服务全覆盖。

三、经验启示

（一）强有力的政府扶持与引导

金融扶贫"盐池模式"成功运行，与地方财政实力、上级政府财政资金优先支持不可分离。金融扶贫过程中政府的角色，应根据贫困结构和特征改变而作出相适应的转换，由主导转向引导。尽管金融扶贫前期确需政府介入，但随着贫困地区金融环境的改善，政府行政化主导要适时转变，以市场化方式推进金融扶贫。

（二）设计适应性的金融扶贫机制

创新金融减贫机制，将信用、金融、产业三者有机融合，实现贫困户减贫增收与金融机构商业可持续的双重目标。基于贫困地区特殊的资源禀赋，创新与区域特色产业相适应的金融扶贫制度，深度切合贫困地区和贫困户减贫需求，激勉金融机构借助金融科技提供亲贫性金融服务和产品。

金融扶贫产品与服务模式

脱贫攻坚战打响以来，按照党中央、国务院对金融扶贫工作的统一安排部署，人民银行、银保监会、证监会、国务院扶贫办等部门密切协作，不断完善金融扶贫政策体系，调动全金融系统力量集中攻坚，推动更多金融资源投向贫困地区。在金融扶贫政策的保障、引导和正向激励下，不同类型、不同规模、不同地区的金融机构积极行动，深度参与，因地制宜，不断创新金融产品、优化扶贫模式，金融扶贫的广度和深度不断延伸，极大地提升了农村各类经营主体的信贷可得性，增强了贫困群众自我脱贫的内生动力，推动了贫困地区的产业发展和生态建设。

金融扶贫的产品与服务模式案例包含了扶贫小额信贷、直接融资、保险服务以及金融科技等。总体来看，入选的各类案例充分体现了金融体系在不断强化金融精准扶贫工作系统性、整体性和协调性下的多层次统筹、多机制培育以及多部门合力。其主要特点如下：

发挥扶贫小额信贷优势，"贷动"贫困户"造血"增收。扶贫小额信贷具有面广量大、对象特定、流程简便、贷款优惠、专款专用、风险管控等特点，同时在机制、服务、产品等方面可灵活创新，是符合现阶段我国国情的金融扶贫产品，为贫困户发展生产、增收脱贫提供了有力的资金支撑。

坚持创新引领，引入资本市场"活水"。2017年6月23日，习近平总书记在深度贫困地区脱贫攻坚座谈会上指出，资本市场要注意对深度贫困地区的上市企业安排。证券行业认真贯彻落实这一要求，充分发挥各类机构在股权融资、债券融资、并购重组、新三板挂牌等方面的专业优势，积极寻求多方合作，主动创新，协助贫困地区企业通过资本市场融资，促进贫困地区经济发展。

创新"保险+"模式,织密防贫保障网。农业生产具有"靠天吃饭"的特性,面临较大风险。农业保险可通过提供灾害损失补偿帮助贫困地区恢复生产,有效防止深度贫困地区农户因灾致贫返贫。因此,"保险+"模式有利于织密精准防贫保障网,是扶贫方式方法的创新和拓展。

科技融合助力,推动金融扶贫更精准。在金融扶贫实践探索的过程中,银行机构和互联网金融机构顺应互联网发展趋势,积极推动数字化转型,利用大数据、云存储、人工智能等新技术,准确掌握贫困群体和贫困地区企业的生产经营数据和交易数据,经过大数据分析对其进行资信评级,有针对性地提供低成本、无抵押和快速简捷的信贷资金,有效满足贫困群众信贷需求。

发挥小额信贷优势 "贷动"贫困户造血增收

湖南省宜章县探索扶贫小额信贷 "三级、四员、五步"法

摘要： 为解决扶贫小额信贷推行之初遇到的金融机构"不敢贷"、贫困户"不愿贷"等问题，湖南省宜章县围绕"贷得到、用得好、收得回、可持续"目标，按照"政府主导、银行主理、市场运作、稳步推进"的工作思路，认真落实扶贫小额信贷各项政策，探索了"三级平台、四员帮扶、五步风控"金融扶贫做法和风险防控"红黄蓝绿"预警机制，精心组织扩大信贷规模，精准服务加快产融结合，精细管理防控风险，精进提升保证持续发展，打通金融扶贫"最后一公里"。2019年9月，宜章县获评全国脱贫攻坚奖组织创新奖。

一、背景介绍

宜章县是湖南"南大门"，人口为65.47万人，是国家集中连片特殊困难地区（罗霄山片区）扶贫开发重点县，2015年宜章被列为湖南省第二批金融扶贫推进试点县。扶贫小额信贷启动半年多时间，由于金融机构"不敢贷"、贫困户"不愿贷"，全县总共仅投放200多万元贷款，扶贫小额信贷政策没有真正落地。为此，宜章县坚持问题导向，在广泛调研的基础上，探索了"三级平台、四员帮扶、五步风控"金融扶贫模式，促进金融扶贫与产业发展深

度融合，帮助广大贫困户发展产业、增收脱贫，有力推动了脱贫攻坚。2019年9月，宜章县获评全国脱贫攻坚奖组织创新奖。

二、主要措施和成效

（一）建立"三级"服务平台，确保"贷得到、方便贷"

宜章县构建了县、乡、村三级服务平台，即县设立金融扶贫服务中心，19个乡镇设金融扶贫服务站，246个行政村设服务点，广泛宣传扶贫小额信贷政策。建立4500万元的风险补偿金，出台尽职免责办法，消除银行和信贷员的顾虑。宜章农商银行将贷款审批权限下放到乡镇支行，乡镇支行增设扶贫小额信贷专柜。宜章县将评级授信指标由正常商业贷款的8项精简为"诚信度、劳动力、家庭收入"3项，按照"4∶3∶3"量化计分，授予相应贷款额度。同时，在各行政村设立"1+4"工作站，即以"党群连心站"为龙头，融合"好人工作站"、金融扶贫服务站、助农取款点、电商服务站，提供申报、审批、协议、获贷、取款"一站式"服务，3个工作日内即可发放贷款。截至2019年12月末，全县共为贫困户发放扶贫小额信贷11781笔，共4.8亿元，贷款余额为0.64亿元，获得贷款的贫困户占有效授信户数的65.4%，贫困户获贷率居全省首位。

（二）实行"四员"跟踪服务，确保"用得好、有效益"

一是信贷管户员。统筹协调各乡镇支行的信贷业务骨干，通过分片包村，担任每笔扶贫小额信贷的贷款管户员。全县共有信贷管户员59名，负责金融扶贫政策宣传、贷前调查、风险评估、评级授信、审批发放、资金监管及风险防控。二是产业指导员。统筹整合乡镇农技站、畜牧站、林业站等技术人员，以及驻村扶贫工作队队员、第一书记、结对帮扶责任人、乡村干部，担任扶贫产业指导员。全县共有产业指导员246名，负责宣传产业扶贫政策，指导贫困户因地制宜选择产业项目。对有发展意愿、有劳动力，但没有找到理想项目的贫困户，通过牵线搭桥，与其他有项目的农户抱团发展，实现贫困户"自愿组合、自有产业、自主经营、共同发展"。三是科技特派员。统筹协调省市"三区"科技人才和省、市、县科技特派员等各类科技人才力量，担任扶贫产业科技特派员。全县共有科技特派员92名，负责开展实用知识、适用技术培训和科技服务。四是电商销售员。筛选、培训各村具有一定文化程度、有从事电子商务销售经历、有较好沟通能力的年轻人员担任扶贫电商销售员。全县共有电商销售员246名，负责运营农村电商服务站平台，帮助贫困户、群众代销农产品。通过建立"四员"帮扶机制，有效地解决了用贷贫困户在发展生产中的难题。目前，宜章县为贷款户解决问题1944个，其中"四员"现场解决1413个、服务中心调度交办解决531个。

（三）实施"五步"风险防控，确保"还得起、主动还"

2017年以来，宜章县针对进入扶贫小额信贷到期还款高峰的实际，探索了风险防控"五步法"。第一步是宣传提醒到位。对即将到期的贷款，以放贷银行为主，乡镇、村、驻村扶贫工作队等配合，通过电话、短信、上门走访等不同形式提醒贷款户，让其准备好到期还款资金。第二步是全面排查预警。依托扶贫小额信贷管理系统，建立风险防控"红黄蓝绿"预警机制和"四提前"工作措施。根据用贷主体贷款到期时间、生产经营状况、还款能力等按"红、黄、蓝、绿"4个等级对应一天、一周、一个月、一个季度4个贷款到期时间段实施自动监测预警。第三步是及时化解风险。对贷款未到期，但用款主体违反借款合同约定、改变贷款用途等行为，贷款银行将及时报告县风险防控工作组。县风险防控工作组督促其整改，情节严重的，提前收回贷款。对不合规发放的贷款，立即中止项目，提前收回贷款。短期内无法全部收回的，做好还款计划，分阶段收回。第四步是合理缓释风险。对贷款即将到期，但贷款用途合规、经营项目正常、产业效益尚未体现，需要延期，或仍有用款需求的，在风险可控和政策允许范围内，贷款银行联合扶贫部门对用款主体的还款能力进行重新评估，提前介入贷款调查和评审确认，采取展期、无还本续贷等方式合理缓释风险。第五步是分类处置逾期。对逾期贷款，按以下三种方式妥善处置：一是对因产业周期较长、项目尚未产生收益，暂时性还款困难造成逾期，但生产经营正常、还款意愿较好且产业发展确实需要继续使用资金的，在风险可控的前提下，在脱贫攻坚期内，可以还老贷新；二是对因天灾人祸造成逾期且已无偿还能力的，可以按程序启动风险补偿，予以核销；三是对用款主体有偿还能力，但因信用意识淡薄或其他原因造成逾期的，首先由乡村干部加强思想教育，当地政府与贷款银行联合上门催收，对少数恶意拖欠、批评教育多次不偿还的，依法强制清收。截至 2019 年 12 月末，全县累计到期贷款 41591.91 万元，其中到期收回 40368.91 万元、展期 1223 万元。

三、经验启示

（一）整合多方力量，建立扶贫小额信贷工作体系

宜章县将扶贫小额信贷工作拆分为"评、贷、用、还" 4 个环节，针对每个环节的工作目标和具体问题，探索建立了"三级服务平台""四员帮扶""五步风控工作法""红黄蓝绿预警机制"等解决机制，最终形成覆盖扶贫小额信贷"评、贷、用、还"全链条的高效工作体系。

（二）创新扶贫小额信贷服务形式，帮助贫困户顺利发展

扶贫小额信贷的使用主体是贫困户，但受文化、技术、市场等因素的影响，贫困户自我发展能力不足。在贷款发展的过程中会遇到各种具体疑难问题，需要专业人士的指导与支持。为此，宜章县创新扶贫小额信贷服务形式，建立了"四员"跟踪帮扶机制，解决贫困户在使用扶贫小额信贷过程中会遇到的贷款问题、产业项目选择问题、技术应用问题以及产品销售问题，有效地解决了贷款贫困户在发展生产中的各类难题。

（三）明确主体责任和工作机制，提高风险防范效果

宜章县明确了农村商业银行的主体责任，乡镇、村的属地管理责任以及公、检、法、司等部门的联动责任，明确了"四提前"工作机制（支行、乡镇提前一个季度走访用贷户；提前一个月提醒用贷户做好还款筹资准备；提前一周提醒用贷户准备还款资金；扶贫小额信贷还款资金提前一天到位），对带贷主体及贷款贫困户开展"拉网式"核查，全面了解企业的生产经营、资产抵押、分红等情况，掌握风险点并重点加强对还款有困难的贷款贫困户的跟踪、监管，防止资产、资金外流。对有还款能力但等待观望的贷款贫困户、还款暂时有困难的贷款贫困户和恶意拖逃还款的贷款贫困户分别采取主动上门清收、集中约谈警示、依法起诉等手段予以清收追缴，实现了到期贷款应收尽收。

河南省扶贫小额信贷
全额风险补偿金的"夏邑模式"

摘要： 夏邑县探索建立的"扶贫小额信贷全额风险补偿金"模式，对经承贷银行催收仍难以收回的贷款，按照实际损失的本金和利息直接从风险补偿金账户中全额扣划，极大地调动了承贷银行的积极性。与此同时，该模式还构建了三道风险防线，形成了金融机构依靠但不依赖风险补偿金的良性循环，基本实现了符合条件的建档立卡贫困户应贷尽贷，促进了金融扶贫工作的开展。

一、背景介绍

各地在探索和完善扶贫小额信贷风险补偿机制的过程中，时常面临风险补偿机制启动困难、代偿流程烦琐、分担比例不合理等问题，承贷银行参与积极性不高，影响金融扶持政策的持续推进。人民银行夏邑县支行通过调研了解到，2017年起县级财政涉农资金由县扶贫办统筹整合使用，对扶贫资金的使用不仅有严格的负面清单，同时也支持各地创新使用机制，撬动更多金融资本投入扶贫开发。基于此，人民银行夏邑县支行提出利用财政涉农资金建立"全额信贷风险补偿金"的提议，并设计了小额信贷风险防控体系，着力构建全新的扶贫小额信贷风险补偿模式。

二、主要措施和成效

夏邑县探索建立扶贫小额信贷全额风险补偿金，实现信贷风险全额兜底，有效打消了承贷银行"不敢贷、不愿贷"的顾虑；通过信用信贷相长、三级扶贫服务体系、优势产业支持，加强信用风险管控，实现了扶贫小额信贷放得出、用得好、收得回。

(一) 构建"全额风险补偿金模式"

2017年,在人民银行夏邑县支行、县财政局、扶贫办等单位的共同努力下,夏邑县从全县整合后的财政涉农资金中单独筹建"扶贫小额信贷风险补偿金",用于补偿承贷银行向建档立卡贫困户发放扶贫小额贷款形成的坏账损失。县扶贫办根据每年末承贷银行贷款余额、协议放大倍数、贷款追偿额和下一年度工作量等因素合理测算风险补偿金规模,并做相应的规模调整。县扶贫办在每一笔扶贫小额信贷发放前进行确认并出具担保函,规定逾期5日后,承贷银行即可全额扣划,解除金融机构后顾之忧。截至2019年末,该县扶贫小额信贷风险补偿金已达7950万元,分别存放在发放扶贫小额信贷的农业银行、邮储银行和农信社。

夏邑县政府之所以敢实行全额风险补偿,主要因为风险补偿金的"不怕赔"。该县扶贫小额信贷风险补偿金与其他保本微利的政府性担保基金有着本质的区别,因为其本身就是整合扶贫资金的一部分,无论是直接还是间接用于扶贫,都没有改变资金的实际使用性质,具有既无须"保本"也不求"微利"的特点,在实际风险发生时"不怕赔"。其最理想的结果就是通过撬动金融资金支持贫困户脱贫后,扶贫资金还可以在后续的扶贫工作和乡村振兴中继续发挥作用;即便是最坏的结果全部用于风险代偿,也能从不同层面实现支持贫困户发展的基本目标。

(二) 探索扶贫小额信贷的三道风险防线

一是厘清对象,信用先行。厘清金融扶贫的对象,明确金融扶贫重点支持有劳动能力、有脱贫意愿、有发展产业意愿、有一定还款基础(信用)的贫困人口;全面推进诚信文化建设,组织拍摄《信义兄弟》《无法逃脱》《借钱》等3部微电影,广泛宣传金融扶贫的相关政策,切实提升贫困户对金融扶贫的认知度和信用度。

二是三级体系,批次推进。夏邑县组建了县、乡、村三级金融扶贫服务体系,及时掌握辖内贫困村和贫困户底数、致贫原因、脱贫规划等情况,依据夏邑县农村产业发展和金融机构的服务网点设置、信贷人员数量等条件,积极发挥三级体系的贷前审查、公示推荐、项目指导、协助催收作用,集中考察、分批推进,开展无差别授信,提高授信、用信效率。通过10个批次的推荐、审批、投放，已基本实现符合条件的贫困户应贷尽贷。在实际操作中，将各乡、村开展金融扶贫工作纳入县政府考核项目，乡村干部承担相应的推荐及催收责任，建立扶贫小额贷款项目落地监控台账，真正发挥三级体系在风险防范中的积极作用。

三是产业支撑，造血扶贫。夏邑县依托三级服务体系筛选出当地特色优势产业，不断丰富"金融＋特色种植""金融＋特色加工"等扶贫小额信贷模式，支持贫困户围绕优势产业主动融入产业增值链条，增强贫困户创业就业的能力。目前，全县已初步形成"一村一品"的良性发展势头，产业支撑成为小额扶贫信贷放得出、收得回的根本保障。

（三）主要成效

全额风险补偿金建立以来，夏邑县3家承贷银行累计为16963户建档立卡贫困户发放扶贫小额信贷9.24亿元，带动特色种养殖、农副产品深加工等8个扶贫特色产业，吸纳11376户农户创业就业，基本实现了符合贷款条件、有需求、有一定还款能力的贫困户应贷尽贷。截至2019年末，累计收回贷款10022笔，金额达5.03亿元，扶贫小额信贷余额达4.20亿元，逾期金额仅有24.27万元。截至2020年6月末，金融机构累计扣划风险补偿金300.68万元，后续通过催收收回141.25万元，实际风险代偿扣划仅有159.43万元，形成了金融机构依靠但并不依赖风险补偿金的良性循环。夏邑县的全额风险补偿金做法通过了有关部门的财务审计，符合财政涉农资金的使用规范。

三、经验启示

一是创新财政涉农资金使用机制，加强扶贫小额信贷风险补偿金的顶层设计，赋予其"扶贫"与"代偿"的特殊性质，严格将其与贷款担保基金区别开来，使之成为撬动金融扶贫的政策工具，将"输血式"扶贫变为金融"造血式"扶贫。

二是充分发挥县级人民银行优势，将金融扶贫工作纳入人民银行基层行的基础履职职能，搭建政府、银行、贫困户的综合组织与协调平台，增强金融扶贫的部门合力，推进金融扶贫工作高质量发展。

三是进一步加强和完善县、乡、村三级金融扶贫服务体系建设,规范金融服务标准,确保三级服务体系在金融扶贫中起到产业支持、诚信宣传、贷前筛选、贷中指导、协助催收等作用。

四是紧紧围绕"金融+产业",不断拓宽金融扶贫模式,以产业支撑带动贫困户稳定脱贫。政府部门要加大对区域优势产业的扶持与培育力度,扶助做好市场拓展,降低市场波动影响。

湖南省麻阳苗族自治县创建扶贫小额信贷 "721"评级授信体系

摘要：为切实解决贫困户发展产业资金短缺难题，湖南省麻阳县探索建立了"银行主导、政府支持、企业参与、部门联动"扶贫小额信贷工作机制，创建"721"贫困户评级授信体系，将贫困户的信用资本（诚信评价）、劳动力资本（劳动力人数）、物质资本（家庭收入）3个指标分别按"7:2:1"的比例，评定信用分数，确定信用等级，授予信用额度，实现了评级授信由重视物质资本向重视信用资本的转变。"721"贫困户评级授信体系降低了银行授信门槛，确保贫困户贷得到，激发了贫困户的内生动力，改变贫困户等、靠、要的落后观念，帮助贫困户完成了从"要我脱贫"到"我要脱贫"的思想转变。

一、背景介绍

湖南省怀化市麻阳苗族自治县地处武陵山集中连片特困地区，全县共有贫困户18997户，共70039人。2003—2013年，全县贫困户累计贷款不足500万元，贷款年利率超过10%，贫困户贷款不仅难而且贵，金融扶贫进展缓慢。扶贫小额信贷政策的出台带来了新的希望。但在实际贷款过程中，产生了贷款贫困户的评级授信难题。传统的评级授信是银行对贷款人的财务状况、生产运营情况、贷款用途、偿还贷款能力以及贷款收益等项目进行综合考察分析后，对贷款人进行信用等级评定，再根据信用等级进行授信。由于贫困户的经济状况差，根据银行传统的评级授信方法，贫困户无法得到有效的评级授信，银行因此难以确定贷款授信额度，顾虑风险，继而不愿放贷。

针对这一问题，麻阳县以个人信用为基础，为贫困户量身订制了"721"评级授信体系，实现了评级授信从重视家庭资产向重视信用资产转变，将对贫困户的个人信用评价转化为银行授信的量化评级指标，有效地解决了贫困户评级授信困难、潜在风险高的问题。

二、主要措施和成效

(一) 创新"721"评级授信体系

麻阳县根据贫困户的诚信评价、劳动力人数、家庭收入3项指标评定信用等级和授信额度，打造了"7:2:1"评级授信体系。在100分的评级授信机制中，"诚信评价"占70分、"劳动力人数"占20分、"家庭收入"占10分，3项指标分别量化计分。每项评分均分为A、B、C三档，3项指标分数合计：优秀≥90分，授信额度5万元；80分≤较好<90分，授信额度3万元；70分≤一般<80分，授信额度1万元；70分以下的不予授信。

根据计分标准，一户贫困户即使"劳动力人数"和"家庭收入"都不得分，只要"诚信评价"信用好（70分），也能获得1万元的扶贫小额信贷授信额度。

(二) 村组代表评级、逐级审核授信

农民个人的信用状况，所在村的村干部、村民邻里最清楚。麻阳县坚持村级"一户一评"，由村组"五老代表"（老党员、老模范、老军人、老干部、老农民）和乡村干部、扶贫干部、农商行支行行长等组成"村级评级授信小组"进行初审，县农村商业银行支行、总行审核确定信用等级。

(三) 建立风险补偿金、引入保险产品

在信用评级、授信贷款的基础上，麻阳县利用县财政配套了风险补偿基金。银行以风险补偿金数额为基数，按照1:10的比例放贷。风险补偿金规模按照银行贷款余额10%的比例弹性增长。麻阳县制定了《基层支行贫困户小额信贷工作考核管理办法》《银行客户经理绩效计酬办法》《尽职免责办法》，根据产业扶贫贷款投放量的2%安排奖励资金，按照5:4:1的比例分别奖励乡村、农商行、扶贫办的相关工作人员。麻阳县还引入"扶贫特惠保"借款人意外保险和"精准扶贫特色农业保险"来分散贷款风险，解决了银行不敢贷的问题。

(四) 强化清收，建设信用体系

为确保基于信用评级的贷款收得回，麻阳县出台了《农户信用体系管理办法》，建立了与政府内网同网并行的农村信用信息平台，完善了贫困户信用

信息共享机制,成立了金融扶贫服务中心,负责清收不良贷款,确保信贷资金良性运转。麻阳县对年内到期贷款收回率连续3个月低于98%的乡镇、村,停止该项贷款业务,风险补偿后组织清收,合格后继续放贷。严厉打击恶意逃贷、赖贷行为,营造良好的信用环境。

截至2019年末,麻阳全县累计发放扶贫小额信贷5295笔,共2.558亿元;累计到期贷款3024笔,共14555.78万元;收回到期贷款3024笔,共14555.78万元,贷款没有出现逾期,到期贷款收回率为100%;帮助5295户贫困户发展特色种植产业30万多亩,养殖产业30多万羽(头),户均增收1.6万元。

三、经验启示

(一)尊重贫困户主体地位,创新信用评级方法

推动扶贫小额信贷政策落地必须尊重贫困户的主体地位,因地制宜,制定政策。麻阳县从贫困户的实际情况和现实需要出发,以贫困户个人诚信作为主要指标,创新了"721"评级授信体系,改进了评级授信办法,破解了扶贫小额信贷政策落地的信用评级难题。贫困户评级授信指标从重资产到重信用的变化是革命性的创新,将贫困户的信用资本(诚信评价)、劳动力资本(劳动力人数)纳入银行评级授信体系,打破了在传统评级授信体系下贫困户普遍因为评级授信低导致贷款难的困局,充分体现了对贫困户主体地位的尊重,为农村金融服务及信用建设提供了新的发展路径。

(二)针对贫困户现实情况,合理制定信用评级指标

扶贫小额信贷就是从贫困户的实际情况和现实需要出发设计的,对贫困户的评级授信也应针对现实需求进行设计。麻阳县针对申请扶贫小额信贷的贫困户普遍缺乏资金,但拥有劳动能力和发展意愿的情况,以诚信评价(70%)、劳动力人数(20%)和家庭收入(10%)3项指标作为贫困户专用评级授信系统的主要内容,每项指标分3档,既保证了有信用但经济条件较差的贫困户能获得最基础的授信额度,又从收入和劳动能力的维度对贫困户进行区别授信,提高了贷款的精准度,降低了潜在的风险。

（三）发挥熟人社会优势，村代表参与信用评级

银行机构工作人员对于贷款贫困户的诚信评价、劳动力人数和家庭收入等信息掌握不全、不准，更新缓慢。农村是熟人社会，贫困户的个人信用、家庭状况，所在村的村干部、左邻右舍最清楚，因此麻阳县坚持村组"五老代表"（老党员、老模范、老军人、老干部、老农民）和乡村干部、扶贫干部、农商行支行行长等组成"村级评级授信小组"进行初步评级，保证了信用评级工作的公平、准确、有效。

（四）强调农村信用建设，推动金融扶贫工作

麻阳县将农村的信用建设管理贯穿贫困户信用评级授信、贷款管理、还款管理的全程。采用"一人逾期影响全村信用""到期贷款收回率低于标准的乡、村停止该项贷款业务，风险补偿后组织清收，合格后继续放贷"等机制，有效降低了贷款风险，贷款贫困户从"贷得到"到"按时还"形成了贫困户良好的金融信用记录，有利于持续获得贷款、享受更多金融服务。信用建设成为麻阳县金融扶贫的有效抓手。

甘肃省宕昌县精准投放扶贫小额信贷

摘要： 为破解贫困群众自我发展产业资金不足难题，甘肃省宕昌县紧紧抓住脱贫攻坚期内扶贫小额信贷这一政策机遇，把充分用好用活上级政策与群众所需相结合，强化统筹协调，严格政策界限，加大政策宣传，精准开展摸底，挂牌作战促落实，加强监管保成效，努力将扶贫小额信贷在贫困群众发展"五小产业"中的助推作用发挥到最大。

一、背景介绍

宕昌县是甘肃省23个深度贫困县之一，也是全国52个脱贫攻坚挂牌督战县之一，建档立卡之初，有贫困人口11.4万人，贫困发生率高达40.4%。长期以来，宕昌县产业小、散、弱的现状没有得到有效解决。为破解这一难题，2018年以来，宕昌县探索建立村办合作社控股富民公司带贫的产业扶贫机制，构建了中药材、食用菌、养鸡、养蜂四大产业体系，带动贫困群众抱团发展产业。在此基础上，充分运用扶贫小额信贷政策，动员扶持贫困群众发展小庭院、小家禽、小手工、小买卖、小作坊等"五小产业"，将千家万户联结在产业链上，闯出了一条产业助农增收的新路子。

2020年以来，宕昌县把扶贫小额信贷作为应对新冠肺炎疫情影响，促进贫困群众增收，决战决胜脱贫攻坚、巩固脱贫成果的有力举措，全力推进落实，取得了良好成效。截至2020年10月末，全县累计发放新增扶贫小额信贷4642户，共22996万元，全面满足了群众的贷款需求，有力促进了扶贫产业发展。

二、主要措施和成效

（一）高位推动，强化统筹协调

宕昌县清醒认识到扶贫小额信贷助推脱贫攻坚的重要性，牢牢扛起主体责任，先后3次召开脱贫攻坚领导小组专题会议研究部署，印发《关于进一步加大扶贫小额信贷工作力度的紧急通知》，成立了以县长为组长的扶贫小额信贷推进工作领导小组,各乡镇成立了扶贫小额信贷调查审核组,相关部门和乡村组织在有限工作时间内紧盯"四类户"①,强化统筹协调,力争做到满足需求、应贷尽贷。同时,及时召开扶贫小额信贷业务培训会,使县、乡、村三级干部掌握扶持政策要点和办理流程,明确扶持谁、谁来抓、怎么抓。编制扶贫小额信贷政策解读资料,利用宕昌县扶贫微信公众号、驻村帮扶干部微信群、乡镇扶贫微信群等平台密集宣传扶贫小额信贷政策,提高各级干部和广大群众对扶贫小额信贷政策的知晓率,激发贫困群众发展"五小产业"的积极性和贷款需求。

（二）精准摸底,力争应贷尽贷

针对贷款时间紧、任务重的实际,积极组织乡镇包村干部和驻村帮扶工作队、村两委干部进村入户全面摸排,一户不漏地入户宣传政策,户户见面开展摸底调查,对户主在家的农户现场讲解政策,对户主不在家的农户电话讲明政策、征求本人意见,让农户明白贷款扶持对象、贷款额度、贷款利息、贷款期限、办理程序和还款方式,摸清贷款需求。对无产业发展需求、无贷款意愿的"四类户",引导其自愿填写"放弃享受精准扶贫贷款措施承诺书";对有贷款需求的"四类户",引导其填写"宕昌县扶贫小额信贷申请推荐表",经村两委和乡镇审核公示后,建立县级台账,为承贷银行放贷提供摸底情况,由承贷银行综合考虑借款人自身条件、借款用途和实际需求等因素,自主放贷,不搞"一刀切"。对有贷款需求且符合贷款条件的"四类户",做到应贷尽贷。

（三）督查调度,扎实推进落实

宕昌县把扶贫小额信贷工作纳入挂牌作战内容,作为重点工作进行专项督查,认真做好信息统计录入、数据比对等工作,全程监测分析扶贫小额信贷工作进展情况,对贷款进度一天一调度,一天一通报,督促各乡镇和承贷银行加快办理进度,确保短时间内突破放贷目标。县政府分管领导带领扶贫、

---

① 2014年建档立卡以来符合贷款条件、有贷款意愿但没有享受过扶贫小额信贷的贫困户;享受过扶贫小额信贷、已还款但有返贫风险且符合贷款条件、仍有贷款意愿的贫困户;符合贷款条件、有贷款意愿的边缘易致贫户;享受过扶贫小额信贷、已还款但仍有贷款意愿且有还款能力、符合贷款条件的贫困户。

财政和承贷银行负责人深入乡村和基层营业网点现场督导，并及时召开联席会议协调解决问题，全力促进放贷进度，确保应贷尽贷。

（四）加强监管，切实助力增收

严格落实《宕昌县精准扶贫专项贷款监督检查办法》，坚持政府主导，部门齐抓共管，金融机构协同配合的共商共管联动机制，分工负责，协同落实。及时将放贷、收贷、贴息等数据录入扶贫小额信贷信息系统，加强监管并建立风险补偿金。引导群众用好贷款，强化产业技术服务培训，积极推进发展小庭院、小家禽、小手工、小买卖、小作坊等增收小产业，真正使贷款效益最大化。同时，加强贷款资金用途监测和风险管理，定期开展贷后回访、贷款项目实施监管，确保扶贫小额信贷用得好、收得回。

三、经验启示

（一）各级重视是前提条件

全县上下清醒认识到扶贫小额信贷对脱贫摘帽的重要性，县、乡、村三级把扶贫小额信贷作为应对新冠肺炎疫情影响、巩固脱贫成果、激发贫困户内生动力、促进贫困群众持续增收的有效举措着力推进。县委、县政府把扎实推进扶贫小额信贷工作作为对乡、村两级脱贫攻坚成效考核的"硬杠杠"，主要领导亲自安排部署，分管领导带队一线督查指导。县财政局、扶贫办、金融办、人民银行、农业银行、信用联社等单位主要负责贷款规模、贷款风险补偿、贷款利率、贴息、组织启动实施等重大事项。各乡镇成立由乡镇长任组长的扶贫小额信贷调查审核组，扶贫工作站专职副站长、包村乡镇干部和驻村帮扶工作队队长、村两委干部分别负责贷款对象甄别、组织农户办理贷款、协助银行催收还款，把责任落实到每个干部头上，保证重点突出、工作不偏、措施不乱。

（二）强化宣传是必要手段

县委、县政府及时召开县长办公会、脱贫领导小组会和扶贫小额信贷业务培训会，安排部署扶贫小额信贷推进工作，开展扶贫小额信贷相关政策及办理流程等业务培训，使县、乡、村三级干部掌握扶持政策要点和办理流程。组织包村乡镇干部和驻村帮扶工作队队长、村两委干部，入户宣传政策，让农户明白贷款扶持对象、贷款额度、贷款利息、贷款期限、办理程序和还款方式,摸清"四类户"贷款需求。利用新媒体常态化开展政策宣传,提高各级干部和广大群众对扶贫小额信贷政策的知晓率,激发贫困群众发展"五小产业"的积极性和贷款需求。

(三)政银合作是关键措施

在新增扶贫小额信贷发放过程中,政府和银行按照成人达已的双赢目标密切协作配合。乡村摸底审核推荐、县扶贫办汇总数据选择承贷银行、银行独立审批发放贷款、财政贴息建立风险补偿金,并分别审核贷款对象精准性和贷款用途风险性,避免出现贷款对象不精准、资金用于非生产性支出、贷后风险管理不严等问题。县信用联社对政府推荐的扶持贷款对象在查询个人征信的基础上,坚持双人入户开展尽职调查,网点自主发放;开通扶贫小额信贷专柜,指定专人负责贷款发放,放宽贷款条件,简化贷款手续,提高办贷时效,保证贷款当日到账;各网点严格执行贷款面谈面签制度,妥善留存贷款影像资料,坚持户贷、户用、户还原则,确保满足需求、应贷尽贷。县农业银行抽调支行客户经理、网点职工,成立了4个扶贫小额信贷工作小组,由行领导带队,分组包片办理业务,合力推动新增小额扶贫信贷发放户数和额度。

(四)加强管理是有效保障

县扶贫办与县财政局和金融机构建立共商共管联动机制,分工负责,协同落实。银行自主放贷,及时将发放情况报送扶贫办,财政局按新增贷款发放进度落实扶贫小额信贷风险补偿金。各乡镇配合承贷银行开展贷后回访、使用监管、到期催收、风险预警。农业农村等相关部门加强技术培训和服务指导,引导农户用好贷款资金,县财政局、扶贫办制定了《宕昌县精准扶贫专项贷款监督检查办法》,确保扶贫小额信贷用得好、收得回。

云南省宾川县产业"小信贷"发挥"大作用"

摘要：只有建立贫困地区金融资源配置体系，才能将金融"活水"引向广大农户和扶贫对象。贷款难、贷款贵的问题，一直是制约"三农"发展和金融扶贫的主要瓶颈，贷款能否用得好、收得回且低风险，一直是金融部门顾虑的问题。2015年以来，云南省大理白族自治州宾川县多措并举破解难题，切实解决广大农户贷款难的问题，推动了宾川农业、经济发展，助推精准脱贫。

一、背景介绍

宾川县辖8镇2乡、90个村（居）委会，总人口为36.8万人，是全国14个集中连片特困地区片区县之一，隶属滇西边境片区，宾川县也是云南省扶贫开发重点县，属二类贫困县。2014年建档立卡以来，全县共识别出3个贫困乡镇、55个贫困村，建档立卡贫困户10049户共35510人，贫困发生率为11.85%。在党中央、国务院和省（州）委、省（州）政府的坚强领导下，宾川县以脱贫攻坚统领经济社会发展全局，紧盯"两不愁三保障"总体目标，强化责任、政策和工作落实，深化精准识别、精准帮扶、精准退出，2014—2019年全县累计退出建档立卡贫困人口10487户共37374人，现行标准下贫困人口全部脱贫退出，55个贫困村、3个贫困乡镇脱贫出列，是全省第一批脱贫摘帽县之一。

二、主要措施和成效

（一）主要措施

1. 强化政策到位，确保"贷得到"。

一是认真落实扶贫小额信贷政策。2015年以来，宾川县认真执行落实国家、省、州扶贫小额信贷政策，面向全县建档立卡贫困户发放"5万元以下、3年期以内、免担保免抵押、基准利率放贷、财政贴息、县建风险补偿金"的小额信贷，对具备生产发展条件的建档立卡贫困户，确保应贷尽贷，切实解决了贫困户贷款难的问题。

二是建章立制规范管理。为做好小额信贷发放及管理工作，宾川县出台了《宾川县信贷产业扶贫贷款管理办法（暂行）》（宾扶开发〔2016〕35号），建立了小额信贷产业扶贫贷款的贴息机制、贷款业务办理程序、贷款协调机制等，明确小额信贷以基准利率放贷，一贷三年，并由财政扶贫资金给予贴息，累计贴息资金达6110.57万元，解决了贫困户"贷款贵"的问题。宾川县还出台了《宾川县信贷产业扶贫贷款风险补偿金管理办法（暂行）》（宾扶开发〔2016〕34号），由财政扶贫资金按信贷规模1:10的比例筹集风险补偿金2850万元，为贫困群众搭建了融资平台，有效降低了承贷金融机构的风险。同时，将社会诚信度、人均收入和家庭劳动力作为授信主要指标，按照"村级推荐、乡镇审查、县级审核"的程序，做到精准安排、精准调度、精准放贷，实现了优化流程，确保"贷得快"。

2. 创新信贷应用模式，确保"用得好"。用活用好信贷资金，是发挥资金使用效益、促进产业发展和脱贫致富的关键。在认真执行国家信贷政策，坚持以户贷户用为基础，发展到户"小产品"的同时，积极探索抱团发展、合作联结的发展方式，做强致富"大产业"，提升信贷资金投入产出效益。

一是整合到户投入资金，推动贫困户产业发展。脱贫攻坚工作开展以来，广大挂钩帮扶责任人将小额信贷与财政扶贫到户产业扶持资金、国家惠农政策到户资金有机结合，进行入户分析，制订"一户一策一业"的产业发展方案，使有限的资金共同用于产业发展，并加强对资金的使用监管和产业技术指导，使贫困户发展自己的"小产品"，确保资金"用得好"。

二是探索抱团发展新模式，扩大产业规模做强"大产业"。宾川县在扶贫发展过程中，为解决大市场与小生产之间的矛盾，以组建专业合作社的方式，积极推动贫困户联合发展，抱团做大产业发展规模，提升产业技术和质量，增加产业覆盖。

3. 做好贷款风险防控，确保"收得回"。在指导农户用好信贷资金的同时，宾川县采取以下三项举措，有效防范各类风险。

一是加强贷款风险监管。以驻村工作队、村两委、村民小组长为主力军，加强对产业发展具体用途及已脱贫户、未脱贫户使用贷款情况进行实时分析监测。同时，由县扶贫办与承贷商业银行对获贷农户的生产经营情况进行综合评估,通过综合评估结果判断农户还款风险等级,当用途不合规、可能发生逾期时及时预警,对可能影响贷款安全的不利情形及时采取补救措施,补助贷款户参与养殖、种植业保险,减轻还款风险。

二是建立风险补偿金制度。宾川县政府筹集财政资金2850万元,设立了风险补偿金。对87047户农户采集了信用信息档案,建档面达100%,对71528户农业进行了评级授信,授信金额达416506万元,授信面达82.17%,评定出信用村68个,信用乡7个,营造"穷可贷、富可贷,不讲诚信不能贷"的良好氛围。

三是灵活处置还款方式。对发展长效经济作物短期内难以还款、家庭遭遇变故无法及时还款等情况,灵活处理还款方式。例如,农商行扶贫小额信贷可以当天归还当天再贷,对有还款能力的按照先还本后续贷的方式进行,暂时无还款能力的允许采用不还本续贷的方式进行续贷,这有效避免了贷款逾期或不良贷款的产生。通过抓实抓牢三项举措,截至2020年10月末,全县扶贫贷款逾期率、不良率都控制在0.5%以下。

(二)取得成效

1. 产业信贷工作稳步推进。"十三五"以来,全县累计发放扶贫小额信贷11.92亿元,全县贫困户获贷达27543户次,每年获贷贫困户占总贫困户的70%以上,政府支付扶贫贴息资金累计达6110.57万元。富滇银行办理"金果贷"7177笔共128300万元,宾川农商行办理"惠果通"275笔共11840万元,农行宾川支行办理"惠农e贷"17675笔共96524万元,贷款惠及建档立卡贫困人口14151人,增加了贫困户产业发展收入,为脱贫致富打下了良好的发展基础。产业扶贫贷款资金使全县产业得到了快速发展,已形成了"大投入、大发展、大扶贫"的良好格局。

2. 产业信贷助农增收成效显著。截至2019年末,产业信贷共扶持推动建档立卡贫困户发展蔬菜1.22万亩,发展柑橘、石榴、葡萄等水果1.24万亩,新植核桃、花椒等林果3.2万亩,中药、烤烟等其他作物1.65万亩,扶持养殖生猪、牛、羊等牲畜3.53万头(只)。拓宽了"一村一品、一户一业"的产业增收新路子,实现了每个贫困户至少有一个增收产业的目标。2019年末,宾川县农村居民人均可支配收入较2015年增长36.28%,农林牧渔业总产值突破 100 亿元，较 2015 年增长 36.71%。

3. 新型经营主体带贫成为常态。宾川县 526 户新型经营主体通过技术指导、产品回收、土地流转及托管、牲畜代养、劳动就业等多种方式与 9921 户贫困户建立了不同形式的带贫合作关系，充分用好、用活了建档立卡贫困户的资源，建立了互利共赢的生产发展机制，推动了脱贫攻坚工作。

三、经验启示

宾川县持续推动贷款政策与产业发展深度融合，把信贷扶贫融入贫困户"一户一业"发展，推动了扶贫从"输血式"向"造血式"转变，筑牢了脱贫增收的发展基础，促进了贫困户观念的转变，发展了产业，铺平了脱贫地区及脱贫户持续增收的道路。

一是认真执行好国家信贷扶贫政策，是取得成效的根本。党中央、国务院将信贷扶贫作为脱贫攻坚的重要措施，明确免担保、免抵押、应贷尽贷、简化手续，并要求财政贴息、一贷三年等，切实解决了贷款难、贷款贵的问题。不折不扣地执行中央政策，打通了政策落实的"最后一公里"。

二是用好用活信贷扶贫资金，是信贷扶贫取得成效的关键。宾川县以贫困地区、贫困户产业发展需求为基础，将信贷资金、财政扶贫资金及各项惠农政策有机结合，分村到户制订"一村一品""一户一策一业"生产发展计划和方案，定点定位将资金用在产业扶贫发展上。对贫困户由挂包责任人进行监管和指导，鼓励支持新型经营主体结对帮扶，实现信贷资金"用得好"，促进产业发展，提升资金效益，推动脱贫致富。

三是激活贫困户内生动力，是信贷扶贫取得长远成效的目的。通过制定系列贷款风险防控制度，增强群众信用意识，发展生产意识，提高技术管理水平意识，调动贫困户干事、创业、求发展的主动性。彻底解决"等靠要"的思想，拔除贫困户的"穷根"。

新疆维吾尔自治区墨玉县精准投放扶贫小额信贷

摘要： 在脱贫攻坚战役中，墨玉县始终坚持农业产业发展常抓不懈，以扶贫小额信贷为抓手，鼓励贫困户和边缘户发展产业，破解贫困户、边缘户产业发展资金不足难题，使其走上产业致富路，实现稳定脱贫，逐步富裕。

一、背景介绍

墨玉县位于新疆维吾尔自治区西南部，和田地区西北部，昆仑山北麓，喀拉喀什河西侧，塔克拉玛干大沙漠南缘。墨玉县建档立卡贫困户达63595户，建档立卡贫困人口275046人。贫困村有320个，深度贫困村有204个。2020年，退出贫困村83个，涉及贫困户7889户，贫困人口36066人。为进一步解决贫困群众农牧创业发展资金不足问题，墨玉县紧紧抓住脱贫攻坚期内扶贫小额信贷这一政策机遇，强化统筹协调，严格政策界限，加大政策宣传，精准开展摸底，强化挂牌作战，加强监管防风险，努力将扶贫小额信贷的助推作用发挥到最大。2020年，新增发放扶贫小额信贷45596户共137502万元。

二、主要措施和成效

（一）加强组织领导，强化统筹协调

2017年11月22日，墨玉县成立脱贫攻坚指挥部，并下设资金保障工作组，专司扶贫小额信贷政策落实工作，对墨玉县小额信贷工作负总责，主要领导直接抓、抓具体、抓到底，分管领导主动担责、专职专抓。近年来，墨玉县委、县政府高度重视扶贫小额信贷工作，多次召开扶贫开发领导小组会议研究部署小额信贷工作，组织财政、扶贫、人民银行、审计、农业银行、信用社等部门机构组成专班，协调联动、包干乡村，指导乡村准确把握扶贫小额信贷对象和申贷条件，充分发挥各村联查小组作用，落实"三级联审"机制，确保扶贫小额贷款能贷尽贷，精准用于贫困户发展生产或能有效带动贫困户脱贫致富的特色优势产业。

（二）加强沟通协作，强化宣传全覆盖

一是做好协调沟通工作。墨玉县扶贫开发领导小组每月就扶贫小额信贷开展情况、存在问题和意见建议等，积极与承贷机构沟通协调，分级负责、分层实施，共同推进工作落实。二是加强对贷款的贷后管理。加强政策宣传，对出现的新问题、新情况及时上报沟通。三是严格履行岗位职责，做好贷款发放后的监督工作，及时发现和揭示风险隐患，对重大风险第一时间进行风险预警。四是开展广泛宣传。利用周一升国旗、农牧民夜校、巴扎日、扶贫日等大型活动和人员聚集时期，对各族群众开展面对面宣讲，通过宣讲、座谈、互动交流等群众乐于接受的沟通方式，运用贴近基层群众的语言，深入做好扶贫小额信贷政策的宣传解读，切实将扶贫小额信贷政策宣传到村、宣讲到人、解读到心，使各级扶贫干部及贫困户熟知扶贫小额信贷政策，深化各级干部和广大群众对扶贫小额信贷政策的知晓程度，激发贫困群众发展创业的积极性和贷款需求，做到能贷尽贷。

（三）加强信贷摸底，力争能贷尽贷

一是开展好扶贫信贷的摸底。在县扶贫开发领导小组统一安排部署下，做好新增扶贫小额信贷需求户数登记工作，对符合贷款条件且有贷款需求的建档立卡贫困户，做到能贷尽贷。二是充分发挥村级"联查小组"作用。落实"三级联审"机制，严把贷款准入关，禁止向未经"三级联审"的建档立卡贫困户发放扶贫小额信用贷款。三是做到能贷尽贷。墨玉县农村信用社、农业银行分片负责放贷工作。承贷机构收到通过"三级联审"的建档立卡贫困户贷款申请后，再经过授信、面签后发放贷款。

（四）加强监督，严格落实贷后管理

墨玉县纪委监委强化对扶贫领域腐败和作风问题进行专项治理、对脱贫攻坚日常工作进行监督检查，建立层级管理体系，细化工作责任，健全考核机制。一是在贷后检查方面，要求各金融部门按照"户贷、村管、村监督"原则，对扶贫小额信贷资金使用情况进行监督，定期开展贷后检查。二是扶贫小额信用贷款的展期、追加、续贷由建档立卡贫困户向"联查小组"提出申请，"联查小组"重新开展调查，经"三级联审"审批后办理。三是信用联社、农业银行实行扶贫小额信贷灵活还款机制。建档立卡贫困户可根据还

款方式和自身经济情况等，决定是否提前还款；脱贫攻坚期内对贷款到期仍有贷款需求的建档立卡贫困户，在风险可控和不先办理本金偿还手续的前提下，可办理续贷业务。

（五）强化产业发展，实现稳定脱贫

墨玉县根据当地资源禀赋和特色产业优势，落实"十百千万亿"级主导产业。以"改造提升传统畜牧业，开拓创新现代畜牧业"为方向，以实施"十万、百万、千万"工程为突破口，推动鹅、兔等特色畜禽产业从无到有、由散到聚，实现了根本性转变，取得了突破性进展，实现畜牧业产业化经营，标准化、规模化发展，积极落实产业扶贫工作。扶贫小额信贷主要用于发展养殖业，截至2020年10月末，多胎羊和育肥羊存栏22.08万只、牛存栏2.74万头、兔存栏0.97万只、鹅存栏14.34万只，葡萄、红枣、蔬菜等特色种植业及农田提质增效，发展小商店、打馕店等小商业，保证每户贷款贫困户或边缘户都有稳定增收的产业，为产业发展提供资金保障，确保如期打赢脱贫攻坚战。

三、经验启示

（一）领导重视，高位推动

墨玉县委、县政府把扎实推进扶贫小额信贷作为对乡、村两级脱贫攻坚成效考核的"硬指标"，县委主要领导高度重视，亲自安排部署，扶贫专职副书记主抓，定期调度各乡镇小额信贷管理情况，高位推动扶贫小额信贷发放、使用、管理工作。县财政局、扶贫办、人民银行、农业银行、信用联社等单位主要负责贷款规模及风险补偿、贷款利率及贴息等重大事项。村各支力量分别负责贷款对象甄别，组织困难群众办理贷款，把责任压实到每个干部肩上。

（二）宣传动员，激发动力

墨玉县充分发挥村第一书记、访惠聚工作队员、包户干部作用，加大对农牧民群众小额信贷工作的宣传力度，提高贫困户、边缘户对扶贫小额贷款政策的知晓率，切实解决建档立卡贫困户、边缘户产业发展资金不足的难题，激发贫困户、边缘户发展产业增收致富的积极性，将扶贫小额信贷促脱贫的作用最大化。

（三）发展产业，稳定脱贫

积极运用财政扶贫贴息政策，减轻贫困户脱贫成本，通过对有劳动力、有合适创业产业、有贷款意愿的贫困户、边缘户进行扶贫小额贷款支持，持续发展做大养殖业、种植业、特色林果业、手工业、个体工商业等，预计全县4.5万余户每户每年创收超过5000元。

（四）规范使用，防范风险

严格执行"三级联审"工作制度，压实各级干部责任，完善贷款使用台账，及时开展贷后检查，引导贫困户、边缘户将贷款用于发展生产，对贷款用于非发展生产的及时进行整改纠正，防范贷款风险。

坚持创新引领　引入资本市场"活水"

中泰证券助力深度贫困地区企业快速发展

摘要：2017年11月16日，中泰证券保荐承销的陕西盘龙药业集团股份有限公司（以下简称盘龙药业）在深圳证券交易所挂牌上市。盘龙药业是深度贫困地区脱贫攻坚座谈会后全国首家深度贫困地区的上市企业，是陕西省商洛市第一家上市公司，也是陕西省贫困县第一家上市公司，直接带动9000余人脱贫致富，为深度贫困地区企业树立了标杆。

一、背景介绍

2017年6月23日，习近平总书记在深度贫困地区脱贫攻坚座谈会上指出，资本市场要注意对深度贫困地区的上市企业安排，中泰证券充分发挥自身在股权融资、债券融资、并购重组、新三板挂牌等方面的专业优势，积极协助贫困地区企业通过资本市场融资，促进地方经济发展。

盘龙药业位于陕西省商洛市柞水县，这是一个"九山半水半分田"的土石山区县，也是一个区位优势明显、后发潜力巨大的国家级贫困县。国家及地方给予盘龙药业多方面的政策支持，其从事的中成药制造行业是国家鼓励类行业，市场潜力较大，公司具备快速成长的市场空间。盘龙药业作为一家民营高新技术医药生产企业，目前生产的药品共涉及8个剂型和1个原料药，拥有74个药品的生产批准文号，并生产2个保健品及1个保健用品，其主导产品盘龙七片为国家医保甲类品种。盘龙药业的营销网络覆盖全国28个省、自治区、直辖市，由主管营销的副总经理直接负责管理，与国内300余家医药商业公司建立了长期稳定的业务关系,通过上述医药商业公司将主导产品销售到全国3000余家医院,非处方药(OTC)产品进入万家药店。

二、主要措施和成效

中泰证券接受盘龙药业委托,担任其首次公开发行股票(IPO)及上市的辅导机构,对其进行股票发行及上市前的辅导,辅助盘龙药业于2013年6月21日改制为股份有限公司,并于2013年7月向陕西省证监局进行辅导备案登记。经过较长时间的辅导及规范,盘龙药业已具备IPO的各项要求,同时中泰证券辅助企业抓住"贫困县IPO绿色通道"的政策优势,高效快捷地完成了申报材料制作、证监会现场检查、发行审核等工作,大大缩短了企业在会审核周期。2016年12月,中泰证券完成盘龙药业上市辅导工作并向中国证监会报送首次公开发行股票并上市的申请材料,2017年9月通过证监会发审会审核,11月在深圳证券交易所挂牌上市。

工作期间,中泰证券投入大量投行人员,根据证监会要求完成尽职调查及财务核查工作,配合完成证监会现场检查,积极与证监会审核人员沟通推进审核进度,通过审核后平稳有效地完成发行挂牌工作。最终,盘龙药业发行股票2167万股,发行市盈率达22.98倍,发行价格为10.03元,成功募集资金2.17亿元,为其生产线扩建、研发中心扩建、营销网络扩建及信息系统升级建设等提供了资金支持。盘龙药业是深度贫困地区脱贫攻坚座谈会后全国首家深度贫困地区的上市企业,是陕西省商洛市第一家上市公司,也是陕西省贫困县第一家上市公司,直接带动9000余人脱贫致富,为深度贫困地区企业树立了标杆。

据盘龙药业相关负责人介绍,在上市辅导期间,中泰证券协助公司建立健全了法人治理结构、内部控制制度、财务会计管理体系;优化了公司内部组织结构;明确了公司的业务发展目标和未来发展规划;组织公司相关人员开展现场学习培训活动,提升了公司的决策机制和管理水平。公司目前已经登陆资本市场,将借助资本市场的力量,扩大生产规模、增强研发实力、优化营销网络,提高企业的综合竞争力,发展成为国内风湿骨伤类中成药龙头企业。

上市后,盘龙药业资金实力大为提升,企业按计划逐步将募集资金投入生产线扩建、研发中心建设、信息网络建设等募投项目，企业综合竞争实力将迈上一个新的台阶。企业投资主体的多元化，促进了现代企业制度和法人治理结构的完善；促进企业加强管理，更好地发挥企业在现有的技术、研发、管理等方面的综合优势，提高企业经济效益。成为公众公司后，盘龙药业的社会知名度有较大提升，不仅有利于企业市场形象的提升和产品市场的开拓，还进一步扩大了企业品牌效应、提高了产品知名度、增强了企业对人才的吸引力，有利于提高公司的凝聚力，促进公司整体竞争力的提升。盘龙药业的经营状况保持稳定增长态势，2019 年实现营业收入 610636793.21 元，比上年同期增长 24.76%；归属于上市公司股东的净利润为 71778896.72 元，比上年同期增长 10.97%；总资产为 928877916.40 元，比上年增长 13.58%；归属于上市公司股东的净资产为 674709479.48 元，比上年增长 10.32%。

三、经验启示

培育和推进企业上市对增强地方经济活力、促进转型升级具有重要作用。一个上市企业就是一个增长极，是承载区域经济发展和产业结构优化的重要力量。上市企业代表的不仅仅是企业本身，而且代表着地区经济形象和本地产业的形象。以盘龙药业为代表的一批地处贫困县的企业，借助资本市场快速发展，形成产业集合，为地方打造以中成药为核心的支柱产业；扩大生产规模，创造更多就业岗位；盈利能力提升、业绩增长，创造更多税利，带动区域经济的发展，强化柞水县以中药材、中成药为重点发展产业之一的经济路线，对助推贫困县脱贫摘帽作出了应有贡献。

上市企业主动承担企业社会责任，企业社会责任与企业发展、社会发展形成良性互动。为了积极主动履行社会责任，盘龙药业采取了多项精准扶贫措施。2019 年，企业继续秉承"产业兴企，回报社会"的盘龙初心，依托产业优势，多措并举推进产业扶贫、技术扶贫、就业扶贫、公益扶贫等，在深入开展"万企帮万村"行动中，采取发展大健康产业与实施中药材产业扶贫行动计划相结合，项目投资与在贫困地区建设药源基地相结合，联动帮扶与扶贫扶智相结合等创新精准帮扶形式，为贫困群众开辟了增收渠道，为实现可持续脱贫致富奔小康目标创造了条件。

金融助力脱贫攻坚实践成果

债务融资工具助力西藏脱贫攻坚

摘要： 2018年6月15日，拉萨市城市建设投资经营有限公司（以下简称拉萨城投）发行10亿元扶贫中期票据，该票据为西藏自治区首单扶贫票据，发行期限3年，票面利率为3.93%。募集资金中，3亿元用于新型干法水泥生产线项目，有效解决当地建档立卡贫困人口就业问题。2019年10月22日，拉萨城投再次发行15亿元扶贫中期票据，发行期限3年，票面利率为5.69%。募集资金中，7亿元用于西藏领峰国际智慧物流园的项目建设，预计将为项目所在地提供500个就业岗位。两期扶贫票据主承销商均为上海浦东发展银行股份有限公司。拉萨城投扶贫票据的发行开辟了西藏地区企业在银行间市场直接融资的新渠道，有效吸引资本市场各类资金支持"三区三州"深度贫困地区打赢脱贫攻坚战，有助于西藏自治区融资结构改善，助推西藏地区经济发展及民生改善。

一、背景介绍

西藏自治区下属的74个县（区）全部属于贫困县，全区均是脱贫攻坚重点支持对象。作为西藏自治区规模最大的城市基础设施投资建设企业，拉萨城投认真执行"发展生产脱贫一批"的脱贫措施，依托区域资源优势，新建新型干法水泥生产线项目，项目建成后能够有效解决拉萨地区建档立卡贫困人口的就业问题。此外，拉萨城投从区域内物流网络不发达、快递仓储配套不健全的实际情况出发，投资建设西藏领峰国际智慧物流园，旨在促进产业聚集，带动物流基础设施建设，有效拉动项目所在地贫困人口就业。拉萨城投通过产业项目建设带动脱贫，符合国家产业扶贫政策导向，与扶贫票据支持产业项目助力脱贫目标契合。

二、主要措施和成效

（一）健全公司治理，助力贫困地区企业持续健康发展

由于信息较为闭塞，拉萨城投在财务、经营、公司治理方面存在部分不规范的情况。为顺利注册发行，拉萨城投在各中介机构的专业指导下，梳理

并不断完善各项制度。扶贫票据的成功注册发行，在切实助力拉萨地区精准脱贫的基础上，还完善了企业本身的公司治理结构、提升了市场化经营管理能力，而且对促进西藏地区企业高质量发展具有积极的示范效应，进而带动西藏整体的经济持续健康发展。

（二）拓宽融资渠道，加大贫困地区金融支持力度

由于西藏地区的特殊性，当地的金融业务多以传统的信贷业务为主。近年来，西藏地区地方政府与人民银行等监管部门高度重视金融业务和产品的创新工作，积极鼓励入驻金融机构积极创新，丰富当地的金融业务和产品。扶贫票据的成功发行不仅开辟了公开市场直接融资新渠道，还通过市场化融资节省了中央财政补贴资金。节省的资金可以用于支持惠及更多企业和项目建设资金需求，极大地提高了中央财政转移支付资金的使用效能，对更好地发挥中央财政利率补贴政策、支持贫困地区经济建设具有非常重要的积极意义。

（三）从实际情况出发，精准扶贫解决区域发展痛点

西藏地区长期受制于基础产业落后、主干物流网络不发达。两期扶贫票据的扶贫项目结合了西藏当地政策和实际情况，有效地促进产业聚集，带动周边物流基础设施的网络建设，拉动当地经济发展，以金融创新带动产业扶贫。新型干法水泥生产线项目是拉萨地区响应中央"发展生产脱贫一批"精准扶贫政策的重点产业扶贫项目之一，此项目将有效解决当地24名建档立卡贫困人口的就业问题，项目建成后有效降低拉萨地区水泥工业物流成本，拉动当地经济发展。领峰物流园项目预计将为堆龙德庆区建档立卡贫困户提供500个就业岗位，项目建成后将有效促进该区域产业聚集，带动周边物流基础设施的网络建设，对吸引区外各类资金支援西藏自治区经济建设、助力自治区巩固精准扶贫成果具有积极的促进作用与示范效应。

三、经验启示

拉萨城投两期扶贫票据的成功落地，为金融精准扶贫的实践积累了宝贵经验，为金融创新、产融结合扶贫探索出了新途径，也在"三区三州"深度贫困地区形成了良好的示范效应。

(一) 金融创新是实现精准扶贫的重要路径

"三区三州"深度贫困地区金融体系发展较晚,经常出现区域融资途径不畅、资金难以到位的问题。为贯彻落实中共中央、国务院《关于支持深度贫困地区脱贫攻坚的实施意见》精神,聚焦深度贫困地区脱贫攻坚,人民银行、交易商协会通过制度创新和产品创新,有效引导市场资金直接作用于贫困地区,解决金融系统内资金难以下沉的问题,帮助扶贫企业获得融资。各金融机构也通过金融服务创新,制定了差异化倾斜政策,将信贷等资金优先满足深度贫困地区,同时积极推广创新业务,并以创新业务调动市场参与机构积极性,推动更多、更便宜的资金能够用在扶贫用途上,充分发挥金融市场有效配置资源的重要作用。

(二) 直接融资是推动区域发展的良好融资选择

"三区三州"深度贫困地区经济相对落后,应以区域内的产业链核心企业和承担区域建设的重点企业为着力点,加大对其的资金支持力度,进而带动整个产业链的快速发展和区域基础设施的更新升级,为贫困地区培育持久的造血能力。同时,这类重点企业往往也承担着区域内的扶贫工作、扶贫项目,除自身经营发展外,也需要更多的资金用于扶贫。在此情形下,相较于银行贷款这一常规性的企业融资途径,区域重点企业通过债务融资工具等直接融资产品向市场融资,能够获得更低的融资成本,资金用途也更为广泛,使企业在经营发展和落实扶贫工作时能够轻装上阵。

(三) 因地制宜是扶贫方案落地的必要前提

"三区三州"深度贫困地区是我国脱贫攻坚最难啃的硬骨头,从政府到企业都在积极探索合适当地情况的脱贫路径。针对交通不便的区域,政府和企业架桥修路,改善基础设施建设;针对不宜居地区,采取易地搬迁等措施改善百姓生活、生产条件;针对有经济发展潜力的地区,则紧密围绕区域资源禀赋特点建立相关产业,通过产业扶贫撬动区域经济发展。拉萨城投两期扶贫票据的发行,以产业带动的方式,有效解决了当地贫困人口就业,带动了当地经济发展,充分体现了产业脱贫的扶贫效应。鉴于此,金融机构应根据不同的扶贫方式,因地制宜地为企业提供最优的金融服务方案,推动金融创新、产融结合,将资金高效运用到扶贫项目中,保障扶贫方案顺利落地。

债务融资工具创新跨区域对口帮扶模式

摘要： 2019年8月30日，青岛华通国有资本运营（集团）有限责任公司（以下简称青岛华通）发行2.7亿元扶贫中期票据。本期债项发行期限为5年，票面利率为4.7%，主承销商为青岛银行股份有限公司和中国银行股份有限公司，募集资金全部用于青岛市对口扶贫支持的贵州省安顺市的安顺产业发展园扶贫项目建设。该笔扶贫票据是青岛市对口帮扶安顺市政府的标志性项目，是跨区域对口帮扶的典型案例之一。

一、背景介绍

贵州由于受资源禀赋及地质地貌等原因的影响，是全国贫困人口最多、贫困面积最大、扶贫任务最重的省份之一。截至2012年末，贵州省贫困人口超过900万人，作为本次扶贫对口城市的安顺市，贫困人口数超过50万人，占全市人口的50%以上。2013年，中央实施新一轮东西部对口支援战略，明确青岛与安顺"一对一"结对帮扶后，两市迅速签订对口帮扶与经济合作战略框架协议，由青岛华通牵头，在安顺产业发展园区打造产业中心，积极招商引资、扩大产业规模、带动部分建档立卡贫困户的就业及创业，推动贫困人口脱贫增收。但西部地区企业直接融资较为困难，安顺产业发展园在建设过程中也面临一定的融资压力。鉴于该项目符合人民银行金融精准扶贫政策要求、符合扶贫票据支持方向，本次探索创新跨区域对口帮扶模式，以进一步拓展扶贫资金来源、推动帮扶资源和工作力量向深度贫困地区倾斜。

二、主要措施和成效

（一）资源整合，引导优质金融资源走进贫困地区

安顺产业发展园坐落在贵州省安顺西秀产业园区内，是青岛市政府对口帮扶安顺市政府的标志性建筑项目，由青岛华通子公司安顺市青安产业投资

开发有限公司负责建设。该项目以合作共建园区为载体，实现两地的资源共享、优势互补、产业链接、共同发展。此次发行扶贫票据探索跨区域对口帮扶模式，充分利用东部企业青岛华通主体评级优势，从公开市场获得低成本融资，有效弥补西部地区项目融资缺口，带动西部贫困地区发展。同时，东部企业青岛华通也拓展了自身产业发展空间，实现互利共赢，确保东西部的产业帮扶具有稳定性和可持续性。

（二）多方助力，形成扶贫工作强大合力

在此次跨区域对口帮扶模式设计、项目落地过程中，充分凝聚各方力量。主承销商辅导发行人按照扶贫票据工作要求，因地制宜主动开展模式创新，规范扶贫募集资金用途与使用；人民银行青岛市中心支行充分发挥属地管理和职能监管优势，对项目是否符合人民银行精准扶贫要求及精准支持建档立卡贫困人口的脱贫情况进行详细调查核实，并给予认可与支持；交易商协会认真给予相关指导和帮助，在摸清企业需求的基础上，对扶贫票据支持易地扶贫项目的用途给出了合理化建议。通过各方努力，有效确保跨区域扶贫资金用途精准、信息披露充分完备、扶贫效果经得起检验。

（三）跨区域对口帮扶，两地齐开致富花

本期扶贫票据募集资金2.7亿元全部用于安顺产业发展园项目建设运营，所投项目包括产业中心、宏达多功能生态包装及农地膜项目和青岛食品600吨的饼干生产线项目。各项目建成运营后，将优先录用条件适当的当地建档立卡贫困户。例如，在宏达农地膜项目的前期工作中，已解决了安顺市彩虹社区10名建档立卡贫困户的就业问题。当前园区内各项目录用的贫困户年均工资均超过2.5万元，扶贫效果良好。同时，园区企业还将帮助合作社带动贫困农户参加生产，通过订单采购模式建立长期农副产品采购关系，并通过产业中心酒店等渠道推广当地扶贫特产，通过产业扶贫提高农户种植热情，帮助户均年增收1万元以上，带动当地较多贫困户长效增收。产业园各项目全面运营后，预计可惠及当地贫困人口超过500人。

三、经验启示

(一) 拓宽渠道，开启扶贫新局面

随着金融领域市场化改革逐步推进，以往"政策性、公益性、单一性"的金融支持产业扶贫模式难以为继，而产业扶贫能否取得实效，在很大程度上取决于在产业扶贫中能否将信息、资金、技术、土地和劳动力等生产要素更好地整合起来。在贫困地区，金融是促成并激发生产要素聚集的一个重要手段。但由于贫困地区金融市场发展滞后，金融支持产业扶贫主要为银行贷款支持，其他资金来源渠道较少，利用股权、债券等直接融资渠道融资量小、占比低。扶贫票据的推出，改变了过去金融扶贫主要依靠信贷投放的单一格局，拓宽了扶贫资金来源，同时能够充分发挥市场机制作用，提高募集资金使用效率，为金融助力精准脱贫提供新的思路和模式。

(二) 创新模式，丰富蜕变新手段

习近平总书记多次强调深化东西部扶贫协作。如何在当前形势下进一步丰富创新东西部扶贫协作模式、增强西部内生发展动力是一项重要课题。青岛华通在银行间市场公开发行扶贫票据，利用东部沿海城市优质发行人的良好信用情况，以较低的债券发行成本支持贫困地区，并将产业发展作为帮扶工作的重点，有效将"输血式"扶贫转变为"造血式"扶贫，撬动金融资源带动扶贫，大大缓解了中西部地区扶贫产业发展金融支持力度不足的问题，有效激发了西部地区发展潜力。以本案例为鉴，在现有对口帮扶机制外，东部企业可通过提供融资支持的方式，以订单收购、劳务雇用等利益联结机制，帮助西部贫困地区融入产业发展链条，加强东西协作扶贫的合作与带动，更好地发挥扶贫票据的聚集作用、协同作用及乘数作用。

金融助力脱贫攻坚实践成果

红色扶贫专项公司债券助推革命老区经济发展

摘要：为深入贯彻国家精准扶贫、精准脱贫工作要求，延安城市建设投资（集团）有限责任公司（以下简称延安城投集团）与联储证券有限责任公司（以下简称联储证券）携手合作，运用资本市场直接融资的优势，创新发行具有革命老区红色概念的"扶贫专项公司债券"，开辟了全新的"革命老区＋专项扶贫＋旅游创收"的金融扶贫路径，以市场化的造血功能推动延安贫困地区经济发展。

一、背景介绍

2019年4月9日，延安城市建设投资（集团）有限责任公司非公开发行红色扶贫专项公司债券在上海证券交易所正式挂牌，是市场上首只具有革命老区红色概念的"扶贫专项公司债券"，是陕西省单笔规模最大的国企红色扶贫专项债。该债券在2019年1月获得上海证券交易所"无异议函公告"，于2019年3月21日成功发行，债券简称"S19延安1"，期限为2＋1年，发行规模为10亿元，票面利率为7%，由联储证券有限责任公司主承销，采用网上簿记建档的方式征集买方，全场和边际认购倍数均高达5.47倍，获得了资本市场合格者的广泛认可，"红色老区"扶贫债深受市场追捧。债券募投项目所属地位于陕西省延安市万花山及延安市延川县。

二、主要措施和成效

（一）精准把握需求，开创"革命老区＋专项扶贫＋旅游创收"扶贫路径

延安城投集团承担延安万花生态旅游度假区项目及周边毛堡则佛道坪、延川县黄河蛇曲国家地质公园科普活动中心项目及周边温家塬寺罗等贫困村扶贫工作。为解决贫困地区脱贫攻坚压力大、融资需求迫切的现状，联储证券与延安城投集团深度沟通，凭借对政策的深度理解和对融资需求的精准把

握,提出了将城投和延川打包融资,做一个扶贫债项目的方案,探索建立"革命老区+专项扶贫+旅游创收"的金融扶贫新路径。延安市委、市政府高度重视和支持扶贫债方案,联储证券多次与延安城投集团开展座谈,商讨扶贫债操作细节。在多方的共同协作下,全国首只革命老区红色"扶贫专项公司债券"成功发行,募集总额达10亿元,其中4亿元投入延安万花生态旅游度假区项目,1亿元投向国家级贫困县延川县的黄河蛇曲国家地质公园科普活动中心项目。项目建成后,将带动当地旅游产业发展,有效解决当地建档立卡贫困人口的就业问题,切实助力延安革命老区经济可持续发展,实现长效脱贫。

(二)提高自我发展能力,发挥市场化造血功能

革命老区红色"扶贫专项公司债券"的成功发行,激发延安贫困地区自我发展能力及市场化"造血"功能,推动金融资本向"绿水青山"流动,解决延安贫困地区普遍存在的"资本下不来、留不住、不活跃"等问题,实现"真脱贫、脱真贫"。据估算,延安万花生态旅游度假区项目建设地佛道坪村有贫困户290户,贫困人口1056人,项目建成运营后将直接带动200余名贫困人口就业,同时带动餐饮住宿发展,间接拉动就业人口1000余人,带动周边贫困人口收入增长。延川县黄河蛇曲国家地质公园科普活动中心项目建设所在地周边范围有贫困户391户,贫困人口1047人,项目建设运营后将带动周边贫困人口270人就业,在解决就业的同时增加贫困人口收入。

三、经验启示

(一)坚持创新带动,引入资本市场"活水"

近年来,扶贫债券的发行主力仍然是地方政府和政策性银行。面对延安脱贫攻坚的多元化融资需求,联储证券与延安城投集团携手合作,在认真理解政策和深度沟通需求后,结合延安城投集团的在建项目以及扶贫债的认定标准,运用资本市场直接融资的优势,创新发行具有革命老区红色概念的"扶贫专项公司债券",将资本市场"活水"引入扶贫建设项目,打造出"革命老区+专项扶贫+旅游创收"的金融精准扶贫新模式,助推延安贫困地区发展,为其他贫困地区扶贫债发行提供了有益启示。

（二）坚持因地制宜，提升扶贫成效可持续性

延安是中国革命圣地，也是全国优秀旅游城市，发展旅游产业具有得天独厚的资源优势。结合延安贫困地区资源禀赋、贫困户经营能力和脱贫需求，联储证券因地制宜，通过开展实地调研，结合贫困地区实际和地方特色，探索适合的金融扶贫路径，以推动实现贫困地区的可持续发展。革命老区红色"扶贫专项公司债券"的成功发行，为延安万花生态旅游度假区项目和延川县黄河蛇曲国家地质公园科普活动中心项目提供了建设资金。两个项目建设完成后，将进驻旅游个体单位，创造就业岗位，增加贫困户收入，并带动当地第三产业的发展，提升扶贫成效可持续性。

石家庄股权交易所
"金融扶贫板"引入扶贫活水

摘要：为充分发挥资本市场在脱贫攻坚中的助推作用，河北省依托石家庄股权交易所创新设立了全国首个"金融扶贫板"，降低贫困地区企业进入资本市场的门槛，提供多种融资服务，规范治理结构，有效提升了贫困地区龙头企业的发展水平和带贫益贫能力。截至2020年10月末，"金融扶贫板"累计帮助贫困地区企业完成融资34.03亿元。

一、背景介绍

为切实发挥好资本市场在脱贫攻坚工作中的助推作用，河北省扶贫办与石家庄股权交易所共同建设了资本市场扶贫新平台——全国首个"金融扶贫板"，帮助贫困地区企业进入资本市场发展壮大，更好地发挥企业带贫益贫作用。2017年8月9日，"金融扶贫板"正式设立，同年12月15日，首批10家企业实现集中挂牌，"金融扶贫板"正式运营，截至2020年10月末，"金融扶贫板"挂牌企业总数已达137家。

二、主要措施和成效

"金融扶贫板"主要面向贫困地区中小企业等市场主体，发挥石家庄股权交易所区域性资本市场的平台优势，对申请挂牌且符合条件的企业提供"专人对接、专项审核、即报即审"的服务。

（一）降低准入门槛

针对贫困地区企业进入资本市场难度大、门槛高的现状，"金融扶贫板"主动降低企业准入门槛，将全省贫困地区企业挂牌的财务要求降低为"收入不低于300万元且无亏损，注册资本不低于100万元"。该标准使更多贫困地区企业能够纳入"金融扶贫板"的服务范围，获得资本市场培育机会。同时，"金融扶贫板"引入证券公司、基金公司、银行等专业机构，利用专业机构技术、人才等优势，规范企业运行，为企业量身打造挂牌上市方案，加快企业挂牌上市进程。

（二）提供特惠政策

"金融扶贫板"对企业挂牌费用实行特惠政策，凡是符合条件的企业，挂牌费用一律减半征收。同时，用足用好省、市、县三级政府为企业挂牌上市提供财政奖励的优惠政策，企业挂牌的自费部分一般都可由财政奖励金额全部覆盖，基本实现企业零成本挂牌。

（三）提供多种融资服务

为解决企业融资难问题，"金融扶贫板"充分利用挂牌企业的股权价值，通过股权挂牌转让、股权质押融资、发行可转换为股票的公司债券及定向增发等多种融资方式，最大限度地解决企业的融资难题。为引导投资机构关注、投资贫困地区企业，"金融扶贫板"积极与证券公司、银行、信托公司、基金公司、租赁公司等金融机构开展合作，为挂牌企业提供路演融资服务。"金融扶贫板"与深圳证券交易所开展科技路演合作，将深圳证券交易所的"常态化路演"平台引入"金融扶贫板"，帮助贫困地区企业在更大的平台上对接全国投资机构和社会资本。

（四）提供专业培训

为提升贫困地区企业人力资本的存量，提高企业核心竞争力，"金融扶贫板"积极为企业开展资本市场、股权设置、融资业务、企业管理等专业培训，将先进实用的企业管理理念带到贫困地区企业中，为企业发展提供智力支持，促进企业变革保守意识，加快发展步伐。通过专业培训，让企业逐渐掌握资本市场运行的规律和方法，通过强化自身内部控制，加强规范管理，为企业进入更高层次资本市场发展壮大和提升带贫益贫能力奠定坚实的基础。

（五）提供股权登记托管

"金融扶贫板"为非上市股份有限公司提供股权集中登记托管服务，积极推动以企业股权价值为核心的定向增发、股权转让、股权质押等衍生服务。企业在"金融扶贫板"挂牌后，股权获得市场化的定价并成为企业的一项金融资产，可以作为有效抵押物抵押使用，在一定程度上缓解了企业融资缺乏抵押物的困境。

（六）提供企业规范辅导

"金融扶贫板"在推动贫困地区企业挂牌上市的过程中，组织会计师事务所、律师事务所等专业服务机构对企业进行规范和辅导，将企业改造成为治理结构健全、财务管理规范的现代化企业，提高了企业的规范治理水平，为后续发展带来更强大的动力。

截至 2020 年 10 月末，"金融扶贫板"已累计帮助贫困地区企业完成融资 34.03 亿元。其中，挂牌企业实现融资 4.23 亿元，托管企业融资 29.8 亿元。

三、经验启示

（一）金融扶贫要善于将资本市场活水引入贫困地区

实践证明，把资本市场成熟的理念、运作方式、人才引入贫困地区，能够帮助贫困地区提高运用债权融资、股权融资、间接融资、直接融资等现代金融工具的能力，能够充分发挥市场在资源配置中的决定性作用，进而增强贫困地区扶贫产业的造血功能，帮助贫困群众增收脱贫。

（二）金融扶贫要敢于大幅降低资本市场进入门槛

贫困地区的企业资质总体上较为一般。按照现行的制度和标准，贫困地区的企业要想进入资本市场发展壮大，连最基本的财务指标都不符合要求。要想充分发挥区域性资本市场的扶贫效果，就需要大幅降低准入门槛，使更多贫困地区企业能够进入资本市场，接受资本市场的融资、培训等专业服务。

（三）金融扶贫要精准锁定服务对象

"金融扶贫板"服务的企业大多数从事种植、养殖或农产品加工业，规模相对较小，处于成长阶段，带贫益贫效果较好。这类企业在发展过程中更亟须金融资本的支持。因此，"金融扶贫板"要精准锁定服务对象，精准对接企业需求。

产业扶贫票据助力新疆供销精准扶贫

摘要： 2019年7月22日，新疆供销投资（控股）集团有限责任公司（以下简称新疆供销）发行1亿元扶贫超短期融资券，为新疆地区首单支持"三农"的产业扶贫票据。本期债项发行期限为180天，票面利率为6%，主承销商为北京银行股份有限公司，募集资金中4500万元用于发行人下属子公司在和田及喀什等贫困地区的农产品采购，为当地农产品销售提供了稳定广阔的渠道和市场，对当地农户特别是贫困农户的增收起到了一定的保障和带动作用，在社会上和银行间债券市场中引起积极反响。

一、背景介绍

新疆贫困地区少数民族相对集中，南疆四地州是全国确定14个集中连片特殊困难地区之一，也是新疆脱贫攻坚的主战场。新疆供销及其下属子公司新疆果业集团有限公司（以下简称果业集团）作为新疆扶贫龙头企业，坚决落实习近平总书记在果业集团视察时的指示精神，依托南疆四地州的和田和喀什地区的子公司和加工厂，一方面通过提供工作岗位解决当地贫困人口就业问题；另一方面通过"公司+专业合作社+农户"和"公司+农户"采购模式，带动贫困农户增收。新疆供销扶贫业务需求与债务融资工具市场的扶贫票据引导资金精准扶贫的产品特性高度契合，为新疆供销拓展扶贫资金来源、创新"三农"产业扶贫新模式提供了良好契机。

二、主要措施和成效

（一）服务本源，拓展扶贫票据创新应用

新疆供销农产品扶贫业务，因地制宜，解决"三农"问题，得到当地政府、合作社和农户的支持，但产业存在资金缺口，制约了业务发展和扶贫效果。通过扶贫票据融资，将募集资金精准用于贫困农户的采购结算，一方面有效缓解了扶贫企业资金压力，保障扶贫产业稳定运行；另一方面利用企业

公开市场融资优势，通过稳定收入，缓解贫困农户扩大再生产过程中的融资难题，充分体现了金融产品通过创新应用，切实服务实体需求的优势。

（二）勇于创新，保障扶贫企业实现融资需求

由于新疆供销 AA 级的主体信用评级很难获得投资者关注，发行时在价格和成功率上可能面临较大挑战。为此，新疆供销在主承销商的帮助下，依托扶贫票据产品政策亮点，持续路演推介，向市场充分介绍当期扶贫票据项目优势和亮点；同时采取灵活确定最终实际发行金额的"动态调整"发行方式。通过产品种类和发行方式的综合创新，圆满达成融资目标，且融资价格相比其他方式低近 30 个基点，在取得良好经济效益的同时，提升了企业市场影响力和知名度。

（三）实现产业精准扶贫，取得显著扶贫效果

本期扶贫票据募集资金主要用于新疆供销在新疆贫困面最大、贫困程度最深、致贫原因最复杂的和田地区、喀什地区采购果品，通过与当地农户特别是贫困户签订番茄、葡萄干、核桃、巴旦木等干鲜果品供销协议，帮助贫困地区打通销售渠道，增强贫困农户自我发展能力，"以产促农、以产扶困"精准扶贫。在喀什地区可直接扶贫建档立卡贫困人数为 150 人，带动人均月收入 2500 元；在和田地区可直接扶贫建档立卡贫困人数为 20 人，惠及贫困人数达 280 人，实现淡季收入每月 1500～2000 元/人，旺季收入每月 3000～4000 元/人。显著的扶贫效果得到了地方政府、扶贫企业和贫困农户的充分认可。

三、经验启示

本期扶贫票据项目成功落地，为新疆当地金融精准扶贫发展积累了宝贵经验，坚定了当地企业深入开展金融扶贫的信心。

（一）各方高度重视是脱贫攻坚的重要推动力

党的十八大以来，习近平总书记站在全面建成小康社会、实现中华民族伟大复兴的战略高度，把脱贫攻坚摆到治国理政突出位置，提出一系列关于扶贫工作重要论述。党中央、国务院相继出台系列政策，为脱贫攻坚提供强大保障。金融监管机构和组织，不断创新金融产品种类，为金融扶贫提供更多方式手段。扶贫企业和金融机构，在脱贫攻坚实践中，积极推广、应用创

新金融产品，确保精准扶贫成效。各方的高度重视，保证了政策的层层推进和有效落实，成为脱贫攻坚的重要推动力。

（二）积极创新探索为脱贫攻坚开创新空间

金融产品顺应时代发展不断推陈出新，不仅为经济发展注入鲜活动力，更为脱贫攻坚开创新空间。扶贫票据产品，不仅符合国家脱贫攻坚政策导向，而且通过对资金用途的探索创新，丰富了应用范畴，更重要的是实现了扶贫产业、企业融资需求和金融市场完美衔接，通过创新发展形成了确保脱贫攻坚实效、支持企业融资发展、丰富金融产品服务的多方共赢。

（三）产业扶贫保障脱贫攻坚效果显著

新疆供销扶贫超短期融资券作为新疆地区首单支持"三农"的产业扶贫票据，其利用产业扶贫解决当地贫困人口就业问题，并通过"公司＋专业合作社＋农户"和"公司＋农户"两种订单采购模式，牵头带动多个合作社共同实施产加销组合建设项目，有利于促进产业链条有机联结和主体之间效益机制的稳固加强，加快林果产业实现规模效益，提高产业化程度，为当地农产品销售提供了稳定广阔的渠道和市场，对当地农户特别是贫困农户的增收起到了一定的保障和带动作用。通过发行扶贫票据，新疆供销探索了"以产促农、以产扶困"金融精准扶贫模式，有效拓展了扶贫资金来源，形成扶贫产业和资金市场的有效联动，对其他少数民族贫困地区吸引社会力量助力贫困地区农业发展、提高产销对接、推动农户增收具有重要的借鉴意义。

扶贫票据支持扶贫基础设施建设助力精准扶贫

摘要： 2017年9月1日，贵州高速公路集团有限公司（以下简称贵州高速）100亿元扶贫中期票据项目完成注册，先后发行3期，发行期限为3年，票面利率为4.8%~5.4%，发行金额为45亿元，成为目前市场注册金额最大、发行次数最多的扶贫票据。已发行的3只扶贫中期票据均由国家开发银行主承销，募集资金中33亿元用于贵州省内扶贫高速公路的建设、维护和还款，涉及的19条扶贫高速公路已全面建成通车，极大地改善了沿途贫困地区的出行、运输条件，进而拉动区域资源开发和特色产业扶贫项目的大发展，为直接融资支持扶贫基础设施建设助力精准扶贫提供了成熟案例。

一、背景介绍

贵州作为全国贫困人口最多、贫困面积最大、扶贫任务最重的省份之一，是全国脱贫攻坚的主战场。由于地处西南腹地山阻水隔，交通基础设施保障能力差是制约贵州经济社会发展和民生改善的主要因素，落后的交通基础设施导致资源优势难以转化为经济优势，严重制约了贵州省经济和社会发展。贵州高速作为全省重点公路及其他交通基础设施的建设运营主体，通过建设途经贫困地区的高速公路，直接拉动区域能源、矿产资源开发，旅游和其他产业项目的发展，并有效解决贫困地区的就业问题，为脱贫攻坚提供了直接服务和重要保障。虽然前期已经取得显著成效，但由于公路项目建设周期长、投资额度高，贵州高速面临较大的融资压力。结合发行人基建扶贫项目多、资金需求量大、主体评级高、市场接受度高的特点，参照人民银行金融精准扶贫要求，当地政府、交易商协会、主承销商和发行人通力合作，发行人成功注册100亿元扶贫票据。

二、主要措施和成效

（一）积极探索，基建先行助力精准扶贫

贵州高速作为贵州省道路交通基础设施建设的最大主体，对基础设施建设带动脱贫致富有深刻认识和系统总结。结合贵州省脱贫攻坚实际需求，贵州高速在主承销商的辅导下，在交易商协会的指导和帮助下不断完善产品方案，设计出以支持基础设施建设拉动精准扶贫为主导的扶贫中期票据，既有效契合企业生产经营需求，同时又能够帮扶带动周边贫困地区改善交通运输条件、带动经济发展，符合金融精准扶贫政策要求。

（二）多措并举，保障各期扶贫票据产品成功发行

由于贵州高速所在的高速公路行业项目建设周期长，资本支出压力大，又因扶贫攻坚任务重，上马项目多，导致贵州高速虽然拥有较高的主体评级，但整体盈利能力一般。为提高投资人对相关债项的认可度和接受度，贵州高速与主承销商通过持续有针对性的路演和对目标投资人进行宣介等方式，最终保证了每一期扶贫票据的成功发行，有效满足贵州省相关扶贫基础设施建设的融资需求。

（三）专项使用，支持贫困地区基础设施建设加速

募集资金所用于的19条扶贫高速公路总投资累计达1500亿元，途经大方县、惠水县、贞丰县、兴仁县等32个国家级贫困县，涉及武陵山区、乌蒙山区、滇黔桂石漠化区等多个国家集中连片特困地区，受益群众达1002.03万人，受益建档立卡贫困人口达146.1万人。目前，募集资金支持的高速公路项目已全部建成通车，为省内贫困地区缩短客货运输时间、降低"黔货出山"成本、推进产业脱贫、带动生态旅游等精准扶贫奠定了坚实基础。截至2020年6月末，贵州省全省实现57个贫困县脱贫摘帽，占省内66个贫困县的86%。

三、经验启示

（一）服务国家战略是金融创新的根本出发点

为贯彻中共中央、国务院《关于打赢脱贫攻坚战的决定》，中国人民银行等部门发布《关于金融助推脱贫攻坚的实施意见》，提出全面改进和提升扶贫

金融服务，增强扶贫金融服务的精准性和有效性的要求。以此作为根本出发点，人民银行、交易商协会、金融机构和扶贫企业多方合力，创新开发扶贫票据，真正实现了金融创新服务国家战略的使命。

（二）制度完善是创新推广的基本保障

扶贫票据作为直接融资支持精准扶贫工作的金融产品，有利于拓宽扶贫资金来源，提高资金使用效率，是金融支持精准扶贫工作的成功创新。通过梳理总结实践经验，交易商协会适时推出了《非金融企业扶贫票据业务指引》等指导文件，在制度层面对扶贫票据的注册发行进行了明确和规范，进一步提升了扶贫票据注册发行的制度化、规范化和透明度，为前期创新案例的后续推广打下了坚实基础。

（三）精准对接扶贫需求是本次创新落地的重要基础

扶贫票据具有支持力度大、精准度高、监管规范等特点。基础设施建设类项目的发行人一般是地方扶贫的龙头企业，普遍具有扶贫资金需求量大、成本控制严格、资金需求急迫等特点。该类发行人的主体评级较高，发行成功率大，更有利于控制融资成本。本案例中的贵州高速兼具上述特点，并且高速公路项目贯穿全省，符合标准的扶贫项目多，实际资金需求量大，为后续 100 亿元扶贫票据的注册提供了客观条件。本次扶贫票据的成功案例，为贵州高速交通引领精准扶贫的模式注入了金融动力，对银行间市场扶贫票据中涉及基础设施建设类项目的企业起到了较好的示范作用。

创新"保险+"模式 筑牢防贫保障网

中国平安"平安扶贫保"产业扶贫新模式

摘要：中国平安保险（集团）股份有限公司（以下简称中国平安）于2017年7月打造了全国首个以保险创新撬动贫困地区产业发展、精准链接贫困户的造血式金融扶贫模式——"平安扶贫保"。该模式聚焦"金融造血、精准帮扶、长效促进、防贫兜底"，直击贫困地区扶贫产业发展过程中融资难、生产管理能力弱、销路拓展能力差、风险保障不足等痛点，解决其燃眉之急和后顾之忧，实现了政府、产业、企业和贫困户多方共赢。

一、背景介绍

中国平安在贫困地区调研期间发现，我国多数国家级贫困县产业基础薄弱，贫困户缺乏生产技能。同时，对于没有品牌知名度的企业而言，解决上述问题最大的困难就是缺少生产所需资金与产品销售渠道。若能在贫困地区产业发展全流程保障、兜底，解决其燃眉之急和后顾之忧，带动贫困户实现增收脱贫，就可以实现持续帮扶的目的。

二、主要措施和成效

中国平安立足保险主业，针对企业融资难、融资贵等问题，探索保险与信贷相结合，通过信用保证险提供担保，弥补农村信贷空白，建立了一整套"金融造血、精准帮扶、长效促进、防贫兜底"的"平安扶贫保"产业扶贫新模式。

截至 2020 年 5 月末，通过"扶贫保"、发债、贷款等多种形式，平安产业扶贫已发放扶贫资金 227.84 亿元，项目已在全国 18 个省（自治区）61 个县市落地，直接带动建档立卡贫困户 47036 人，人均增收 2500 元，项目惠及贫困人口 73 余万人，并通过消费扶贫，完成扶贫产品销售 2.36 亿元。

（一）产前：扶智培训造血

中国平安联合中国扶贫志愿服务促进会开办"贫困村创业致富带头人培训班"。与当地政府共同挑选、培训致富带头人，包括村两委干部、驻村扶贫工作队、合作社负责人、种植养殖大户等致富主力。截至 2020 年 5 月末，已举办 22 期培训班，惠及 18 个省（自治区）78 个县，参加培训学员达 3255 人次。

（二）产中：产业精准帮扶

一是"扶贫保"提供产业资金支持。首创"扶贫保"模式，通过信用保证保险提供贷款信用担保，实现贷款过程中的"免担保"，并通过贷款贴息降低资金使用成本。同时将企业与贫困户签约捆绑，发放扶贫资金到企业，并通过企业发放生产农资到农户。通过企业关联贫困户形成持久稳定的致富载体，带动农户就业增收，实现企业、农户双丰收。"扶贫保"通过"信用保险担保＋利息补贴"撬动政府、银行、企业、农户四方，实现保险与政府、银行风险共担，为地方特色产业发展降低融资门槛，带动贫困户增产增收。在内蒙古乌兰察布，通过"扶贫保"模式向阴山优麦食品有限公司发放"免息免担保"扶贫贷款 9000 万元，支持其建立了 3 万吨燕麦香米、2 万吨燕麦片、2000 万支燕麦杯加工生产线，3 万吨级原粮及产品仓储库；与定点帮扶的土牧尔台镇、科布尔镇贫困户签订订单，按高于市场价 20% 的价格回收燕麦；优先提供就业机会，为贫困户提供就业岗位；采取分红形式，邀请建档立卡贫困户入股公司，并与嘎查村签订协议，公司每年给付村委会不低于 6% 的入股分红。自 2018 年起，阴山优麦项目已成功带动 1085 户（1746 人）建档立卡贫困户，人均增收约 3535 元。截至 2020 年 5 月末，"扶贫保"模式已累计发放贷款 6.5 亿元，投放项目 79 个，惠及贫困人口 4.6 万名。

二是"溯源保"创新科技应用助力产业发展。"溯源保"借助区块链技术，创造"区块链产销溯源＋溯源保险＋食品安全责任险"新模式。区块链产销溯源平台可对气象、环境变化、作物长势等关键指标进行 7×24 小时追溯和监测，结合生产标准，对农产品种植进行标准化管控；为每一包产品生成带有"溯源保真、食品安全"双重保障的"放心码"身份证，使消费者能够扫码了解农产品种植过程，以及灌溉、施肥、质检等农事追溯信息，提升扶贫产品信任度和美誉度。2019 年 6 月，中国平安在宁夏中宁县通过"溯源保"项目支持当地枸杞产业发展，切实帮助枸杞扶贫基地挂链 8440 名贫困户增产增收。

三是"物联网+大数据"筑牢农业生产风险防控体系。通过智慧农业风险平台，融合卫星遥感、无人机、高光谱识别等新技术，全方位形成防灾、赈灾的风险防控体系。

（三）产后：产销长效促进　防贫兜底保障

一是以消费带增收、以平台帮自立、以产品促发展。通过内部采购、电商助销等多种渠道帮助扶贫企业销售。截至 2019 年末，平安旗下各电商渠道累计上架扶贫农产品 126 种，覆盖 17 个省 28 个贫困县，总销售额（含内部采购）达 2.36 亿元。

二是立足保险本业，"防贫保"多重保障巩固扶贫成果。平安"防贫保"是现阶段保险公司里保障最全面的防贫责任保险，一地一案为扶贫地区设计包括医疗责任险、意外事故险、自然灾害险、农业种植险等在内的综合性防返贫保险，避免贫困户因病、因灾等导致返贫，发挥保险在巩固扶贫成果方面的作用，提高个体抗风险能力。截至 2020 年 5 月末，已向四川布拖、广西罗城、甘肃瓜州、贵州册亨、云南怒江、河南固始等地 26035 名贫困户捐赠"防贫保"，提供 14.67 亿元风险保障。

三、经验启示

（一）金融造血——政银保三方协同引得"活水"来

长期以来，贫困地区企业由于缺乏有效抵押和担保，融资难、融资贵成为制约当地产业做大做强的主要障碍，产业发展不上去，脱贫致富难上加难。针对扶贫产业痛点，中国平安充分发挥综合金融集团优势，创新扶贫模式和举措，通过"信用保证保险+利息补贴"双管齐下，解决了农村信贷市场信用白户问题，大大降低了产业获取资金门槛和融资成本，推动农业信贷发展。同时，政府、银行、保险机构风险共担，增强了银行贷款资金安全性，也降低了政府财政压力。

（二）长效促进——创新科技应用助力扶贫产业健康发展

除了资金支持外，运用科技力量助力扶贫产业健康发展，是形成长效扶贫促进机制的关键，同时还可以缓解消费者与商户间信息不对称的问题。为帮助扶贫产业、扶贫产品走进市场、赢得市场，中国平安借助区块链信息不可篡改、上链信息共识等特性，搭建区块链产销溯源平台，融合"区块链产销溯源＋溯源保险＋食品安全责任险"的新模式，实现生产品质管理、产品追溯认证、市场决策分析三大功能，帮助扶贫农产品提升供给质量、打造品牌效应。

（三）防贫兜底——一揽子人财物保险筑牢保障网

针对产业扶贫中面临的脆弱性和不确定性，保险以风险保障为立业之本，发挥着雪中送炭、扶危济困的独特作用。打造一揽子全方位保险扶贫方案，结合扶贫风险痛点推出保险产品，创新保险产品对症下药，全力兜住风险底线，筑牢防贫保障网，确保不返贫。

中国太平洋财产保险"防贫保"助力脱贫攻坚

摘要：中国太平洋财产保险股份有限公司（以下简称中国太保产险）于 2017 年在河北邯郸魏县推出全国首款商业防贫保险，有效解决非贫低收入户和非高标准脱贫户存在的边脱边返、边扶边增的"沙漏式"扶贫难题。该项目充分发挥政府资金的杠杆作用，为险企发挥主业优势参与社会管理、节约政府开支、促进相对公平、提升服务效能积累了有益经验，也为国家建立"脱贫不返贫"长效机制提供了重要参考。2019 年，中国太保产险凭借"防贫保"项目的先行先试和显著成效，获颁全国脱贫攻坚奖"组织创新奖"。

一、背景介绍

党的十八大以来，我国的脱贫攻坚战已经取得了决定性胜利，贫困人口从 2012 年末的 9899 万人减到 2019 年末的 551 万人，贫困发生率由 10.2% 降至 0.6%，但返贫问题成为阻碍脱贫攻坚成效巩固的主要障碍之一。2019 年 4 月，习近平总书记在重庆考察期间强调指出，要把防止返贫摆在重要位置。"防贫保"重点关注处于贫困边缘的农村低收入户和人均收入不高、不稳的脱贫户两类临贫、易贫人群，聚焦因病、因灾、因学三大致贫返贫关键因素，分类设置精准防贫办法，建立了临贫预警、骤贫处置、脱贫保稳的精准防贫机制。全面推广该项业务，将为坚决打赢脱贫攻坚战、巩固脱贫成果、全面建成小康社会奠定坚实基础。

二、主要措施和成效

（一）主要措施

一是政保联办。"防贫保"项目由地方政府和中国太保产险联合开展，采用基金管理方式运作，不以盈利为目的，由政府对资金进行整体运营管理，中国太保产险仅留取少部分保费收入作为必要的开支成本。保险期限结束后，如扣除赔款及运营费用后尚有结余，结余资金将全部返还政府或顺延作为下一年度保费。运营期间如出现资金不足，由政府及时注资补足。

二是群体参保。根据初步统计，临贫、易贫群体约占农村人口的10%，但返贫、骤贫的具体对象难以事先框定。针对这种情况，中国太保产险与河北省魏县人民政府创新思路，商定"防贫保"不事先识别具体保障对象，而是由政府出资为该群体整体购买保险，并制定防贫补助政策，保险公司根据政府需求制订保险方案，提供保险服务。一方面测定"预警监测线"，将支出超过此线的纳入防贫重点对象；另一方面设置"防贫保障线"，对收入低于此线的，凡符合救助条件的发放保险金。此举使被保险人由"某个人"拓展为"一类人"，实现了该险种由"定人定量"到"群体共享"的突破性转变。

三是阳光操作。中国太保产险建立标准化操作流程，通过"四看一算一核一评议"模式，提高了现场核查的准确性，通过公示的方式有效降低了资金被截留、错误发放等风险，实现了扶贫款项的专款专用和精准发放，增强了群众的获得感。

（二）取得成效

"防贫保"项目2017年末在河北邯郸魏县落地，截至2020年6月末，"防贫保"已经为全国25个省400个县逾9000万临贫、易贫人群提供总保额达5.96万亿元的防贫保障，累计赔付近2.65亿元，扶真贫、真扶贫取得显著成效。

魏县作为首个落地县，参保"防贫保"后，2018年上半年新增贫困户同比下降98.6%，返贫户同比下降86%。2018年7月，魏县以"零错退""零漏评"高标准通过国家第三方评估验收，于当年9月底退出国家扶贫开发重点县，摘掉戴了30多年的穷帽。2018年，邯郸"防贫保"赔偿1538户，阻止了4000余人返贫，与2016年相比，返贫户减少99.1%、新增贫困户减少96.5%。

三、经验启示

（一）消除因"悬崖效应"导致的群众矛盾，提升扶贫工作口碑

过去因部分地区存在"卡内户"享受众多扶贫政策甚至发展到过度帮扶依赖，而"卡外户"被边缘化的实际情况，在群众中产生了新的矛盾和不公平。通过为"卡外边缘户"提供"防贫保"，缩小、淡化了"贫"与"临贫"的差距，在一定程度上化解稀释了正在扩大的"悬崖"现象，为构建和谐社会建设作出了贡献。

（二）采用保险经办模式节省政府资源、防止道德风险

因临贫、易贫人群无建档立卡，其动态监控、救助甄别工作需要消耗大量的人力、物力，仅靠扶贫办、民政局、人社局、教育局等开展调查工作，人力难以维持，效率难以保证，而借助保险公司的查勘力量，可使核查效率大幅提升。此外，保险公司直接将防贫资金支付给防贫户，可以有效保证防贫资金真正落实到位，可有效甄别防贫推进过程中的道德风险。

中国人寿"微支付"保险产品助力脱贫攻坚

摘要： 中国人寿资阳市分公司针对贫困人口和农村低保户专门承保了农村贫困人口医疗救助救治特殊补充医疗保险。特殊补充医疗保险承保范围广、保障责任宽、报销比例高且不设起付线和封顶线，按照"收支平衡、保本微利"的原则设定了盈亏分摊机制，有效解决了贫困人口和农村低保户个人自付医疗费用较高的问题，实现了住院费用"微支付"。

一、背景介绍

四川省资阳市下辖一区两县（雁江区、安岳县、乐至县），总面积约5747平方千米，全市人口为355万人，所辖区、县经济基础差，贫困人口众多。截至2019年末，全市有贫困村325个，建档立卡贫困人口221024人，未纳入建档立卡的农村低保户49199人，其中因病致贫17.45万人，占比达64.59%，因病致贫返贫成为贫困人口脱贫最大的"拦路虎"。为履行央企责任，中国人寿资阳市分公司把贫困人口和农村低保户作为专门承保对象，设计了满足贫困人口医疗费用全覆盖，能实现医疗费用"微支付"的保险产品，全力参与国家扶贫事业。

二、主要措施和成效

（一）确定梯次保障体系报销顺序及报销比例

中国人寿资阳市分公司从有效解决保障对象个人自付医疗费用实现"微支付"的角度出发，与政府相关部门协商确定了特殊补充医疗保险的报销顺序、报销范围和报销比例等。按照"社会保险＋商业保险＋民政救助＋基金兜底"的多层次责任分担思路，有效整合了扶贫、财政、卫健、民政、人社以及商业保险等政策资源。特殊补充医疗保险对经医疗机构减免、基本医疗保险支付、大病医疗保险赔付、补充医疗保险赔付五个层次报销后剩余的医疗费用按80%的比例赔付，不设起付线和封顶线。

（二）确定特殊补充医疗保险参保对象

资阳市脱贫攻坚领导小组办公室、民政局确定资阳市建档立卡贫困人口和未纳入建档立卡的农村低保户作为特殊补充医疗保险参保对象，每年年初由中国人寿资阳市分公司与脱贫攻坚领导小组办公室、民政局、医保局共同核实确认当年度参保人数及参保清单。

（三）确定特殊补充医疗保险筹资渠道及筹资标准

为减少与政府各职能部门的重复沟通，避免资源浪费，确保专项资金专款专用，各年度保费由资阳市各县（区）财政按规定全额归集至市财政指定账户（筹资标准：2016年8~12月83元/人，2017—2019年按200元/人），市财政归集资金后向中国人寿资阳市分公司划转。

（四）确定特殊补充医疗保险盈亏分摊机制

设定盈亏分摊机制，约定中标净赔付率为96%，实际净赔付率低于中标净赔付率10%以内的资金结余额，按50%的比例返还各级财政；实际净赔付率低于中标赔付率10%以上的资金结余额，全部返还各级财政；实际净赔付率高于100%时，100%~110%的亏损额由各级财政和中国人寿资阳市分公司各分担50%，超过110%以上的亏损额由中国人寿资阳市分公司承担。

（五）不断提升服务能力，推出个性化服务提高保障对象保障水平

1. 建立高素质服务队伍，保证特殊补充医疗保险服务质量。截至2019年末，按照协议要求，特殊补充医疗保险服务人员达到6人，其中有医学背景人员3人，占比达到50%。同时通过对特殊补充医疗保险服务人员进行"强培训、实操作"的专业训练，保证了中国人寿资阳市分公司承办特殊补充医疗保险服务质量。

2. 加强服务网点建设，提升对特殊补充医疗保险的服务能力。中国人寿资阳市分公司充分发挥服务民生工程的各项优势，不断加强机构建设，迅速在全市布设了符合大病、补充医疗和特殊补充医疗保险需求的服务网络。截至2019年末，全市设立用于服务（大病、补充医疗和特殊补充医疗保险）的网点6个，有效支持特殊补充医疗保险服务工作。

3. 提供"一站式"便捷高效理赔，提高保障对象保障水平。为免去垫付巨额医疗费用的经济压力和提交报销资料的烦琐理赔流程，资阳市分公司积

极提供以"一站式"即时结算服务为核心的精细化、人性化、专业化服务。贫困人员在医院就医后实行"一单制"结算，出院时只需交纳自己所需承担的少量医疗费用，从根本上解决了"看病难、看病贵"，无力支付高额医疗费用的问题。

2016年8月至2019年末，资阳市建档立卡贫困人口和未纳入建档立卡的农村低保户累计参保692944人次，累计住院357120人次，住院总费用达114706万元，其中，梯次保障报销104408万元，占总费用的91.02%，中国人寿资阳市分公司累计赔付6973万元，占住院总费用的6.08%，占梯次保障报销的6.68%，为17.45万因病返贫的困难群众提供了医疗保障，解决了实际困难。

三、经验启示

一是创新保险产品设计，着力解决贫困人员实际困难。资阳市分公司将参保对象的基本医疗保险报销的自费项目纳入报销范围，经过医疗机构减免、基本医疗保险等五个层次报销后剩余的医药费用按80%的比例赔付，且不设起付线，不设封顶线。充分考虑了因医疗费用过高、自付费用无法报销等问题给贫困人员带来的实际困难，重点解决个人自付费用报销问题，积极发挥央企的社会责任担当。

二是探索个性化服务项目，提升与贫困人员的黏合度。资阳市分公司将继续加强队伍建设、服务网点建设，同时探索个性化服务项目（如专家咨询、住院协调、手术协调、导医导诊等），提升与贫困人员的黏合度，不仅让他们看得起病还能看得好病。

三是巩固和延伸"保险服务医疗扶贫"，推进新型互助模式。商业保险适度补充，为贫困人员分担绝大部分自付费用是实现医疗费用"微支付"的关键，"保险服务医疗扶贫"仍须巩固和延伸。推进新型互助模式，如集体经济互助、帮扶救助、结对救助等来持续巩固脱贫攻坚取得的成果，继续开展保险扶贫发挥保险保障和精准帮扶作用。

中国人民财产保险"扶贫100"项目
助力脱贫攻坚

摘要： 自2016年以来，中国人民财产保险股份有限公司江苏省分公司（以下简称江苏人保财险）在国家扶贫改革试验区宿迁市泗洪县创新探索"扶贫100"项目，针对当地建档立卡低收入农户的子女上学、生病、发生意外伤害以及家庭财产损失等主要致贫因素，进行精准施策。该项目借助科技手段将公益和保险打通，通过互联网支付宝平台让公益的外延得到延伸，让保险的体验更为便捷和流畅。

一、背景介绍

宿迁市泗洪县是江苏省低收入人口比例最高的县，现有常住人口107万人。2016年，对照江苏省人均年纯收入6000元的低收入标准，当地有4.02万户，13.26万低收入人口。这些低收入人口因病、因灾、因学致贫的情况十分普遍。为了对症下药，泗洪县委、县政府与江苏人保财险有针对性地进行风险保障设计，共同制订商业保障方案，以100元的成本，100%覆盖当地低收入户，为泗洪低收入人口上得起学，看得起病，发生意外事故后在短时间内的生活提供百分之百的生活保障，因此取名为"扶贫100"。

二、主要措施和成效

（一）调研明晰思路，精准开展扶贫保险

人保财险通过相关数据及实地走访，了解到泗洪县有4.02万户，共13.26万低收入人口，致贫原因中，因病占51.23%、因残占20.18%、因灾占2.98%、因学占4.35%，合计占比高达78.74%。该类贫困人口"小病拖、大病挨"，子女上不起学、辍学现象时有发生，生活负担较重，要实现"十三五"规划的脱贫目标，扶贫任务十分艰巨。

人保财险作为当地政策性农业保险的主办机构，充分履行国有保险公司

在脱贫攻坚中的职责。积极促成当地政府组建专项课题调研组，赴甘肃天水、湖北十堰、贵州毕节等地，就破解"因病致贫、因病返贫"难题开展考察学习。通过调研强化了政府对引入保险机制来助力扶贫工作的重要性和可行性的认识，促进了政府领导及主管部门主动学保险、用保险来深入推进脱贫攻坚的意识。

（二）创新保险产品，破解保险扶贫难题

针对该县低收入人口致贫原因主要集中在因病、因学、因灾几个方面，江苏人保财险创新开发了将重大疾病首次诊断一次性赔付、教育补助金、大病补充医疗、意外伤害及意外医疗、家庭财产等"五险合一"的扶贫综合类保险产品，最大限度地保障农民基本生活。

（三）创新运作模式，吸纳公益扶贫力量

创新推出"互联网+扶贫+公益+保险"的运作模式。募捐依托互联网支付宝端口，通过县慈善总会发起，接受社会各界人士捐助。所有募捐款收入、支出情况，保险公司收入、理赔情况，受益人情况等信息，都将在互联网上予以公开，接受社会各界监督。

（四）政企协同推进，扎实运作扶贫项目

宿迁市委、市政府高度重视，专门成立了泗洪支公司扶贫保险发展委员会，建立了泗洪"扶贫100"领导组织架构，确立了工作运行机制。泗洪县政府出台《泗洪县低收入人口"扶贫100"商业保险暂行办法》。人保财险凭借公司综合实力、良好信誉，最终以招标总分第一名中标。该项目采用公益运营。

1. 规范承保。全县所有建档立卡低收入人口每人购买一份100元的"扶贫100"商业保险，全县一张总保单，每户一张小保单。商业保险机构坚持公益运营，构建赔付风险预警机制，商业保险机构除去必要的保费税率和人员开支外，设定筹集总保费的91%为风险警戒线，赔付率低于91%的，结余的部分滚动到下一个年度继续使用或退回县财政；赔付率高于91%的，资金缺口当年由保险公司垫付，次年由政府通过追加保费形式予以补足，确保本项业务长效运作。

2. 完善服务。制定扶贫保险业务管理办法，从承保管理、出险报案、事故查勘、赔款支付、内控管理、工作联系等方面进行了翔实规范。三网联动（理赔查勘队伍、大病巡查队伍、农业保险队伍），衔接医保，建立理赔绿色通道，坚持特事特办，提升服务效率和质量，提供一站式服务。与支付宝平台进行合作，所有赔款均通过支付宝进行线上支付，切实方便群众。成立专项工作督导组，对项目工作进行严密督导，对服务满意度进行回访。

在"扶贫100"项目的保障助力下，泗洪县脱贫成果显著。截至2019年末，泗洪"扶贫100"项目已累计保障低收入人群34.22万人次，提供风险保障9.84亿元，赔付2178万元，惠及9184人次。"十三五"以来，泗洪县已有3.06万户，合计9.68万人实现脱贫。此创新做法被国务院政府网站、新华社、《中国保险报》、《新华日报》等18家中央和省市媒体采访报道，该项目于2017年入选中国保险行业协会保险扶贫先锋榜（第二期），2018年入选中国保险行业协会首届"全国保险业助推脱贫攻坚十大典型"，先后在省内徐州、常州、盐城、淮安、连云港等地复制推广。

三、经验启示

（一）提高站位，聚焦热点——才有推手

坚决打赢脱贫攻坚战是党和政府的庄严承诺，只有提高政治站位，从履行国有保险企业的职责和发挥保险社会治理功能出发，才能对党和政府关注的热点有深刻认识，才能从政府关注的民生需求中找到扶贫保险的触发点。

（二）政企互动，重点突破——才有帮手

按照"发现需求—主动介入—制订方案—解决难题—项目促成"模式找准关键部门进行政企互动。对照上级文件，梳理产品费率，帮助地方政府清晰了解政策落地依据，以及项目推荐带来的社会效果，促进地方政府提升保险意识，厘清保险需求。

（三）创新产品，有的放矢——才有抓手

产品创新中运用大数据，分析保险需求有针对性地制定保险产品，确保风险整体可控。对因病致贫、因学致贫、因灾致贫的人员占比进行分析，设计对应承保方案，创立保障范围广的创新产品。同时设置91%的风险预警线，公益化运行模式，确保整体风险可控。

（四）广泛宣传，形成效应——才有助手

产品针对的是贫困农户，他们对保险政策及产品并不了解，人保财险配合政府部门制定了宣传单，挨家挨户逐一上门走访，向被保农户进行产品介绍及宣传，确保项目实惠到户。同时，抓住典型案例，重点宣传。泗洪扶贫"100"项目推广后，人保财险对第一笔赔款、大额赔款、特殊人群的赔付案例，均举行了现场赔款、集中赔款等仪式，并通过媒体进行宣传报道，形成社会关注的热点，提高社会影响力。

山西省交口县"一保通"保险扶贫模式

摘要： 山西省交口县政府通过"一保通"保险扶贫模式，用少量的财政资金，通过保险这一市场化工具，运用一单统保的模式（19个险种）解决群众面临的多种困难，提供多种风险保障；通过创新"一站式"服务优化了保险服务体验；通过创新运行模式，整合政府资金与市场化运作有效结合，赔付动态调节机制实现多方共赢。最终实现健康扶贫、金融扶贫、产业扶贫融合发展，构建"人""钱""业"良性互动的综合保障网络。

2019年共收取保费1135.03万元，其中整合上级政策性补助202.8万元、县级财政另外负担812万元，农户自筹120.23万元，共赔付1120.14万元，8921户农户受益。

一、背景介绍

交口县地处吕梁山脉中段，是吕梁集中连片贫困县之一。截至2014年末，全县建档立卡贫困人口为23840人，贫困发生率达25.2%，农民人均可支配收入为6064元。到2018年末，累计退出贫困村47个，实现23149人稳定脱贫，贫困发生率降至0.73%，农民人均可支配收入达8180元，2019年实现"脱贫摘帽"。

近年来，交口县把香菇产业发展和就业增收作为推动脱贫攻坚的重要抓手，但是食用菌种植是高技术、高投入、高风险产业，导致贫困户种植积极性不够，政府发展产业面临的风险以及脱贫攻坚的压力巨大，人保财险积极对接开发食用菌收入保险，有效提高了农户种植积极性，同时结合交口县脱贫攻坚实际，对所有脱贫产业、贫困人员及资金的风险进行兜底承保，充分运用金融保险机制，将贫困户所面临的生产风险、健康风险、金融风险一保到底，增强贫困户自我发展生产的信心，使其再无后顾之忧，打通了贫困户"不敢贷、不敢种"的产业脱贫死结，也打通了交口县脱贫致富的要道，金融活水融灌整个产业链条，保险保障托底探索走出了交口县的"一保通"保险扶贫之路。

二、主要措施和成效

(一)因地制宜、量身打造保险方案,实现产业风险兜底

结合产业扶贫及脱贫攻坚政策实际,交口县制定"产业扶贫保险+健康扶贫保险+产业资金保证保险+脱贫兜底保险"一揽子方案,实现产业风险兜底。

1. 农业产业保险。涵盖玉米、马铃薯、核桃、食用菌、蔬菜大棚、小杂粮、能繁母猪、育肥猪、肉驴、肉牛等10类种植业和养殖业保险。政府在产业发展中作为"启动人",通过财政资金补贴撬动带领贫困户积极参与农业生产、早日脱贫;保险作为风险"平衡人",运用自身优势分散风险助力产业发展;贫困户作为"生产人",通过专心生产增加收入。

2. 健康意外保险。立足因病致贫兜底保障,增设推开贫困人口慢性病门诊补充医疗保险和意外身故、意外残疾等险种。政府在保障贫困户意外疾病中作为"当家人",为所有贫困户办理了健康意外保险,贫困户自付14元,其余由政府补贴;保险作为"代办人",除赔款和费用外,结余部分全部返还财政;贫困户作为"受益人",减轻了意外疾病带来的支出,增强了发展产业的信心。

3. "五位一体"扶贫小额贷款保证保险。为解决贫困户产业发展的贷款需求,有效缓解贫困户不愿贷的问题,为其提供增信支持,鼓励贫困户放下包袱,紧跟政策步伐,发展主导产业脱贫增收。政府在发展产业贷款资金中作为"增信人",为贫困户增加信用,保费全部由政府补贴;保险作为"担保人",产业发展出现风险导致贷款逾期,保险公司先行赔付;贫困户作为"使用人",拿到贷款放心大胆投入生产。

4. 脱(返)贫责任保险。为政府兜底贫困户的收入底线,对因疾病、意外、升学等因素导致贫困户低于脱贫标准的,进行差额补偿,确保贫困户如期脱贫不返贫。政府在保障贫困户脱贫摘帽中作为"保护人",对所有贫困户如期脱贫负责,保费全部由政府补贴;保险作为"托底人",贫困户因疾病、自然灾害、意外事故、升学等原因致使年收入达不到脱贫线,公司负责差额补齐,保护了大部分低能和失能的贫困人群;贫困户作为"放心人",风险无忧,稳定脱贫。

(二)创新服务、优化机制,农户、政府、公司实现三方共赢

通过创新模式、优化服务,在为贫困户提供金融服务的同时,充分发挥扶贫资金效用,解决地方脱贫攻坚面临的产业风险难题,也为公司带来新的发展机遇。

1. 模式创新。整合各类财政补贴资金,将建档立卡贫困户面临的所有风险统一打包,通过市场化运作的原则,由保险公司统一运作,最终实现多方共赢。"一单统保、费率调节"的模式,既化解了建档立卡贫困户的多种风险,又消除了保险公司单一险种赔付过高和政府担心资金效益不高的顾虑。

2. 服务创新。一是投保"一码清"。融入交口"一码清"APP服务电子平台,以挂历为载体印制二维码,让每户贫困户通过扫描二维码就能了解保险情况。二是理赔"一站式"。由人保财险交口支公司牵头建立"一站式"服务窗口、统一管理的调度平台系统。确保贫困户所有保险"一站能报",提供方便快捷服务。

三、经验启示

(一)坚持保险紧跟需求的原则

保险公司改变以前坐等顾客上门的模式,为贫困户这类特殊群体"量身定制"精准的保险产品和个性化的保险服务。保险产品根据产业特点和客户需求进行设计;承保流程实现快速化、简便化、精准化;理赔标准和流程根据客户特性进行再造;盈利模式从高盈利变成保本微利模式;服务方式从纸质化、现场化变成电子化、线上化。

(二)坚持政府积极引导的原则

从项目的提出到最终的实施,都离不开政府部门的大力推动引导,交口县政府积极主动,省扶贫办政策指导,市县政府的紧密推动、政策倾斜等。交口县政府通过采取保费补贴措施,整合各类资金投入805万元,通过提供风险保障,有效解决了因灾、因病致贫返贫的问题,引导和鼓励建档立卡贫困户大力发展地方主导产业,增强产业的抗风险能力,也提升了贫困户的增收脱贫的信心。

（三）坚持市场化可持续的原则

一是通过引入招投标机制，将所有项目根据不同种类、不同情况分包，在符合当前政策的情况下进行招投标；二是通过创新实施动态调节机制，破解各方顾虑难题，找到市场与政府的平衡点，符合当前形势下脱贫攻坚的总体要求，扶贫项目的精准实施在确保"保本微利"的同时，也推动了保险行业的创新发展。

中国太平洋保险实施
"藏系羊牦牛降雪量气象指数保险"

摘要： 2017年以来，中国太平洋保险公司（以下简称中国太保）聚焦贫困农牧民最现实紧迫的扶贫需求，探索和深挖保险机制在扶贫领域的功能作用，有针对性地开发实施了"藏系羊牦牛降雪量气象指数保险"项目，取得了良好的精准扶贫成效，切实履行了企业社会责任。

一、背景介绍

青海省果洛藏族自治州是我国"三区三州"深度贫困地区之一，当地藏族人口占90%以上，畜牧业为主要产业，2016年贫困发生率为29.8%。全州总面积为7.64万平方千米，位于全国最大的自然环境保护区——三江源自然保护区内，平均海拔4200米，大气含氧量仅为海平面地区的50%~60%，年均气温为零下4摄氏度，被称为"生命禁区"，是青海省自然条件最差、最为偏远的地区。在果洛地区，藏系羊和牦牛是牧民家庭的"命根子"，然而冬春频发的雪灾却是它们最大的天敌，往往一场暴雪，就让牧民白辛苦一年。

二、主要措施和成效

（一）深入调研，确定雪灾气象指数与牛羊经济损失的关系

2016年，中国太保组建专业团队，本着"定向、精准、特惠、创新"的扶贫产品设计原则，克服重重困难，在果洛藏族自治州前期调研时共收集了16家新型农牧经营主体的生产经营情况；查阅20多份有关青海省雪灾风险研究文献；收集了果洛藏族自治州从1953—2016年历史气象数据与灾害损失数据；组织5次现场调研和保险方案讨论会。最终确定了雪灾气象指数与牛羊经济损失的比值关系，为"藏系羊牦牛降雪量气象指数保险"推出提供了扎实的基础数据和理论支撑。

（二）针对果洛地域特点，创新承保、理赔方法

果洛藏族自治州地广人稀，村与村之间距离大多好几十千米，且气候环境恶劣、山路崎岖，人口分布及恶劣气候等特点决定了保险公司很难及时到现场进行承保及理赔查勘。为突破传统农业保险逻辑桎梏，经过20余次反复论证，此项目简化了承保、理赔操作流程，在确定被保险人对象名单和投保数量后即出具保单承保，根据国家气象站观测点的气象数据，在约定的时间段内实际累计降雪量达到约定的保险降雪量时，按照保险合同的约定承担赔偿责任，不需现场查勘定损，理赔款直接赔付到被保险人账户。由于不需要到现场查勘，保险费用成本较低，也降低了保险费率水平，从而极大地提高了农牧户投保积极性。

（三）为高原农牧养殖发挥重要托底功能，助推脱贫

截至2019年末，该项目已在玛沁县、达日县、甘德县、玛多县四县开办，累计覆盖23个乡镇，25个新型牧业经营合作社，其中建档立卡贫困户占比约为85%。累计赔款约1024万元，该项目为农牧民抵御重大自然灾害发挥了重要作用，增强了农牧民通过养殖业脱贫致富信心和决心。青海贫困人口动态管理显示，该保险方案的实施，推动了以上四县的脱贫攻坚工作。

（四）帮扶成效获得政府高度认可肯定

本项目的创新举措，有效解决了高原地区查勘定损难、理赔处理慢的痛点，弥补了高原牧业气象指数保险的空白，开拓了高原农业保险保障手段的新思路，取得了良好的社会反响。国务院、青海省人民政府、青海银保监局等的门户网站，新华社、《人民日报》等媒体纷纷进行了报道。2018年，青海保险扶贫团队荣获中国保险行业协会颁发的"全国保险扶贫好事迹"奖项。

三、经验启示

（一）成功扶贫案例来之不易，适宜复制推广

此项目解决了高原地区查勘定损难、理赔处理慢的痛点，具有普适性，更适合在地广人稀、雪灾频发的高海拔地区复制推广。同时，保险也可以为政府提供保障，通过解决"财政涉灾预算无灾不能用、有灾不够用"的财政

预算矛盾，使保险受益贫困县及时得到保险转移支付资金，用于灾难救助和灾后重建，避免灾害致贫返贫的情况出现。

（二）国有企业勇于担当社会责任，不计得失

作为国有商业保险公司，中国太保把精准扶贫作为对接国家战略、践行社会责任的重要措施，在"三区三州"深度贫困地区、上海对口支援地区和公司结对帮扶地区全力推动扶贫产品和服务的增品扩面提质。在果洛藏族自治州"藏系羊牦牛降雪量气象指数保险"连续亏损的情况下，中国太保将保险范围从 2017 年果洛藏族自治州 1 个县，扩展复制至 2019 年的 4 个县，彰显了"有温度、负责任"的品牌形象。

（三）多措并举、扶防结合，助推脱贫攻坚

近年来，中国太保积极对标"两不愁三保障"标准，立足"精准"和"实效"，在果洛藏族自治州积极拓展农险扶贫、防贫扶贫、就业扶贫、智力扶贫等多种扶贫手段的深度和广度，并积极参与探索三江源国家公园建设，在海南藏族自治州捐建太保公益林 1000 亩，开展"万名干部助万户"扶志扶智扶贫活动，为果洛藏族自治州 1189 户建档立卡贫困户送去太保温暖，激发了贫困群众脱贫攻坚的内生动力，使其增长了摆脱困境的本领和手段。

湖南省沅陵县"茶叶收入险"兜底"一号扶贫产业"

摘要： 近年来，湖南省沅陵县在推进农村金融改革的过程中，大胆探索茶叶收入保险机制，按照"政府引导、市场运作、自主自愿、协同推进"的原则推进茶叶收入保险试点工作，创新出一条金融支农新路径，并将茶叶产业打造成促进农业产业发展、带动农户精准脱贫的"一号扶贫产业"。2019年该项目被湖南省财政厅纳入特色农业保险创新项目并在全省推广。

一、背景介绍

（一）沅陵县具有明显的茶叶产业资源禀赋优势

沅陵县位于湖南省西北部，辖23个乡镇、369个村（居），人口达67万人，地处于武陵山片区茶叶黄金产业带的中心区域。沅陵县茶叶种植历史悠久，早在西晋就有历史记载，唐代列为朝廷贡茶。"碣滩贡茶"和"官庄毛尖"历为朝廷贡茶，享誉海内外。现有茶园面积15万亩，其中有机茶园10万亩，茶叶生产企业120余家，茶叶年产量达8000吨，茶叶综合产值达10多亿元，是全国十大生态产茶县、中国生态有机茶之乡。"沅陵碣滩茶"获欧盟、日本和美国的有机茶认证，市场前景广阔。

（二）对茶叶收入保险产品需求迫切

沅陵茶叶产业正处于传统农业向现代农业转型期，生产规模化和集约化迅速提高，生产经营过程中自然风险和市场风险相应集聚，茶农特别是新型农业生产经营主体对风险保障、风险管理产生了更加多元化、高标准的需求，但沅陵县政策扶持和风险规避机制相对滞后，涉农保险品种较少、保额低、保障范围窄，无法满足农村日益增长的保险需求。加上每年投入茶叶产业的资金来源渠道复杂、使用分散，未能形成合力，难以发挥"四两拨千斤"的作用，亟须创新优化农业保险制度，完善制度设计，提高财政资金使用效率，更好地发挥农业保险保障农民收益和支撑现代农业发展的作用。

二、主要措施和成效

（一）主要措施

1. 设定通俗化、标准化收入保险方案。结合沅陵实际和茶叶产业发展特点，细化茶叶收入保险条件和服务操作流程，严格执行茶叶收入保险标准，逐步构建条款通俗化和标准化的制度框架。

2. 实施"双三"保障。一是保障程度不低于前3年茶农平均收益水平；二是保费实行省级财政、县级财政、茶农二级分担制，且个人部分不得高于30%。"双三"保障确保了保费低廉和风险保障有力。

3. 实行"量、价"分测。茶叶产量、价格分别实行多时段、多地段随机采测测定，同时完善价格形成、信息发布、风险防控、保险理赔和考核评估等机制，夯实风险"防火墙"。

（二）主要成效

1. 完成了茶叶收入保险探索。茶叶收入保险试点工作的成功开展，改变了农业保险只保物化成本的现状，深化了农业保险保障能力，有力推动了财政直补资金向保险保费补贴的转化，从而探索出实施重要农产品收入保险的有效模式，为今后重要农产品收入保险的进一步推广提供了有效经验。

2. 保障了茶农、茶企的收入。茶叶收入保险发挥了保险的补偿功能，弥补了受自然因素和市场因素影响造成的损失，保障了茶农、茶企在自然灾害和价格波动造成减收情况下的收入。3年来，茶叶收入保险累计理赔987万元。

3. 助推了产业扶贫项目的实施。沅陵县将茶叶列为一号扶贫产业，而茶叶收入保险正好契合精准扶贫和乡村振兴，为贫困地区实施产业扶贫、实现贫困农户脱贫致富提供了有力保障。据统计，近年来，该县共发展茶叶面积15万余亩，发展培育种植大户167户，涉茶农户2.3万多户，涉茶人口11万多人。其中，涉茶贫困户4560余户，1.82万余人，人均增收802元，整体带动3万多贫困人口脱贫。

4. 扩大了金融助农的深度和广度。茶叶收入保险保障了自然灾害或价格波动因素造成的产品收入损失，进一步发挥了农业保险保障农民收益和支撑农业产业发展"稳压器"和"保护伞"的作用,在规避自然风险的基础上增强了农户运用保险金融工具抵御市场风险的能力,扩大了金融助农的深度和广度。

三、经验启示

(一)"四举牌、四公示"保证了茶叶收入保险的公信力

茶农在春茶和秋茶投保时,金改办、茶叶办、保险公司都要对茶农的茶园进行验标和测产,每次测产和验标都要求投保人(茶农)举牌并拍照("四举牌"),同时还要将验标和测产结果及举牌确认照片在该村村委会进行公示("四公示"),接受群众监督,保证茶叶收入保险验标、测产工作的公正、透明和真实。

(二)政府有限介入和引导降低了茶叶收入保险的推广难度

政府相关部门从多个角度的介入和引导大大降低了茶叶收入保险推广的难度:一是种植技术和茶树品种由地方农业部门指导和审定;二是茶园验标和测产由县金改办、县茶叶办和保险公司三方共同参与确认;三是茶叶实际价格由县茶叶办发布的鲜叶平均收购价格确定。

(三)保险增信功能推动了农村保险与农村金融深度合作

采取"生产保险+信贷保证保险+农村信贷"的合作模式,保险公司依保单对茶叶种植大户、专业合作社、龙头企业、农场等经营主体提供贷款担保,银行提供无抵押、无担保、低利率的贷款,满足茶农的信贷需求。3年来,农商行累计发放茶农贷款5000多万元。

科技融合助力　推动金融扶贫更"精准"

人民银行河源市中心支行
移动支付进村入户助力打赢脱贫攻坚战

摘要： 农村支付服务环境建设是金融服务"三农"的重要组成部分，是打赢脱贫攻坚战、实施乡村振兴战略的内在要求。中国人民银行积极践行"支付为民"理念，组织引导金融机构将支付服务嵌入农民生活、农业生产和农村经济的各个领域、各个环节，成功探索出移动支付助力打赢脱贫攻坚战的可行路径。

一、背景介绍

2017年以来，中国人民银行河源市中心支行坚持以人民为中心的发展思想，践行"支付为民"理念，主动对接贫困地区金融服务需求，大力实施移动支付便民工程，围绕民生支付便利化，统筹规划智慧交通、智慧生活、智慧医疗、智慧养老等"四个智慧"移动支付应用场景，积极推进以示范镇建设为重点的农村移动支付"十百千示范工程"，让广大农民享受移动支付新便利、新体验，有效解决农村地区物理网点紧缺、城乡间金融服务差距大的问题，助力脱贫攻坚。

二、主要措施和成效

(一) 建立农村移动支付长效推广机制，形成跨部门脱贫攻坚合力

一是加强组织引领。将移动支付推广应用列入"一把手工程"，实行行长亲自抓、分管副行长具体负责、支付结算等部门组织落实的工作机制。二是强化政策引导。加强县域乡村调研，深入了解农村地区政府、民众等不同群体实际需求，组织开展移动支付"十百千示范工程"建设，引导各类市场主体下沉到县域农村地区，充分发挥移动支付在普惠民生发展、金融扶贫方面的重要作用。

(二) 推动农村地区基础设施提档升级，借力移动支付不断缩小城乡金融服务差距

一是推进助农取款点优化升级。以现有银行卡助农取款服务点为基础，对助农取款系统和终端机具进行升级改造，通过为现有助农取款机具叠加移动支付功能，建设农村移动支付惠农站。二是完善移动支付受理环境。支持、引导各银行和支付机构加快完善移动支付受理环境改造，实现市场主体移动支付受理环境的全面整合和联网通用。

(三) 持续加强金融消费者素质教育，推动农村金融生态环境不断优化

组织银行依托营业网点、助农取款点开展"送移动支付知识下乡进村"等活动；在乡镇设置移动支付宣传体验区，培育农村居民使用移动支付的良好习惯，全面普及移动支付便民利民措施；大力倡导安全合规的支付知识，推动农村金融生态环境不断优化。同时，创新宣传方式和方法，紧密结合农民群众喜好，将宣传活动融入当地风土人情，巧借农村地区圩日、民俗活动开展移动支付知识宣传工作。

(四) 建成广东省首个农村移动支付示范镇，充分发挥示范带动效应

2019年7月31日，在人民银行广州分行的指导下，河源市农村移动支付示范镇建设推进会在佗城镇隆重举行，该镇成为广东省首个完成验收的移动支付示范镇。银联移动支付产品在镇内公车购验票、医院挂号及诊金支付、校园缴费、景点售验票、餐饮及购物支付等环节全面支持应用，同时，镇内的惠农站提供助农取款、物流取件和银联移动支付等便民服务。截至2020年6月末，佗城镇在公共交通、医疗健康、校园教育、旅游景区、餐饮及超市便利店等民生和生活场景上线移动支付项目90项，完成141户商户受理环境改造，商户受理环境改造完成率达100%；镇内移动支付交易笔数为4124笔，交易金额达327.33万元。

（五）整合"助农取款+移动支付"打造移动支付惠农站，有效优化农村支付基础设施

指导辖区银行机构结合自身移动支付特色，积极拓展农村移动支付应用。指导涉农银行机构以银行卡助农取款服务点为基础拓展移动支付功能，为当地居民提供足不出村的融合助农取款和移动支付安全便捷服务，不断扩大农村地区移动支付的服务主体和使用群体。截至2020年6月末，全市共设立服务点1881个，其中983个服务点实现支持移动支付。

（六）"一县一特色，一行一品牌"，实现城乡农村支付服务同步发展

引导全市银行机构结合地域特色、产品特点，量身定制特色支付产品，塑造服务品牌，因地制宜推动银行机构在条件成熟的农村地区推广移动支付，从而实现移动支付进景区、进农村、进农村专业合作社、进金融服务站、进村庄。引导涉农银行"一行一品牌"，推广移动支付产品进村驻店，将移动支付广泛渗透于客户衣食住行各个方面，形成在金融服务空白地区对传统银行支付服务的延伸与补充。

三、经验启示

（一）完善机制，充分发挥金融扶贫"几家抬"合力

构建以人民银行为主导，政府扶持、商业银行广泛参与的合作机制，大力推进移动支付便民工程。其中，人民银行要充分发挥政府与金融机构之间的桥梁和纽带作用；政府要将贫困地区金融基础设施建设、非现金支付工具推广应用等支付服务环境建设工作纳入扶贫工作规划，主动提供建档立卡贫困户等信息，并对金融机构金融扶贫提供政策支持；金融机构要提高金融扶贫工作的政治站位，充分利用现代信息技术创新金融产品，优化金融服务，发挥金融扶贫的主力军作用。

（二）创新驱动，推动金融扶贫工作特色化、产业化

要充分结合本地人文、地域、产业、产品实际，针对贫困地区、贫困人群的金融需求，利用当前金融相关政策和现代科技，量身定制金融扶贫产品或项目。例如，依托乡村旅游文化资源、特色农产品、特色小镇等，推广银联闪付、二维码支付等移动支付产品扎根基层，改善贫困地区的金融基础设施和金融服务，为贫困人群脱贫致富提供强有力的金融支持。

（三）加大宣传，构建支付为民助力脱贫的外部环境

针对农村居民普遍具有偏好现金结算，对移动支付工具及产品了解甚少的特点，要制订有针对性的宣传工作方案，设计通俗易懂、内容新颖的宣传产品，在惠农站、学校及乡镇集市开展农村移动支付的宣传活动，加强对移动支付业务安全性的宣传，让金融知识进乡镇、进农村、进校园，提升移动支付在农村地区的认知度，提高农村居民的安全意识，推动农村金融生态环境不断改善，为脱贫致富创造条件。

人民银行西安分行搭建跨境
电子商务人民币结算服务平台

摘要：人民银行西安分行推动搭建"通丝路"平台——陕西跨境电子商务人民币结算服务平台，利用"跨境人民币+精准扶贫"新模式，让农户足不出户就将"山里货"卖到国际市场，同时为跨境电子商务提供在线报关、商检、人民币结算等一条龙服务，为小微企业和贫困农户将陕西特色产品推向全球市场搭建起一条便捷的"人民币网上丝绸之路"。

一、背景介绍

"通丝路"平台建设是落实人民币国际化国家战略的具体实践，是金融精准扶贫的有益尝试，是支持小微企业发展的切实举措，更是金融创新服务实体经济的务实性探索。"通丝路"平台于2018年4月16日正式上线运行。截至2020年第一季度末，"通丝路"平台出口站点企业为86家，覆盖陕西80%的县区，其中集中连片特殊困难县（区）32个，上架产品达200余种，通过平台开展的跨境人民币结算量达到1036万元，帮扶农户3100余家，其中建档立卡贫困户230余户。"通丝路"平台运作模式如图1所示。

"通丝路"平台可实现十大功能：企业宣传推广、产品信息发布、贸易合同撮合、交易订单生成、在线人民币结算、信用担保服务、贸易融资服务、在线报关、在线报检、跨境人民币及国际收支申报。十大功能优势可概括为五个字：多、快、好、省、全。一是"多"：吸引更多客户，涉足更多市场；二是"快"：交易快速生成，资金快速到账；三是"好"：使用本币好处多，安全便捷好帮手；四是"省"：更低费率"省钱"，不跑银行"省事"；五是"全"：结算服务全接入，政策信息全覆盖。

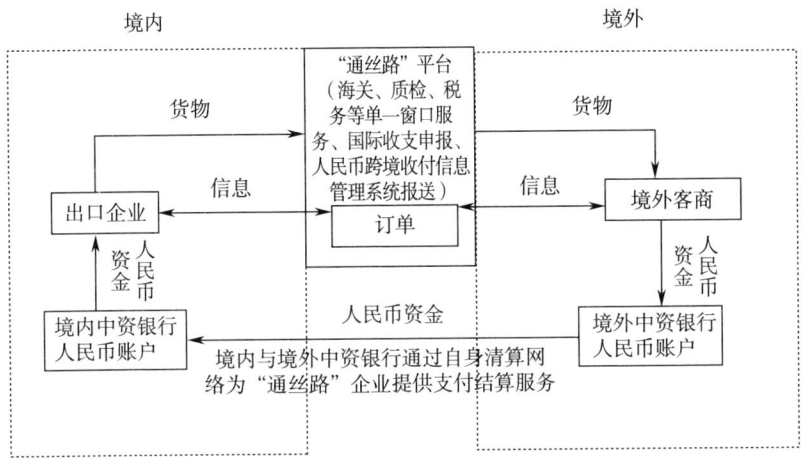

图1 "通丝路"平台运作模式

二、主要措施和成效

(一)"一县一站一品"布点,践行"精准扶贫"

"通丝路"创新"特色产品出口站点企业+农户"模式(见图2),即通过出口站点企业为农户特别是贫困户,提供出口代理、融资担保等服务,从而助力扶贫增收。特色产品出口站点按照"一县一站一品"布点,即每个县布一个站点,每个站点推一类县域特色产品。站点企业代为有出口需求但缺乏出口资质和经验的农户特别是贫困户提供产品质量检查、技术指导、统一

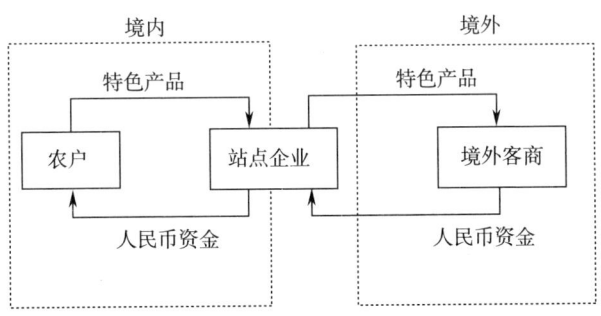

图2 "特色产品出口站点企业+农户"模式

包装、报关报检等服务。2018年10月，陕西延安延川县森海农产品公司通过"通丝路"平台与美国客商达成30吨"梁家河"小米销售合同并通过人民币结算5万元成功到账，标志着首笔业务落地；延川县森海农产品公司将所收购的当地农户种植的谷子、红枣等出口，仅小米一项，就帮扶了当地近200家农户，户均年增加收入2200元。

（二）坚持"本币优先"，便利化服务惠农扶贫

"通丝路"平台落实"本币优先"原则，采用人民币进行结算，具有减少汇兑环节、节省汇兑成本、规避汇率风险等优势。以"梁家河"小米出口为例，使用人民币跨境结算比外币节省汇兑费用等财务成本1万元人民币，相当于每出口30吨小米可为企业节省1吨小米。出口企业在"通丝路"平台线上提交企业RCPMIS激活资料、贸易真实性材料以及收款指令和国际收支申报，全程线上提交资料，"跑网路、不跑马路"。银行线上核实企业相关资料并为企业简化业务流程，根据企业指令先行办理入账，通过在线了解贸易全流程，提高对贸易真实性的把握。

（三）运用再贷款，解决小微企业融资难题

人民银行西安分行将货币政策工具与精准扶贫相结合，使用支农、支小、扶贫再贷款，加大对带动贫困户出口特色产品的"通丝路"站点企业的信贷额度及优惠利率支持力度。人民银行延安市中心支行指导延川县农村信用合作联社使用再贷款为企业发放涉农贷款800万元，期限为3年，较该联社同期正常贷款利率优惠5.8个百分点，为企业节省贷款利息约139万元，有效降低了企业经营成本，助力小微企业发展。

三、经验启示

（一）扩大人民币跨境使用，助力人民币国际化

拓展跨境电子商务人民币结算业务，扩大人民币在跨境贸易、融资领域中的使用，为跨境电子商务人民币结算业务的规范发展提供实践案例，夯实人民币国际化的业务基础。

（二）践行金融精准扶贫，助力小微企业和农户使用人民币"走出去"

金融精准扶贫是助推脱贫攻坚的重要手段，"通丝路"平台落实普惠金融理念，使用人民币支持小微企业和农户"走出去"，支持实体经济发展，帮助贫困山区农民脱贫致富。

（三）服务实体经济，助推"一带一路"

通过实实在在地推动产品"走出去"，为陕西与"一带一路"沿线国家和地区的国际贸易搭建起一条便捷的"人民币网上丝绸之路"，帮助陕西深度融入"一带一路"。

金融壹账通助力供应链金融扶贫

摘要： 针对农户、养殖户、小微企业质押物不足、征信记录较少、农牧业风险较大等金融需求痛点，金融壹账通与商业银行、核心企业合作，通过运用"区块链＋电子凭证"等技术，连通供应链各参与方，构筑真实交易背景链条，将核心企业强信用传导至供应链末端，为地处边陲的农户、养殖户以及小微企业提供银行贷款服务，通过供应链金融模式创新助力金融扶贫。

一、背景介绍

过去，由于质押物不足、征信记录少、农牧业风险较大、金融需求呈现强周期性等因素，农户、养殖户和小微企业等弱势群体难以从金融机构获得贷款服务。如何让地处偏远农村地区且缺少有效抵押物的农户和养殖户以及小微企业顺利获得贷款，从而扩大再生产能力、摆脱贫困的命运，是困扰许多地方政府和商业银行的难题。传统的农业供应链金融往往只服务到一级供应商，其数量不足全供应链企业总数的三成，囿于信息不对称、信息不透明和易篡改等传统难题，大量二、三级及以下小微企业由于规模小以及与核心企业的跨级交易关系无法验证而难以得到融资。作为平安集团联营公司，金融壹账通以科技赋能金融扶贫，利用科技力量创新供应链金融模式，破解中小企业融资难问题，提高金融扶贫精准性、有效性和可持续性。

二、主要措施和成效

针对前述农户和养殖户的金融需求痛点，金融壹账通通过运用"区块链＋电子凭证"技术，连通供应链各个参与方，构筑真实交易背景链条，对供应链上相关企业进行风控审核和数据管理，将核心企业强信用层层传导至供应链末端，将原先无法覆盖的客户纳入供应链信用体系，解决各级供应商流动资金缺口达25％以上。在具体实践方面，金融壹账通已与湖北某银行、广西某银行合作创新供应链服务模式，满足上下游融资需求，实现资金闭环管理，打造了一系列惠及农户的供应链金融方案，通过模式创新助力金融扶贫，打破了过去地处边陲地区的农户和养殖户难以获得银行贷款的局面。

（一）金融壹账通与湖北某银行、正大集团合作创新风险防控模式

对于普通农户来说，养殖业是投资较大、风险较高的产业，资金不足导致无法启动项目、建立棚舍、采购饲料，而生猪的消费刚需让越来越多的核心企业试图通过商业银行融资来解决全产业链条上的资金需求难题。基于丰富的农牧产业链经验和强大的技术能力，金融壹账通与正大集团合作挖掘底层交易数据，动态监测农户的养殖情况，自建农资大数据网络系统等11大风控模块，向商业银行提供多人面审、智能面签、智能风控等技术服务和解决方案。正大集团发挥自身在产业链延伸的优势，为上下游养殖户提供支持，商业银行提供的资金则直接流向正大集团上游企业，最终还款由正大集团的下游企业以收购款的形式偿还，全流程资金只通过对公账户流转，使养殖户在不接触资金的情况下得到融资支持，实现风险闭环管理，推动农业扩大再生产。

（二）金融壹账通与广西某银行、力源粮油食品公司合作打造B2B2C产供销融生态链

力源粮油食品公司作为广西一家农产品集团，主要业务是通过其经销商向种植户和养殖户销售饲料等产品，并从种植户和养殖户直接收购农产品，将农产品加工后销往全国。力源粮油食品公司作为传统农业企业，信息化基础薄弱，管理方式多以手工为主，而且产业链上下游企业还承受较大的资金周转压力。鉴于此，金融壹账通联合广西某银行、力源粮油食品公司打造了B2B2C产供销融生态链，将产业数据线上化并对接银行的"微链贷"B2B交易授信管理平台，为经销商提供融资，打造"金融支小"新模式，为经销商、种植户、养殖户和银行搭建了资金流通桥梁。

三、经验启示

金融扶贫具有一定社会责任属性，单纯依靠市场这只"看不见的手"自发调节难以为贫困地区以及大量有真实金融需求的产业提供金融服务。利用

科技手段提升贫困人群和小微企业主金融服务的便利性、可得性和充分性，是开展金融精准扶贫的重要内容。农业供应链金融比较核心的环节是风险控制和结合产业的深耕应用，金融壹账通与湖北某银行、广西某银行的金融扶贫合作案例和模式创新，充分说明了"科技助力、深耕产业"是做好农业供应链金融的基础。

一是金融壹账通联合湖北某银行和正大集团打造的供应链金融模式使产业链上下游农户和养殖户成功获得了商业银行贷款并用于饲料采购、产品加工，不断扩大生产需求，大大缓解了农牧养殖业的融资难题。该模式具有一定的复制性和推广性，目前已在湖北、四川等地予以试点并推广普及。

二是金融壹账通联合广西某银行、力源粮油食品公司打造的"微链贷"B2B2C交易授信管理平台支持核心企业上下游链属客户授信管理，打造"金融支小"新模式，该金融扶贫创新模式在"两广"区域具有较大影响力，有望在全国范围内进行示范推广。

京东数科创新"众筹扶贫"模式

摘要：作为全国性产品众筹平台，京东数科旗下的京东众筹针对贫困地区推出"众筹扶贫"创新模式，通过众筹平台帮助贫困农户上线农产品，使农产品的生产周期和众筹筹款周期匹配，实现供需平衡，解决农户"筹钱"和"备货"的问题，搭建贫困地区与外部市场的对接桥梁，助力贫困地区打造地方特色农产品品牌，形成可循环的"造血式"扶贫机制，同时联动政府、媒体、非政府组织等多方力量，推广复制"众筹扶贫"创新模式。

一、背景介绍

京东数科以人工智能、数据技术、物联网、区块链等前沿数字科技为基础，建立并发展风险管理、用户运营、企业服务等能力，通过数字科技助力产业降本增效，提升用户体验，最终实现新增长，并创造公平与普惠的社会价值。2014年7月1日，京东数科旗下众筹平台京东众筹正式诞生。在新消费升级时代下，京东众筹不仅是一个为用户提供"与众不同"的趋势性产品体验的品质生活平台，更是一个为创新创业企业发展提速的筹资与孵化平台。在积极探索精准扶贫新模式的过程中，京东数科发现，过去只提供渠道或产品的电商扶贫模式并未考虑农产品的生产周期性，扶贫脱贫的帮扶效果具有滞后效应。鉴于此，京东数科于2016年创造了"众筹扶贫"模式，旨在利用技术手段将贫困户农产品产量和消费者需求、农产品生产周期和众筹筹款周期进行完美匹配，积极组织社会力量参与脱贫攻坚。

二、主要措施和成效

京东数科"众筹扶贫"搭建了贫困地区与外部市场的对接桥梁，助力贫困地区打造地方特色农产品品牌，形成可循环的"造血式"扶贫机制，帮助当地农户打赢脱贫攻坚战。在京东数科的"众筹扶贫"模式下，产品众筹不仅为贫困地区农民提供生产所需的启动资金以降低农产品生产成本，还促使农产品的生产更加精准高效，降低贫困户的农产品耗损，从而最大限度地削减扶贫的滞后效应，最终达到利用互联网线上销路助力贫困农户收入提升的目的，实现"精准扶贫"。典型案例包括云南西盟自治县"天然蜜"、山西隰县"中国梨王"、新疆喀什阿瓦提乡"百年枣树"、河南信阳"毛尖茶叶"等。自2016年以来，京东数科"众筹扶贫"共帮助400多个贫困县，上线众筹项目超过1200个，募集总金额超过5600万元，平均超过筹款目标4倍。

京东数科还联动政府、媒体、非政府组织等多方力量，推广复制"众筹扶贫"模式。一是通过联动各级政府，打造当地特色农产品品牌，为产品提供上行渠道，提升产品影响力。二是借助媒体传播力量，带动更多用户参与扶贫公益。比如，与腾讯企鹅号、凤凰卫视、央视7套《每日农经》等同道者合作助农，其中与凤凰卫视联合推出22期扶贫助农节目《大家来帮忙》，打造了"蒙阴黄桃""巴塘苹果""龙州红江橙""天等龙眼蜜""烟台小海鲜""铜川樱桃""仁寿曹家梨""刚察羊""西藏牦牛""梅州三红蜜柚"等一系列优质助农项目，累计众筹金额近400万元。三是与非政府组织合作，借助机构组织能力，量化输出京东体系的产品服务能力，提升各地基层带头人电商能力。比如，与全国红十字系统联合举办"众筹扶贫"大赛，通过"红十字会+扶贫点+农户+农产品+脱贫带头人+互联网公众"新型扶贫帮困模式，实现消费即扶贫、购买即慈善，2019年募集资金超过人民币3000万元，直接扶贫对象超过18万人，涵盖了28个省、自治区、直辖市，带动了2133万用户参与慈善行动。经过认真评选和竞赛，在2019年10月评出了总决赛大奖，产生了20个"红品"项目和10位脱贫带头人，并建立了长期运作机制。

三、经验启示

京东数科"众筹扶贫"新模式新思路对电商扶贫和落实精准扶贫具有较强的借鉴意义。

（一）利用数字科技助力脱贫

数字科技作为赋能精准扶贫、增强扶贫实效的强劲引擎，正在受到全社会的广泛关注。以互联网、大数据、人工智能等为代表的新兴数字科技手段，在有效衔接扶贫地区产品供给、发达地区消费需求的同时，可以更好地服务生产决策、塑造市场品牌、助推地方产业生态发展，为推动产业扶贫和长效扶贫探索新思路。京东众筹用数字科技准确预测分析全国及各细分市场的消费需求，激励消费者在购买优质农产品的同时，帮助贫困人群有尊严地获得收入。

（二）"众筹扶贫"的新思路值得借鉴

京东数科帮助贫困地区打通销售渠道，凭借京东众筹高流量展示平台实现"农户有地可售、用户有处可买"的双向满足。"线上众筹＋线下帮扶"扶贫新模式，不仅为农户打通了线上销售通路，解决了农户的产销难题，也让社会大众能以更加便捷的方式参与公益，真正做到"消费即公益、购买即慈善"。此外，通过京东众筹，农户以销定产，实现了产品产量与市场销量的精准匹配。

（三）与政府、媒体及非政府组织的多方合作更有效地汇集了多方力量

为扶贫对象提供更多优质平台，拓宽扶贫产品销路，提升影响力。此外，精准高效的扶贫模式使用户对京东数科及合作伙伴的好感度增强，在建立企业良好口碑的同时，提高企业的自身服务意识及企业归属感、自豪感，助力企业长远发展，实现了受助对象及企业、合作伙伴、消费者的多方共赢。

金融助力脱贫攻坚实践成果

内蒙古自治区扎兰屯农信社
"互联网电商+信贷"精准扶贫新模式

摘要：当前传统信贷业务互联网化进程缓慢，针对贫困户的征信授信体系相对不健全，大部分行政村无金融服务网点覆盖。如要有效打破传统信贷融资壁垒，加深金融机构与农村地区实际联系，降低农村地区贫困户传统信贷融资成本，减轻其生产压力，加快脱贫步伐，金融系统需要加快互联网化进程，开发"互联网+"信贷品种刻不容缓。扎兰屯市农村信用合作联社与智慧网合作推出"互联网电商+信贷"精准扶贫新模式，开发信贷产品"E农贷"。

一、背景介绍

2015年，扎兰屯市入选国家电子商务进农村综合示范县，以此为依托，扎兰屯市电子商务快速发展，已建成岭东电子商务公共服务中心，成功引入众多知名电商平台，通过线上线下整合资源，搭建共享平台，进一步加强了电商运营推广，初步形成了发展有政策、服务有平台、创业有载体的电子商务扶贫、就业、创业、创新体系。为破解金融服务供需矛盾，更好地服务"三农三牧"，持续助力乡村振兴战略，有效解决农牧户融资难、融资贵问题，推动扎兰屯市普惠金融事业向纵深发展，2017年3月，扎兰屯市农村信用合作联社与内蒙古联创仁和电子商务有限公司运营的智慧网合作，结合扎兰屯市地区实际，开展了"互联网+金融+农户"的新型金融模式，推出创新信贷产品"E农贷"。

智慧网于2015年4月成立，由内蒙古联创仁和电子商务有限公司注册运营，是商务部电子商务进农村综合示范企业，负责扎兰屯市农村地区电子商务运营及物流配送。为使智慧网能利用互联网工具更好地服务农民，扎兰屯市政府给予企业专项补贴资金1148万元。智慧网结合扎兰屯市农村互联网发展的现状，搭建了智慧网县级运营中心、镇级运营中心、村级服务站以及村小组联络人四级服务体系，实现扎兰屯市辖内行政村的全覆盖。同时，对接国内各大上游供应商为农村地区提供服务，销售各种农资农具、种子化肥、家具百货、数码电器等优质商品，用取替中间环节节约的资金为农民进行利息补贴，并通过智慧网的配送体系为农民免费配送，打通了物流配送的"最后一公里"，解决了农村电子商务的发展瓶颈。

二、主要措施和成效

（一）主要措施

农户根据自身实际情况在智慧网平台自行选择适合自己的套餐产品后，去下设的助农服务点进行申报，经申报核实后，由内蒙古联创仁和电子商务有限公司初步提供贷户名单供扎兰屯市农村信用合作联社选择。扎兰屯市农村信用合作联社在收到贷户名单后，按区域划分，信贷员走访入户进行实地贷前调查，对符合农信社贷款要求的可办理"E农贷"；实地走访确定可贷客户名单后，扎兰屯市农村信用合作联社将可办理贷款的贷户名单提供给内蒙古联创仁和电子商务有限公司，该公司通过低成本"智慧乡村"物流配送服务，将农户选择的产品配送到农户手中；扎兰屯市农村信用合作联社则通过现金转账的形式将贷款发放到客户手中，再由客户提供给内蒙古联创仁和电子商务有限公司。

"E农贷"产品贷款办理手续简"E"（易），在"智慧乡村"服务网点，专业人员配合信贷人员，在农户所在地及时高效地为有意向的农户讲解融资流程和贷款细节，辅助农户办理填写相关业务申请，为符合条件的农户提供相关的融资贷款。农户使用贷款成本便"E"（宜），成功办理融资贷款的农户只要在"智慧乡村"服务网点指定平台消费，"智慧乡村"项目运营中心就会为农户购买行为支付的信贷资金向扎兰屯市农村信用合作联社支付7‰的利息，电商平台全额贴息，而农民享受零利息，并且农户可在智慧网商城中购买低于市场价格的商品，在农户获取产品后使用低成本"智慧乡村"物流配送服务，从而达到真正惠民的目的。

（二）取得成效

"E农贷"产品创新运用"互联网电商+信贷"模式，促进了"电商+金融惠农"支持农村经济，以市场化的方式创造性地解决了农民的融资难、融资贵问题，有效规范了农民信贷资金的流向，有利于降低金融风险，提升了农民生产生活的黏合度，有利于帮助农村、农民探索生产模式转型，加速农民脱贫步伐，最终从根本上实现农村农业经济创新转型，为精准扶贫助力。

"E农贷"可以帮助贫困户在同等贷款条件下，以最低的融资成本开展农牧业生产，在一定程度上降低其返贫风险。通过为贫困户提供信贷支持，进行资金"输血"，并为其对接同质低价生产资料平台，为其恢复"造血"功能提供有利条件，形成资金的良性循环。通过信贷支持，帮助贫困户购买用于脱贫的生产资料，在一定程度上也减轻了政府的精准扶贫工作压力。

截至2020年6月末，扎兰屯市农村信用合作联社通过"E农贷"累计发放贷款金额为4968.37万元、累计支持农户2061户。其中，建档立卡贫困户455户，累计为农户节息182.37万元，不仅给当地农户及贫困户带来了真金白银的实惠，也为该业务后期的发展积累了宝贵的经验，更为该业务在自治区乃至全国农村地区推广奠定了坚实的基础，同时"E农贷"业务也加快了金融精准扶贫工作步伐。

三、经验启示

（一）信贷产品节息是根本

区别于传统信贷即时计算利息和利息高的问题，农户通过"E农贷"办理贷款，享受零利息，金融机构通过"互联网+"的新模式，实现金融机构、企业、农户三赢格局。

（二）信贷产品便捷是宗旨

农户通过传统信贷模式融资手续较烦琐，效率较低下，而通过"E农贷"办理贷款，农户只需要到指定的智慧网服务站进行登记申请，就会有专门的人员辅助其办理，手续简单且效率较高。

（三）信贷产品安全是基础

"E农贷"用于生产生活消费，可利用大数据评估信用，提高金融机构风险管控效率，且农户所购买商品质量有保证，全程可追溯。

（四）信贷产品创新是关键

受经济下行压力的影响，金融市场信贷需求萎缩，信贷业务规模增长缓慢，金融机构只有创新信贷产品，建立新的获客模式，才能提高市场竞争力，"E农贷"是顺应当下互联网金融发展潮流的产物，通过线上线下整合有效资源，极大地提升了信贷资金发放的精准性以及市场的竞争力。

金融扶贫重点领域

在2015年11月举行的中央扶贫开发工作会议上,习近平总书记强调,要解决好"怎么扶"的问题,按照贫困地区和贫困人口的具体情况,实施"五个一批"工程,即"发展生产脱贫一批、易地搬迁脱贫一批、生态补偿脱贫一批、发展教育脱贫一批、社会保障兜底一批"。2015年以来,全国贫困地区和金融系统深入落实习近平总书记"五个一批"重要指示要求,聚焦产业扶贫、易地扶贫搬迁等重点领域,探索形成了一批具有中国特色的金融支持扶贫重点领域的典型案例和模式。

"金融+产业扶贫",增强辐射带动能力。一是"扶贫再贷款"工具激活扶贫产业。人民银行积极探索金融与产业对接渠道,通过将扶贫再贷款工具与贫困地区产业发展规划相结合,支持地方法人金融机构重点扶持当地优势特色产业,提高农业企业等市场主体发展质量,帮助贫困群体增产增收。二是"产业链"扶贫整体驱动。产业链扶贫通过将金融、财政等多种资源集聚整合,选择符合地区发展实际的扶贫产业,构建出一条金融资金供给、财政风险补偿、产业重点发展、能人大户帮扶带动的产业链金融扶贫模式,帮助贫困主体通过入股分红、订单帮扶、合作社共同致富等方式,形成产业链利益共同体,保证贫困主体有效脱贫。三是"高附加值特色扶贫"提升脱贫成效。充分依托贫困地区自身资源禀赋,积极探索经济附加值高、带动能力强、地区特色鲜明的扶贫产业,由以往的种植养殖产业脱贫向服务产业脱贫转变,由单一脱贫产业向多元化综合脱贫产业转变,逐步形成光伏、旅游、多产业叠加等特色金融扶贫产业体系,实现可持续的产业扶贫新模式。四是"绿色产业扶贫"开辟生态脱贫新路径。深入践行"绿水青山就是金山银山"的

"两山"理念,将金融扶贫与绿色发展有机融合,整合区域优势资源,探索构建可循环、可持续的绿色发展体系,以产业绿色转型升级带动贫困群体脱贫致富,实现绿色转型与产业扶贫双丰收。

"金融+易地扶贫搬迁",根本改善发展条件。金融支持易地扶贫搬迁是通过金融手段,帮助生活在自然条件恶劣、生态环境脆弱、自然灾害频发等区域的农村贫困人口集体搬迁安置到其他地区,配套信贷、证券、保险等多种金融制度安排,改善安置区生产生活条件、调整经济结构和拓展增收渠道,最终实现搬迁人口逐步脱贫致富。为更好推进易地扶贫搬迁,中国人民银行创新推出了扶贫专项金融债品种,所募集资金按照微利或保本的原则发放长期贷款,全部专项用于易地扶贫搬迁项目的建设,中央财政给予90%的贷款贴息。

"金融+教育扶贫",阻断贫困代际传递。金融支持教育扶贫是通过有效运用助学贷款、教育基础设施贷款等信贷产品,改善贫困地区教育发展状况,消除精神贫困,提升劳动技术能力,提高贫困地区人口素质。此外,通过实施"金惠工程",提高贫困主体金融素养,帮助建立贫困地区金融扶贫长效机制,最终阻断贫困代际传递。

"金融+社会保障机制建设",扫清脱贫后顾之忧。金融支持社会保障机制建设是具有兜底性质的金融制度安排,围绕贫困人口致贫、返贫的主要诱因,重点针对因病、因灾、因学等返贫关键因素,通过构建医疗保险、灾害保险、失学保险等社会保障机制,为产业发展、易地搬迁、上学就医提供风险保障,帮助贫困人口增强脱贫致富信心,有效防止脱贫人口返贫。

V 金融支持产业扶贫

山西省盂县以绿色转型发展促产业脱贫

摘要：产业扶贫是一项系统工程，需要政府、银行、企业、贫困户四维联动，通过有效整合资源，推动实现产业兴、乡村美、农民富的发展目标。山西华北奕丰生态园是盂县石店煤业有限公司以习近平生态文明建设思想为统领，加大采煤塌陷区生态修复治理，实现"地下转地上、一元变多元、黑色换绿色"资源型经济转型且带动产业扶贫而建设的新型现代农业项目。由地方政府搭建平台，基层人民银行政策指导，金融机构资金支持，企业与贫困户有机结合，积极探索"公司+贫困户"精准帮扶、生态产业带动脱贫的新模式。

一、背景介绍

2013年2月，山西省发展和改革委员会批准建设华北奕丰生态农业项目（晋发改备案〔2013〕66号），开启了盂县煤炭企业转型发展之路。盂县位于山西省东部，地处太行山西侧，自然生态环境差，农业基础薄弱，作为资源型地区，煤炭开采造成地质次生灾害多发，贫困人口多而分散。石店煤业煤田范围内的郭家坪等几个村子土地塌陷严重，几乎成为采空区，房屋普遍受损，居民生活受到影响。尽管企业每年补偿，但终难解决根本问题。2008年以来，随着主焦煤坑口关闭，石店煤业曾经建立的采煤—洗煤—炼焦工业经济循环链中断，700余名产业工人集中下岗。面对大批下岗职工和采煤沉陷区的民生、生态难题，重压之下，石店煤业跳出煤炭思维谋新生，通过启动整村搬迁、对塌陷区土地进行生态恢复治理，大力发展现代绿色生态农业和生态旅游业,以此改善生态环境,解决职工就业,带动产业扶贫,促进共同发展。

华北奕丰生态园项目规划占地面积为13500亩,总投资近6亿元。项目建设主要包括4700亩煤矿塌陷区的土地恢复治理工程和五个功能区及基础设施的建设,即科技种植区、生态养殖区、生物质能源区、加工区、生态观光区。项目建设规模:年存栏蛋鸡24.5万只、生猪5万头、肉羊1万只,年生产饲料5万吨、固体有机肥10万吨、液体有机肥250立方米,年产蔬菜1.5万吨,果品300吨,花卉10万株、苗木100万株。项目建成后,不仅需要1000多名农林实用型人才,同时可带动周边村庄农民发展种植业,实现产业化经营,有效解决农村剩余劳动力问题,可为原塌陷区农民提供扶贫就业岗位1500余个,项目建设可实现以企带村、以村促企,企业发展优势与农村扶贫人口互补,共同发展、共同富裕的良好社会效益。

二、主要措施和成效

盂县农商行把产业扶贫作为带动脱贫的主要手段,充分借助政府职能作用,有效融合金融机构、龙头企业(产业)、贫困户,逐步形成"公司+贫困户"的可持续扶贫模式。

在项目发展期间,盂县农商行加强与企业的对接,在了解项目发展需要信贷资金后,主动送"贷"上门,综合评估其发展模式、建设周期等因素,以及各类农产品的生长特点和周期、项目经营及扶贫作用发挥等情况,为园区制订了详细的信贷支持计划,近年来累计发放各类贷款6.32亿元,一方面有力地支持了生态园区的建设,另一方面产业带贫也实现了较好的效果。生态园先后获评山西省休闲旅游度假区、山西省休闲农业与乡村旅游示范点、"全国休闲农业与乡村旅游示范点""国家AAA级旅游景区"、"全国休闲农业与乡村旅游四星级企业(园区)"等,成为了阳泉市转型发展的一个亮点。直接帮扶的90户贫困户实现精准脱贫、209人摘掉"贫帽",还间接带动周边村农户年均增收约3000元,真正实现了园区和贫困户的多赢目标。

三、经验启示

（一）政银联动强引领

在产业扶贫工作中，盂县农商行始终坚持政府主导、央行牵头、机构配合，不断创新政银企长效合作机制，大力开展"金融扶贫牵手行"活动，主动对接"8311"产业扶贫重大项目名录，经常深入企业园区农村宣讲金融扶贫政策、发放扶贫手册、设立扶贫公示牌，做到扶贫政策户户明白、人人清楚。同时认真践行"立足'三农'、服务'三农'"承诺，加大利息减免政策执行力度，2014年以来累计为该生态园让利450余万元。

（二）金融扶贫强服务

按照"网点到乡、站点到村、服务进企"的思路，盂县农商行大力开展金融服务网点下农村、进农户活动，以扶贫互助社等为依托，广泛增设乡村服务网点，加大金融机具投放，全力打通农村金融服务"最后一公里"，让农户足不出户享受高效、便捷的现代金融服务。截至2019年末，盂县农商行已为18个贫困村设立了助农取款点，并在华北奕丰生态园等两户企业设立POS机和晋享e付，让老百姓享受到了实在、便捷的金融服务。

（三）创新机制强保障

推进产业扶贫发展，需要可行的机制保障，盂县农商行探索建立保障产业扶贫工作三项机制。一是领导负责机制。党委书记是扶贫工作的第一责任人，保证了该行金融精准扶贫工作的有效开展，产业扶贫贷款连续3年实现正增长、零不良目标。二是统一协调机制。产业培育、产业规划、项目实施、资金整合方案、考核奖惩办法等统一规划，确保了金融扶贫工作的有序实施。三是项目带动机制。在生态园发展中，采用"公司＋贫困户"精准帮扶模式，在促进园区发展的基础上，也带动了周边农户休闲养殖、种植业的发展，起到了产业带动扶贫的作用。

湖北省谷城县"银行+公司+合作社+基地+农户"产业扶贫模式

摘要： 为创新金融精准扶贫工作，人民银行谷城县支行指导谷城县农商行联合湖北金盆岭菌业有限公司打造"银行+公司+合作社+基地+农户"产业扶贫模式，仅用4年时间，就将一个手工作坊户培育成谷城县农业产业化支柱企业。2019年，该公司实现产值6600万元，实现利润594万元，带动了全县11个深度贫困村和93户贫困户脱贫致富，跑出了产业脱贫的"加速度"。

一、背景介绍

湖北金盆岭菌业有限公司成立于2015年7月，是谷城县一家以种植、加工及销售食用菌、药用菌为主的民营企业。该县作为省级贫困山区县，香菇、木耳、食用菌等特色产业具有较大的市场潜力。但公司成立之初，受食用菌种植技术要求高、损失风险大、资金周转时间长、一年只有春秋两季可以栽培等多种不利因素的影响，企业生存发展举步维艰。为推进金融精准扶贫政策在本地落实落细，人民银行谷城县支行在了解企业情况后，积极指导谷城农商行为湖北金盆岭菌业有限公司量身定制融资方案，在银行信贷资金的支持下，企业积极探索"银行+公司+合作社+基地+农户"产业扶贫模式，不仅带动了当地贫困户脱贫增收，还在短短4年时间内，让自己从最初的一个手工作坊成长为谷城县农业产业化支柱企业。

二、主要措施和成效

（一）鼓励产业带动，加大"补血"，实现"多方"互补

2015年7月以来，人民银行谷城县支行持续跟踪指导谷城农商行联合湖北金盆岭菌业有限公司发展"银行+公司+合作社+基地+农户"产业发展模式，切实结合客户需求及特色，相继提供了林权抵押、"有机谷"保证保险、信用贷

款等多种形式共计550万元的贷款，为企业成长提供了资金保障。银行根据项目规模、带动贫困户的户数来对公司项目及时给予资金支持，公司把项目落户在当地，让当地贫困户参与就业，贫困户通过加入合作社与企业实现供销合作。该企业先后网罗冷集镇、庙滩镇23户贫困户，每年向11个深度贫困村分红44万元，向在该公司务工的贫困户发放工资300余万元。通过整合银行、公司、合作社、基地、贫困户多方资源，实现了优势互补，一举解决了银行放贷缺少客户，公司自有种植规模有限、公司和农户对接困难、产业规模发展不足、贫困户收入来源渠道少等多项难题。

（二）整合当地资源，加大"造血"，扩大产业带动规模

为有效利用土地资源，该公司先后从石花镇席垭村、庙滩镇申家冲村、五山镇闻畈村、冷集镇汉江村流转贫困户土地200余亩，新建基地2个、出口加工厂2个、标准大棚217个，每年向贫困户支付土地流转费用12万元。通过流转贫困户土地，引导贫困户种植食用菌，解决了大量土地抛荒的问题，土地得到利用和增值。为整合多方资源带动扶贫，该公司牵头成立谷城县金盆岭食用菌专业合作联合社，联合谷城县30余家食用菌专业合作社，统一生产标准、统一规范管理、统一种植技术、统一原料供应、统一产品销售，取得市场定价权，形成谷城生态环保农业品牌。每年统收统销谷城80%以上的食用菌，销售市场也逐渐从国内转为外贸出口。

（三）技术赋能扶贫，加大"活血"，延伸产业链条

针对贫困户不懂食用菌种植技术的问题，该公司积极发挥专业人才和技术研发优势，聘请专家免费提供技术培训，开展现场观摩、互动交流等活动，受训贫困户达500余人，有效解决了种植技术水平低、灭菌不彻底、菌株成活率低、采摘不规范等问题，提高了产量，增加了产值。通过多方分工协作，产业链条得到延伸，公司逐步成长为集研发、生产、加工、销售、出口于一体的全产业链条经营的农业产业化支柱企业。近期，在种植木耳、香菇和灵芝的基础上，又与中国香港、马来西亚、加拿大等国家和地区达成了红枣、中草药出口意向协议，加大出口和产品深加工，增加产品附加值，预计新增用工1200人，实现产值2亿元。

三、经验启示

（一）持续全方位金融支持是做好产业扶贫的关键

产业扶贫是实现稳定脱贫的根本之策，金融机构要通过加大信贷倾斜力度、提升信贷服务水平、创新金融产品体系、加大全产业链融资合作、优化农村金融基础设施、强化金融知识培训宣传等多种途径不断提高为产业扶贫发展提供长期、持续、有效金融供给的能力。要大力开展农村新型农业经营主体信贷培植活动，以推进信用乡镇、信用村创建为契机，推进整村授信，努力提高农村地区对金融资源的承载力。

（二）地方政府对金融支持产业扶贫的支持至关重要

在发展产业扶贫的过程中，需要地方政府各部门、银行、企业多方共同努力，特别是地方政府一是要结合本地优势资源，统筹农业农村局、扶贫办、发改局等多部门，制定明晰的"三农"和扶贫产业发展规划，稳步推动重大涉农项目、重大产业项目落地，为产业扶贫发展提供有效的政策、制度环境。二是积极发挥地方政府融资增信和风险缓释功能。要积极通过新型政银担合作模式、深化政银企合作、扩大政府性融资担保规模、设立专项风险补偿金等途径，扩大政府融资增信和风险缓释对产业扶贫的信贷支持。

（三）利益分享深度联结是产业扶贫行稳致远的法宝

产业带动扶贫模式要兼顾各方利益特别是要建立完善贫困户、合作社和龙头企业之间长期稳定的利益分配机制。人民银行要积极运用再贷款、调整存款准备金率等为银行提供低成本资金，推动涉农贷款、扶贫贷款利率下行。鼓励企业帮助群众充分融入产业体系和嵌入产业价值链，激发群众摆脱贫困内生动力，确保群众分享更多产业发展红利。要通过产业融合打造形成稳固持续的扶贫产业全链条，实现脱贫攻坚与产业振兴的有机衔接，有效拓展产业发展市场，让贫困户稳步走上致富道路。

新疆洛浦县"公司+合作社+互助组+贫困户"全产业链扶贫模式

摘要： 洛浦县是"三区三州"深度贫困县，地处南疆塔克拉玛干沙漠边缘，地少人多，产业结构单一。当地在破解发展瓶颈的过程中，因地制宜，积极引进市场发育成熟、产业链完整的肉鸭养殖产业，探索建立"公司+合作社+互助组+贫困户"全产业链扶贫模式，带动村民就业，实现持续稳定增收，取得了较好的经济效益与示范效应。

一、背景介绍

作为全国"三区三州"深度贫困地区之一，和田地区是新疆脱贫攻坚的主战场。习近平总书记在决战决胜脱贫攻坚座谈会上特别强调，种养业发展有自己的规律，周期较长，要注重长期培育和支持。为贯彻总书记的要求，洛浦县以脱贫攻坚为核心，积极引进江苏精艺成集团，整合各类扶贫资金1.76亿元，成立洛浦县利田香农食品有限公司，发展肉鸭养殖全产业链项目。目前公司形成了集种鸭养殖、肉鸭孵化、饲料加工、屠宰加工、冷链物流于一体的综合型产业链，是中国第二大北京四系鸭繁育养殖基地。信贷支持采用"一企带万户"模式，即金融机构重点支持产业扶贫龙头企业，按照"三区三州"扶贫贷款定价区间优惠利率，而下游几千户贫困户则依托农信社扶贫小额信贷给予支持。

二、主要措施和成效

（一）因地制宜，聚焦全产业链扶贫

洛浦县结合当地紫外线强、气候干燥、防疫成本低、水质特殊、鸭肉口感好等优势，重点培育肉鸭养殖产业，形成了集生产、加工、销售、服务于一体的全产业链，带动贫困户通过产业实现就业增收。肉鸭养殖全产业链主要包括种鸭养殖、肉鸭孵化、饲料加工、屠宰加工、冷链物流等，为有效延

伸产业链，2020年将启动肉鸭熟食加工和羽绒加工项目。现有具体流程为：工厂统一进行种鸭养殖和肉鸭孵化，将鸭苗免费提供给农户养殖基地，经过40多天的养殖，再由工厂统一回收，进行屠宰加工，通过冷链物流销售至全国各地。截至2019年末，全产业链共带动当地就业367人，其中贫困户136人，产业工人人均收入达1800元/月。2020年，肉鸭熟食加工和羽绒加工新厂可以带动120人就业，使更多贫困户投入鸭产业中，带动更多贫困户脱贫。

（二）建设养鸭基地，把贫困户"黏"在产业链上

洛浦县在6个乡镇共建养鸭棚250余座，每座鸭棚建设资金为32万元，由20个贫困户自筹自建，其中每个贫困户自筹8000元，扶贫资金补助8000元。抽样调查2个鸭棚共40个农户，自筹资金有40%的农户选择申请扶贫小额信贷。目前鸭棚养殖规模达750万只，合作社与公司签订收购协议，公司按3元/只的保底价格进行回收，除去水电费及鸭棚管理费用，贫困户户均分红不低于2元/只，每年分红不低于3600元。该项目带动全县下游5000户建档立卡贫困户发展肉鸭养殖行业，带动当地就业200余人，其中贫困户110人左右，就业人员年均收入达2.2万元，实现了精准帮扶的目的。

养鸭基地按照"公司+合作社+互助组+贫困户"的模式运行。鸭棚由合作社负责组织管理，20户贫困户组成互助组，所有贫困户均为洛浦县建档立卡贫困户，每年由村委会对入股贫困户进行评估，调整贫困户构成。贫困户根据公司与合作社签订的肉鸭托养协议进行规范养殖，按照"五统一"原则：统一免费发放鸭苗、统一防疫、统一管理、统一回收、统一销售，由公司免费提供鸭苗、饲料、防疫、技术服务等，最后统一回收，并支付3元/只托养费。

（三）加大金融支持力度，推动龙头企业发展

2020年，农发行和田地区分行为利田香农食品有限公司审批信贷额度1亿元，用于采购生产经营所需的鸭苗、鸭蛋、饲料等，贷款期限为2年，利率按照"三区三州"扶贫贷款定价区间优惠利率，即首年执行3.58%（相当于2月20日公布的一年期LPR利率基础上减47个基点）的利率，次年恢复"三区三州"扶贫利率，即执行4.08%的利率。农发行贷款的发放解决了企业资金缺口问题，贷款投放后第一年预计养殖规模可扩大至1000万只，第二年计划扩大规模至4000万只，预计全年生产总值达10.57亿元，年利润达6450万元。

三、经验启示

(一) 政府引导，特色产业扎牢脱贫根基

按照自治区发展产业扶持的要求，洛浦县政府以发展特色产业为根本出路，因地制宜，根据当地气候干燥、紫外线强等特点，引进龙头企业，打造肉鸭养殖、屠宰加工、销售全产业链，带动群众脱贫增收。

(二) "入股+就业"，创新利益联结机制

通过发展肉鸭养殖产业，带动农户通过合作社入股分红和转移就业等方式，实现稳定持续增收。缺乏劳动力的贫困户可通过入股养鸭棚获得分红，既壮大了集体经济，又解决了无劳动能力贫困户持续增收问题；针对有劳动能力和就业意愿的贫困户，养殖、劳务、饲料种植和物流运输等环节可提供部分就业岗位。

(三) 龙头企业挑大梁，实现脱贫与企业发展双赢

洛浦县在发展特色产业的同时，发挥企业主体优势，带动农户脱贫致富。从"输血式"扶贫，转变为"造血式"开发，带动贫困户积极参与养殖，企业技术员全程对农户进行技术指导、开展养殖培训以及传授养殖经验。企业将扶贫与主营业务相结合，建立了产业扶贫长效机制，企业自身也在扶贫过程中不断发展壮大。

(四) 发挥金融机构"造血"功能，助力脱贫攻坚

农业发展银行对企业提供资金支持，利息由政府部门补贴，大大减小了企业资金压力，为企业更好地经营和扩大规模奠定了资金基础。当地农信社通过两免贷款支持贫困户，解决了农户建设鸭棚的资金来源，有效提升了贫困户肉鸭养殖的稳固性。

金融助力脱贫攻坚实践成果

河北省威县探索资产收益扶贫

摘要： 2015年，国务院扶贫办将德青源"云养殖"引入国家扶贫开发事业，与企业共同设计了金鸡产业扶贫工程。同年9月，第一个试点落户河北省威县。威县坚持政府、银行、企业、合作社、农户"五位一体"协调联动，以契约化行为主推制度创新，探索出"扶贫资金入股、国企融资建厂、企业租赁经营、贫困群众分红、集体经济受益"的扶贫模式，实现了多方共赢，最终实现脱贫。2018年9月29日，威县提前退出贫困县序列。

一、背景介绍

威县位于河北省邢台市东部的冲积平原上，是一个"四不靠"（不靠山、不靠海、不靠铁路、不靠大城市）、"两没有"（地上没资源、地下没矿藏）的城市，资源差，经济发展动力较弱。2006—2008年，威县人均地方财政一般预算收入在河北省所辖的140个县中，名列第139名。2010年，河北省确定黑龙港流域为扶贫片区，威县被列为本片区的重点扶贫开发中心县。2012年，威县被确定为"国家级扶贫开发重点县"。威县政府坚持"绿色引导、促进产业振兴"战略，逐步探索与金融机构合作，引进农业大公司的产业扶贫道路。

二、主要措施和成效

（一）主要措施

威县的资产扶贫模式以契约化行为推动制度创新，由威县政府负责项目识别，将4万亩河道确权国有土地等优质资产注入县属国有企业——威州农业投资有限公司（以下简称威州农投），由其负责筹集资金、建设生态园、资产出租、收取租金和精准扶贫等运作。

1. 扶贫资金入股。每名贫困群众自筹50元，财政扶贫资金为其发放4680元，共4730元，集中投入农民合作社，再由农民合作社统一投放到威州农投,并保证每年股份分红不低于10%。

2. 国企融资建厂。威州农投与威县农发行、企业、农民合作社、贫困户签订合同,整合各级财政扶贫资金2000万元,贷款2.3亿元,其中包括国家发展改革委第三批建设专项基金贷款3000万元(15年期),威县农发行政策性贷款2亿元(15年期)。国家扶贫资金对合计2.3亿元的政策性贷款提供贴息(428万元/年×15年)。威州农投投资2.5亿元建设"八区四厂"(6个蛋鸡场、2个后备鸡场,饲料厂、屠宰场、食品厂、沼泽厂各1个),总规模达240万只的金鸡产业扶贫项目生态园。

3. 企业租赁经营。北京德青源公司在当地设立运营公司,负责投入技术、品牌、管理、人才和流动资金。运营公司以生物资产(种鸡)的形式对项目投资1.25亿元,并租赁经营25年。租赁期的前15年,运营公司每年按农投固定资产总投资的10%,支付租金2500万元;15年后,运营公司按每年租金1000万元续租或按残值一次性收购所有资产。

(二)取得成效

2012—2018年,威县的建档立卡贫困人口从17.1万人减至5505人,贫困发生率从34.1%降至1.19%。2018年9月29日,威县正式脱贫摘帽,提前退出贫困县序列。2017年2月,"金鸡帮扶"项目被收录进中央政治局第39次集体学习精准扶贫的会议材料,并于3月6日在中办通报(2017)第9期中随同习近平总书记的讲话正式下发,成为国务院扶贫办向全国重点推广的产业扶贫工程。2019年3月,德青源的"金鸡产业扶贫创新"入选国务院扶贫办社会扶贫司发布的中国企业精准扶贫优秀案例。

1. 贫困群众分红。威县固献乡、第什营镇、枣元乡和梨园屯镇4424名贫困农民(后期动态调整为3779人)和48个重点贫困村的农民获得在农民合作社中的股份。截至2019年末,贫困群众已获得分红5次,每次500元,成为贫困群众一种稳定的资产收益。该项目还通过产业链延伸,形成了运输、包装、物流等社会化服务网络,带动一批贫困群众就业,使贫困群众获得稳定收入,打造了流转土地挣租金、入园打工挣薪金、资产分红挣股金的机制。同时,年收入达到3万余元。

2. 集体经济受益。贫困村获得分红,用于农村建设维护等。威县以此为样板，衍生出君乐宝牧业、宏博白羽肉鸡、生态梨果种植及冷链物流、根力多生物肥葡萄等相同或类似的产业扶贫新路径，累计精准覆盖全县 181 个贫困村和 20733 名贫困群众。截至 2020 年 5 月末，河北威县的贫困发生率已下降至 0.063%。

（三）项目的制度创新之处

首先，农民合作社以契约化方式提高入社贫困户的市场议价能力。其次，利用财政扶贫资金撬动金融资源，再利用企业轻资产发展与潜在资源（资金、土地、劳动力、管理、技术等）结合转化。再次，财政扶贫资金的受益权在已脱贫贫困户与新增贫困户之间流转，实现受益群体固定。最后，兼顾了创造社会财富与发展集体经济。

三、经验启示

中国的贫困地区绝大部分是农业大县且较为传统，对"金鸡帮扶"项目有现实需求。2016 年 9 月，全国产业精准扶贫现场会参会人员到威县观摩，这种模式迅速在全国多个县得到复制推广。据不完全统计，截至 2019 年 11 月末，中部、北部、西部、西南部的 14 个省（自治区、直辖市）的 28 个贫困县都有类似的"金鸡帮扶"项目。其中，19 个县已经投产，累计带动 6 万多名建档立卡贫困群众脱贫减贫；全部项目满产后，将带动超过 20 万贫困群众脱贫减贫。

（一）政府整合多方面资源是重点

政府要整合好资源，运营好资本，组织好农户，将各方资源对接起来，充分调动起各方积极性，推动项目实施落地。

（二）识别好项目是核心

产业扶贫项目的预计收益能否持续实现，首先在于所选择企业的资质，其次在于项目的市场运作。因此，要识别好项目，提高对企业、对项目的掌控能力，确保资源流动方向。

（三）保障收益分配是关键

项目最终能否真正成功，依赖于项目的预计收益能否持续实现。在实际操作中，要掌握贫困人口的真实情况，确保贫困群众拥有受益权。

黑龙江省林甸县"金融+乡村旅游"助推产业扶贫

摘要： 2016年以来，人民银行大庆市中心支行紧紧围绕"精准扶贫、精准脱贫"基本方略，引导金融机构加大对国家级贫困县林甸县湿地温泉旅游支柱产业的金融支持力度，逐步探索出"金融+乡村旅游"的产业扶贫模式，助力脱贫攻坚取得了良好成效。

一、背景介绍

林甸县位于黑龙江省西部，是国家级贫困县，辖内旅游生态资源丰富，特大型中低温地热田静态储量达1810亿立方米，拥有湿地112万亩、天然草原108.6万亩，是国家扎龙自然保护区的重要核心区，有"中国温泉之乡"的美誉。近年来，林甸县委、县政府依托林甸县丰富的地热和湿地资源，着力发展温泉、湿地等特色旅游产业，先后制定了《林甸县旅游发展规划及重点项目策划》等项目规划，出台了一系列鼓励旅游产业发展的优惠政策，着力打造具有林甸特色的旅游品牌，旅游产业链逐步形成。脱贫攻坚战打响以来，人民银行大庆市中心支行立足当地旅游产业金融需求实际，推出"金融+乡村旅游"产业扶贫模式，从信贷融资、金融服务等多个维度加大对具有扶贫带动作用的旅游企业的支持力度，促进周边餐饮、住宿、娱乐等行业加快发展，为贫困户创造就业岗位、拓宽增收途径，实现贫困户可持续增收脱贫。

二、主要措施和成效

（一）组织银行机构深入实地调研，建立"一对一"金融服务档案

将金融支持旅游产业发展作为金融支持产业扶贫的突破口，组织银行机构深入旅游企业开展实地调研，了解企业经营状况、旅游收入水平、融资禀

赋和融资需求，为企业建立"一对一"的金融服务档案。2016年以来，共开展融资对接4次，林甸县银行机构累计向北国温泉旅游度假有限公司、林甸县鹤之海旅游度假区等旅游企业发放贷款19笔，共计3.3亿元。在金融精准助力下，林甸县旅游品牌效应凸显，旅游产业链初步形成，旅游产业带动周边餐饮、住宿、娱乐等行业发展，贫困人口就业难的问题得到有效缓解，2019年，林甸县旅游产业带动就业2165人。

（二）用好用活扶贫再贷款政策，支持产业扶贫带动农户脱贫

引导借用扶贫再贷款的法人银行机构为旅游企业提供低成本信贷资金，支持旅游企业做大做强，增强吸纳和带动贫困户的能力。2016年以来，林甸县农商行运用扶贫再贷款，累计向林甸县鹤鸣湖湿地温泉风景区、北国温泉旅游度假有限公司、鹤之海旅游度假区等旅游企业发放低息贷款1.24亿元，间接带动贫困户百余户。人民银行大庆市中心支行指导林甸农商银运用人民银行扶贫再贷款资金，累计为大庆鹤鸣湖湿地温泉风景区发放低息产业扶贫贷款3笔，金额达4800万元，为该企业节约利息支出约173万元，支持了企业发展壮大，直接带动29户贫困户实现脱贫。

（三）以金融创新为着力点，破解企业融资难题

指导银行机构结合旅游企业融资需求特点，创新推出门票收益权质押、商标权质押等创新型金融产品，进一步扩大旅游企业的抵（质）押范围，有效满足了具有扶贫带动作用的旅游企业的融资需求，实现了脱贫攻坚与金融创新的有机结合。人民银行大庆市中心支行结合北国温泉旅游度假有限公司发展实际，指导工商银行林甸支行创新推出了门票收益权抵押贷款。第三方评估机构根据景区客流量、年收入、利润、客源稳定性和景区前景等因素合理确定门票收益权价值，以北国温泉近3年净利润平均值为基准，按折现率6.17%、期限10年测算，估值门票收益权为2.58亿元，银行机构以门票收益权质押的方式发放贷款1.7亿元，及时满足了企业的融资需求。

（四）推动"智慧乡村"建设，提升农村移动支付便利性

从公共交通、智慧乡村等方面入手，积极推动"移动便民示范工程"场景拓展，推动公共交通机具安装、县域中心商圈POS机布放、农业合作社POS机安置，提升旅游场景移动支付水平。同时，积极引导银行、支付机构

在偏远农村地区加大 POS 机以及 ATM 的布放量，全县共布放 ATM 终端机具 82 台、POS 机 381 个，83 个行政村中共设立 214 个助农取款服务点，实现乡村地区全覆盖，有效提升了旅游体验好感度。

三、经验启示

一是产业扶贫要充分立足贫困地区优势资源。产业扶贫要充分立足贫困地区区位优势和资源禀赋，林甸县"金融＋乡村旅游"的产业扶贫模式充分体现了"绿水青山就是金山银山"的发展理念，将贫困地区自然资源同脱贫攻坚相结合，将贫困地区生态环境优势转化为生态经济优势，取得了良好的生态效益和经济效益。

二是产业扶贫离不开政府的重视和支持。脱贫攻坚是一项长期性、复杂性的工程，关系国计民生和社会稳定，需要地方党政部门的有力推动，在人力、物力、财力上给予大力支持，并形成长效机制。林甸县旅游产业的发展壮大得益于县政府的大力扶持，并为金融支持产业扶贫创造了有利的外部条件。

三是金融创新是产业扶贫的着力点。不同的产业具有不同的融资特点，对金融产品和服务的需求也不同，旅游业作为典型的轻资产产业，传统的固定资产抵押贷款已不能满足旅游产业发展的需要。金融支持产业扶贫也要提高金融产品和服务的针对性和精准性，这样才能有效满足贫困地区产业发展的融资需求。

安徽省黟县信贷保险双组合培育"有农"扶贫模式

摘要：安徽省黟县"有农"扶贫模式以农业龙头企业为引领，以农民合作社为纽带，以家庭农场、农业种养殖大户、贫困农户为基础，通过农村土地流转、农民生产资料入股，构建现代化农业产业联合体，致力于"造血式"产业扶贫，促进脱贫攻坚与乡村振兴有效衔接。

一、背景介绍

安徽省黟县有农生态农业有限公司（以下简称有农公司）创立于2014年，注册资本为2200万元，是安徽省黄山市规模最大的优质粮油种植企业。有农公司把培育新型农业经营主体和发挥小农户活力相结合，一方面以村或村民小组为单位组织土地流转和农民就业，另一方面由专业团队提供农业技术服务，以"农业社会化服务"为目标，带动种粮大户、家庭农场共同发展，走出一条以优质粮油品牌为引领的现代农业经营联合体发展之路。

二、主要措施和成效

（一）发挥龙头企业带动作用，构建对接帮扶长效机制

有农公司是安徽省黄山市土地流转规模最大的新型农业主体，拥有专业化农业设备、厂房和技术人才队伍，抵御风险能力强，带动和示范作用明显，探索形成了"黟县有农生态农业有限公司+黟县农友种植专业合作社+贫困村+贫困户"的有农产业扶贫模式。目前，有农公司牵头组建的农友种植专业合作社有成员2000多户，已带动26家家庭农场，发展超过1.4万亩优质粮油种植面积，实现全机械化种植和全产业链经营。2017年，"有农模式"被写入黄山市政府工作报告，并在安徽省推广。

(二) 实施信贷保险双翼战略,构建金融扶贫协作机制

黟县作为安徽省农业保险转型升级试点县,创新构建水稻"基本险+补充险+商业险"、油菜"基本险+商业险",推出大棚蔬菜、茶叶、蚕桑、生猪、养鸡五大特色险种。试点期间,黟县各类农业保险产品共提供 5.32 亿元保险保障,累计保险赔付 255.76 万元。为拓展保险的融资增信功能,开展"5:3:2"(保险、农业担保基金和银行按照该比例承担风险)"助农宝"业务,与银行合作开展农业保险保单质押的"农保贷"业务,累计为 300 余户次规模经营主体提供超过 1 亿元资金保障。

(三) 依托土地劳务资源优势,构建扶贫利益联结机制

黟县作为全国农村综合改革试点县,土地确权率达到100%,有农公司通过流转农民土地集中经营,或以土地承包的经营权入股的形式,整合贫困村土地资源,为贫困村提供长期稳定的收入来源。目前,该公司通过整村土地流转、代耕代种、农民土地入股等方式,在屏山村、田川村等 10 余个行政村建立优质粮油种植基地,并在日常生产经营过程中大量吸纳当地贫困户就业,真正实现"入股得分红、就业得薪金、培训得技术",从根本上提升脱贫的可持续性。

(四) 践行三产融合发展理念,构建脱贫致富内生机制

黄山市自然生态绝佳,旅游资源丰富,通过在该地区建设优质粮油种植基地,不仅有助于解决土地抛荒,保持田园风光,而且可以实现农户稳定增收。除了发展传统的种植养殖业外,黄山市还逐步发展适合当地特色、经济效益更高的作物,打造成片的生态农业景区,形成生态农业循环发展的新局面,实现农业和乡村旅游的有机融合,进一步帮扶贫困村和贫困户增收致富。目前,安徽省黟县已着手在屏山村("有农模式"实践地之一)大力发展乡村旅游,并取得了积极进展。

三、经验启示

(一) 注重各项政策配合,发挥政策协同作用

黟县"有农"扶贫模式有效整合农村土地制度改革、信贷、财政、产业、农业保险、扶贫等方面的各项政策,充分发挥政策和资金的叠加效应,使新型农业经营主体、村集体、贫困户在联合发展中共同受益。

（二）注重结合当地资源，发挥整体帮扶作用

有农公司积极践行绿色发展理念，充分利用当地生态资源优势与土地资源，深入推进农村三产融合发展，加快绿色农业和乡村旅游精品共建，促进贫困户稳步增收，实现脱贫攻坚与乡村振兴的有效衔接。

（三）注重"造血"扶贫功能，发挥贫困户主体作用

贫困户通过土地、生产资料入股与新型农业经营主体合作，享受资产收益"红利"，并通过参与农田管理、提供农机服务发挥农户主体作用，实现工资、技术双收益，有利于阻断贫困代际传播，真正实现脱贫致富。

福建省寿宁县"金融+扶贫定制茶园"产业扶贫

摘要：近年来，寿宁县下党乡实施了中国第一个可视化扶贫定制茶园"下乡的味道"项目，即"金融+扶贫定制茶园"及农业品牌建设，通过金融扶持"定制茶园"发展，"输血"和"造血"并举，精准发力，助推下党乡实现全面脱贫。2018年，该扶贫模式获全国脱贫攻坚组织创新奖。2019年8月，习近平总书记给下党乡亲们回信：祝贺下党成功实现脱贫。

一、背景介绍

20世纪80年代寿宁县下党乡农民年人均收入不足200元，习近平总书记曾"三进下党"开展扶贫工作。目前，下党乡有户籍人口1600户，共8015人，常住人口3000人，建档立卡贫困户117户，共508人，当地百姓主要依靠种植茶叶等经济作物维持生活。该乡位于闽浙交界，山高路远，素有寿宁"西伯利亚"之称，一方面具备良好的高山茶种植生产环境，另一方面受交通和经济发展水平的制约，茶叶种植难以形成具有特色的品牌及经济价值，茶农靠种植茶叶难以脱贫致富。近年来，下党乡下党村百姓牢记习近平总书记的殷切嘱托，在当地县政府及上级有关部门的支持下，因地制宜巧做茶叶文章，在下党乡实施了中国第一个可视化扶贫定制茶园"下乡的味道"项目。

二、主要措施和成效

（一）创新产业模式，推出中国首个扶贫定制茶园

当地政府组织扶贫、金融机构等有关部门深入下党乡调研产业发展情况，在充分论证与可行性分析的基础上，利用物联网技术在下党乡推出全国首个可视化扶贫定制茶园——"下乡的味道"项目。该扶贫项目是全国第一个植入"消费扶贫"理念，以卖茶园不卖茶叶的营销模式，将600亩茶园以面积为单位，每亩2万元的价格，期限为5年，面向全国招募茶园主，茶园主可通过视频观看茶园日常种植生长情况。定制茶园不仅使茶园主收获了生态好

茶，还帮助了茶农脱贫致富。同时，还创办了村集体企业福建梦之乡农业综合有限公司，对茶叶进行加工生产。目前下党乡已销售定制茶园近400亩，茶园主每年每亩可获得100斤生态有机茶，村企业以茶叶加工包装费、管理费等形式每年实现收入10万元以上。

（二）注重品牌建设推广，拓宽农产品销售渠道

为扩大扶贫定制茶园"下乡的味道"品牌知名度，当地人民银行、政府相关部门以"互联网＋银行＋乡政府"互建模式，引导农信社帮助福建梦之乡农业综合开发有限公司与"福e购"电商营运团队达成合作，精选"寿宁下党高山红茶"入驻"福e购"平台，以零费用为其全流程运营，并联合全省67家行社公众号统一推广该产品。"福e购"电商营运团队，针对原有"下乡的味道"茶叶包装陈旧，不适合线上销售等问题，对茶叶包装提出改进建议，专门为"定制茶园"设计小罐茶，使下党乡的茶叶包装更加电商化、年轻化、时尚化，有效推动"下乡的味道"茶叶打开市场。同时，引导建设银行"善融商务"、农业银行"扶贫商城"等电商平台共同助力，将下党高山茶推向全国，打响"下乡的味道"品牌。截至2020年6月末，当地金融机构电商平台已累计为"扶贫定制茶园"销售产品2.6万件，金额达109万元，解决了定制茶园富余茶叶的"卖难"问题。

（三）加强金融支持，"贷"动茶农增收

下党乡被评为"信用乡"后，对部分资质较好的茶农，农信社直接给予信用贷款支持，并在同等条件下给予10%～20%的贷款利率优惠。当地农业银行在下党乡设立集申贷、办贷、投诉、信息采集、宣传于一体的"'三农'金融流动服务室"，定期下乡驻点办理信贷业务。农信社组建了"垄上行·背包银行"服务队，深入下党乡各自然村、农民专业合作社及农户家庭等现场办理贷款等相关业务，打通了农村金融服务"最后一公里"。截至2020年6月末，全县金融机构在下党乡涉农贷款有1161户，余额达10259万元，其中贫困茶农优惠贷款有58户，余额为288万元，助力定制茶园每年销售额达600万元，带动118户茶农每月增收4500元，2019年下党村民的人均可支配收入达1.42万元，是30年前的71倍。

三、经验启示

（一）不忘初心，秉承"金融为民"理念

习近平总书记在闽东工作时，推崇并倡导"滴水穿石"精神，强调抓扶贫工作必须要有滴水穿石的韧劲和久久为功的恒心。一直以来，当地金融部门在人民银行宁德市中心支行的带领下，秉承"滴水穿石，久久为功"精神，发扬好习近平总书记"九到寿宁、三进下党"的为民爱民情怀、"四下基层"的优良作风、"一个不能少"的脱贫理念，并运用于工作实践中。"金融＋扶贫定制茶园"的推出，是落实习近平总书记扶贫理念及《给下党乡亲们的回信》精神的有益探索。

（二）注重创新，努力探索可持续发展模式

"扶贫定制茶园"模式，从"授之以鱼"变"授之以渔"，在很大程度上改变了过去以"输血"为主的扶贫方式难以从根本上解决脱贫致富的老大难问题，同时，也充分利用了互联网技术，创新实践了"互联网＋"在农业发展中的应用。"扶贫定制茶园"的成功探索，为希望通过农业发展而摆脱贫困、实现致富的广大乡村，提供了新理念、新方法、新途径。

（三）提升服务，有效探索金融扶贫新路子

当地人民银行积极发挥窗口指导作用，引导各金融机构形成合力，通过"电商推广＋资金注入"，拓宽了农产品销路，将金融服务嵌入农业生产的各个环节，让农民成为产业的主人和真正的受益人，快速帮助下党乡摆脱贫困，走出一条"造血"扶贫新路子，有力助推了乡村振兴。

江西省婺源县乡村旅游金融扶贫的"篁岭模式"

摘要：篁岭曾是典型的"深山贫困村"，交通不便、贫困落后，"空心化"现象严重。近10年来，在当地人民银行和金融机构的持续支持下，篁岭成功解决了村落保护开发、贫困户脱贫增收、人员流失等难题，实现了"蜕变重生"。这主要归功于三方共赢的"金融＋旅游＋扶贫"的"篁岭模式"，其主要做法有：一是"整村搬迁"，实现旧貌换新颜；二是"就地城镇化"，拉动贫困户就业创业；三是"产业融动"，助推旅游扶贫可持续发展。"篁岭模式"是金融助推乡村旅游扶贫的一个典型，更是金融支持产业扶贫的生动案例，充分证明易地扶贫搬迁、产业扶贫、金融精准扶贫是行之有效的举措，具有很强的可复制、可推广性。

一、背景介绍

篁岭村，地处婺源县东部黄山余脉，至今已有近600年历史，是具有独特风格的徽派古村落。整个村庄建在一个巨型山体山腰部位的环形陡坡上，海拔500多米，比县城高出350米。村内可用之地较少，大部分生产生活资料都在山下，但交通又非常不便，春夏汛期还因街巷排水不畅屡发山体滑坡伤亡事故，秋冬又经常严重缺水。在当地政府的鼓励下，不少通过外出打工生活得到改善的村民，逐渐从山上迁往县城附近居住，而生活相对拮据、无力搬迁的居民，始终滞留村内。开发前夕，村内仍剩下70多户，330余名村民困居村内，成为贫困农民聚居区。

二、主要措施和成效

2009年下半年，篁岭在金融机构支持、民营企业主导下，一步步实现了"整村搬迁""就地城镇化""产业融动"等进程，逐步打造出乡村旅游扶贫独特的"篁岭模式"，成为人气旺盛的"鲜花小镇"、4A级旅游景区。

（一）以"整村搬迁"开局，实现贫困山村旧貌换新颜

为助力篁岭村脱贫发展，负责开发建设的婺源乡村文化发展有限公司经实地研究，决定实行整村搬迁，但面临新村建设时间长、开发时间长、村民搬迁贴补带来的巨大资金缺口，没有外部资金支持，公司根本无法完成。在当地人民银行的推动下，金融机构主动对接，通过"固定资产（风景区）支持农资"的创新信贷产品形式，以景区房地产抵押和门票收费权质押进行组合担保，以所有股东和家属作为保证，截至2019年末，累计提供了3.5亿元贷款，为实现整村搬迁、搬迁安置提供了资金基础。

获得融资后，公司在山下交通便利的公路旁投资了1200万元，建设了68间安置房，老年、单身公寓24套，总建筑面积达15047平方米。顺利完成整村搬迁，既实现了房屋产权清晰、边界清楚，盘活了古村旅游开发经营权，又极大地改善了贫困户的生产生活条件。

（二）以"就地城镇化"催化，拉动贫困户就业创业

金融机构通过实地考察调研，积极破解无抵押物障碍，以信用贷款对接村民融资需求，按就业、创业和受益三种信贷需求类型进行精准施策，发放小额信贷，支持贫困户疏困脱贫。截至2019年末，金融系统共向该村的52户贫困户投放信贷资金268万元，投放小额信贷资金1745万元。

随着篁岭景区的开发与规划，人居环境、村民收入等都得到了极大的改善，除整个景区外，还辐射周边3个行政村。景区在维护、服务、花海种植等方面创造的就业岗位至少有800个，为周边的村民及贫困户解决岗位超过200个，返迁村民，尤其是贫困户获得了在"家门口"就业的机会，部分村民还在山下经营着60多家食宿一体的农家乐、婺源特产种植加工厂，实现了"就地城镇化"。调查显示，村民户年均收入从原来的1.5万元，提升至15万元左右。篁岭古村落内原有的52户贫困户已全部实现脱贫，户均年收入也提升至6万元左右。

（三）以"产业融动"转变，助推扶贫可持续发展

为突破旅游淡季限制，近两年，篁岭景区积极酝酿转变，试图变青山绿水为金山银山，引入了健康、文化、会展等产业项目，延伸景区产业链条，促进产业升级。金融机构全程给予了信贷支持：提高旅游公司授信额度至3

亿元，大力推广农户小额信贷、农房抵押贷款、扶贫贷款等，其中农户小额信贷的授信户均额度由 5 万元提升至 15 万元，授信最高的农户达到 50 万元，从时间维度、扶持力度上确保了乡村旅游扶贫的持续性、稳定性，促进信贷资金和旅游产业的融动。目前，已有 5 家影视机构在篁岭设立创作基地，成为画家、摄影家的创作乐园。自 2013 年 6 月开业以来，篁岭已承接了 20 多项全国性、区域性的大型文展活动。

三、经验启示

（一）易地扶贫搬迁是行之有效的扶贫举措

篁岭村旅游开发初期的房屋产权整体置换工程，虽然是民营企业自发的商业行为，但在客观上却通过商业运作，达到易地扶贫搬迁的效果，并为篁岭的旅游扶贫破解了最大的瓶颈。由此可以看出，对于一些与篁岭类似的、生存环境差、不具备基本发展条件的贫困自然村，当一方水土无法养育一方人时，易地扶贫搬迁是一项非常有效的扶贫举措。

（二）产业精准扶贫是长久长效的扶贫途径

"篁岭模式"表明，发展产业能够带动贫困户持续减贫增富，产业扶贫是最长远、最管用的扶贫举措。而产业精准扶贫的关键，则在于充分研究区域特点，发展特色富民产业，通过重点扶持能够带动贫困地区经济发展的产业，推动农业的供给侧结构性改革，实现贫困户的兼业、就业、创业、兴业，激发贫困户脱贫致富的内生动力，从根本上解决扶贫富民问题。

（三）金融精准扶贫是不可或缺的扶贫要素

金融机构依托信贷创新推动产业发展、依靠产业发展带动贫困户增收，既要针对不同开发阶段的信贷模式，也要针对不同扶持对象的信贷产品，金融在助推脱贫攻坚中，不是"大水漫灌"，必须是有针对性的、科学的精准施策。金融精准扶贫不仅仅要做到广覆盖、低成本，还应当因地制宜、因时施策，通过合理的信贷模式，促进金融资源与扶贫攻坚的金融需求精准对接。

国家开发银行支持湖北省潜江市乡村振兴

摘要： 潜江市2018年乡村振兴项目是湖北省推进乡村振兴的重要组成部分。开发银行将乡村振兴与脱贫攻坚有机结合，创新以农业产业的市场化收益反哺农村基础设施建设，构建了项目综合平衡的融资模式，项目总投资为65.5亿元，开发银行提供中长期贷款50亿元，贷款期限为20年。项目建成后，潜江市将形成21万亩虾稻共作高标准农田，虾稻产业链有效延伸，农村基础设施提档升级，生态环境改善；将带动600名建档立卡贫困人口稳定增收，惠及12个贫困村，扶贫效益显著。开发银行围绕产业兴旺、基础设施升级、精准扶贫等乡村全面振兴的关键问题，将开发性金融理念与当地发展诉求有机结合，设计市场化运营方案，创新融资模式，推进潜江乡村振兴与脱贫攻坚再上新台阶。

一、背景介绍

（一）湖北省委和省政府推动乡村振兴战略实施

2018年，湖北省委发布《关于推进乡村振兴战略实施的意见》，鼓励推广稻田综合种养模式，通过积极推进农村一二三产业融合发展，让农民合理分享全产业链增值收益。随后，湖北省政府印发《湖北省推广"虾稻共作稻渔种养"模式三年行动方案》，要求到2020年全省虾稻共作、稻渔种养模式发展到700万亩，综合产值达到1500亿元，构建省级虾稻共作、稻渔种养品牌载体，"潜江龙虾"成为全国一流的水产区域公用品牌，湖北稻米品牌在中高端消费市场的影响力和占有率得到提升。

（二）潜江市以虾稻产业链建设实现产业兴旺的需要

虾稻产业是潜江的优势产业。潜江市是全国最大的小龙虾出口基地，其小龙虾加工出口量占全国的60%，先后获得中国小龙虾之乡、国家现代农业示范区等称号。潜江人首创虾稻共作等稻田复合种养新模式，技术标准成熟、经济效益显著。受制于土地流转效率和企业规模经营不足，虾田产力难以发挥最大效益，虾稻全产业链建设不完备，区域品牌价值未得到充分体现。

（三）探索以市场化的方式推动乡村振兴战略实施的需要

实施乡村振兴战略的关键在于解决"城乡二元结构"不平衡不充分的矛盾。这要求在农村基础设施、公共服务、生态环境、乡村治理等公益性较强的领域给予持续性资金投入，需要探索通过以产业收益反哺准公益性项目。

二、主要措施和成效

开发银行多次赴潜江调研，深入了解潜江乡村振兴实际，协助政府共同设计融资方案，构建综合平衡的市场化运营方式，在不增加政府负债的前提下，创新融资模式，从源头防范政府隐性债务合规风险。

（一）建设内容

一是虾稻共作高标准农田整治及配套基础设施建设（包括基本农田、泵站、农村道路、桥梁、河流疏浚及土地整理等）。建成后将形成21万亩虾稻田，实现虾田产力提升，推动虾稻产业基础设施提档升级，为产业发展提供必要基础和先决条件。

二是虾稻二三产业配套设施建设（包括厂房、冷库、交易及技术检测中心等）。搭建小龙虾全供应链建设及服务体系，延长产业链、提升价值链，促进一二三产业融合发展，让农民分享全产业链增值收益。

三是公共服务设施建设（包括农村饮水、水环境治理、党群服务中心、医养结合中心等）。改善农村人居环境和民生保障水平，提升农民素养，缩小城乡公共服务差距。

（二）操作模式

围绕项目建成后形成的21万亩虾稻共作高标准农田、厂房冷库等经营性资产，通过借款主体与农场、乡镇、村集体、龙头企业、产业上下游签订协议，采用市场化方式，实现经营效益最大化。项目操作模式如图1所示。

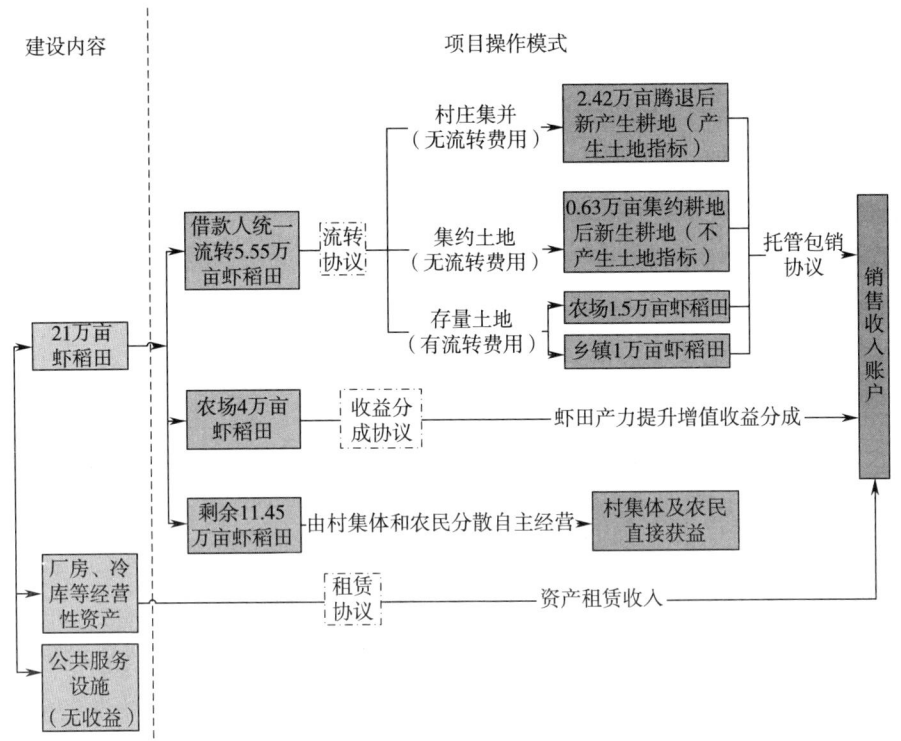

图 1　项目操作模式

（三）市场化融资模式

本项目按照"合法合规、市场化运作、机制共建、风险共担"的原则，搭建融资模式如图 2 所示。

（四）社会效益

1. 民生效益显著，助力脱贫攻坚。通过延长产业链，提高吸纳就业能力，解决不低于 600 名建档立卡贫困户就业。通过提供"虾稻共作"技术帮扶，有效带动其他贫困人口增收。

2. 经济效益显著，减轻财政负担。通过虾田集中流转、增值收益分成及经营性资产租赁，实现项目投资收益平衡，减轻财政负担。

3. 全产业链管理，实现食品安全。项目力推的"虾稻共作"模式，可减少化肥用量达 70% 以上，农药用量达 80% 以上。

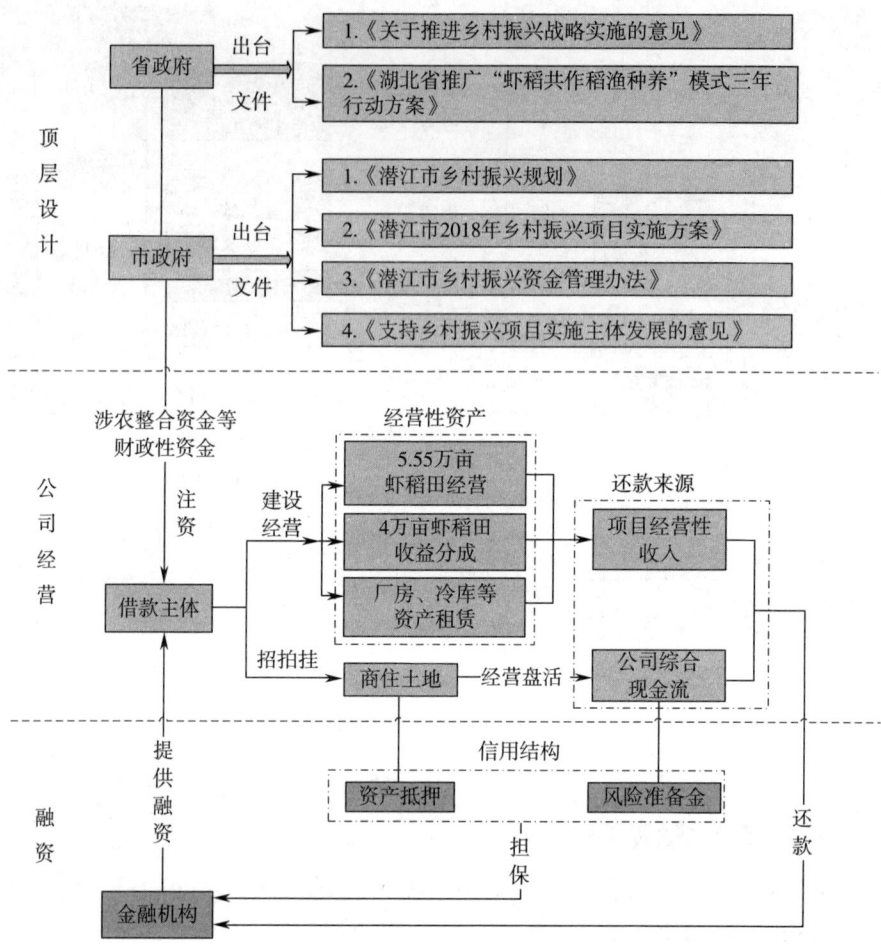

图2 项目融资模式

三、经验启示

(一) 深刻理解乡村振兴科学内涵,把握本质

围绕乡村振兴"产业兴旺、生态宜居、乡风文明、治理有效、生活富裕"的总要求,挖掘乡村功能和价值,统筹谋划,整体部署,协调推进。

（二）因地制宜发挥比较优势，打造特色产业

抓住当地特色和优势产业，针对产业链发展中的短板，完善产业链建设，形成地方特色品牌产品，构建一二三产业融合发展体系，激发乡村发展的内生动力，最终实现乡村可持续发展。

（三）发挥政府组织协调优势，做好顶层设计

充分发挥政府的组织协调优势和资源整合优势，调动乡村振兴各类要素和资源，与开发性金融融资优势形成合力，科学策划和合理实施项目。

（四）把握市场化融资理念，科学设计融资模式

采用市场化运作方式，围绕项目运营收入、借款主体经营性资产等，合法合规多渠道制定还款预案，加强机制共建，实现风险共担。

（五）打造市场化乡村振兴主体，构建自身"造血"功能

推动政府以合规方式，多渠道整合资源，通过市场化方式，做实做大做强乡村振兴主体，增强自身"造血"功能，实现企业可持续发展。

陕西省商洛市金融支持"小木耳"撬动"大产业"

摘要： 2020年4月20日，习近平总书记深入陕西省商洛市柞水县金米村调研脱贫攻坚情况，实地考察产业扶贫成果，并点赞柞水木耳是"小木耳、大产业"。近年来，人民银行商洛中支将支持产业扶贫作为金融助推脱贫攻坚的切入点和主要抓手，用好用足扶贫再贷款政策工具，引导金融机构创新推出"扶贫再贷款+"模式，使金融"活水"精准灌溉木耳、核桃、板栗、食用菌、中药材、茶叶等一大批扶贫产业，成效显著。2020年2月，商洛市六县一区全部退出贫困县序列，实现脱贫摘帽。

一、背景介绍

商洛市地处秦巴山区连片特困地区，曾有5个县为深度贫困县，贫困面积大、贫困人口多、贫困程度深，脱贫攻坚任务极为艰巨。2016年3月以来，人民银行商洛中支结合地方实际，在全省率先建立"扶贫再贷款+产业贷""扶贫再贷款+农户贷""扶贫再贷款+示范区建设"的"扶贫再贷款+"模式，坚持把产业扶贫中的柞水木耳作为稳定增收长效机制的关键项目，把金融支持特色产业发展作为脱贫攻坚、乡村振兴的重要举措，充分运用信贷政策支持再贷款等货币政策工具，撬动金融机构加大信贷资金支持，实现"支持一个项目、培养一种产业、带动一方百姓"的扶贫效应。截至2019年末，商洛市贫困人口数由建档立卡57.47万人减少到1.53万人，贫困发生率降低至1.3%。

二、主要措施和成效

（一）窗口指导扶木耳脱贫

人民银行商洛中支印发《关于进一步加强金融精准扶贫工作实施方案》，与财政局、农业局、发展改革委等9部门联合印发《实施产业扶贫三年攻坚行动意见》，不断完善政策保障体系，持续推进金融扶贫长效机制，为做好木耳产业脱贫打下坚实基础。组织召开政银企对接会和"三送三帮"系列活动，有效对接项目需求和资金供给，加强政策效能传导，形成扶贫龙头企业、产业项目与贫困户的利益联结机制。2020年，商洛市已有52个村发展木耳产业，栽培春季木耳5500万袋，建成木耳大棚1500个。截至2020年第一季度末，全市金融精准扶贫贷款余额为101.16亿元，其中产业精准扶贫贷款38.71亿元，占比为38.27%。

（二）金融活水带木耳脱贫

陕西秦峰农业股份有限公司成立于2014年4月，位于柞水县下梁镇，是陕西省首家规模化、规范化地栽黑木耳生产种植企业，该公司采用"公司+基地+农户"的订单生产经营模式，带动全县农户种植地栽黑木耳3000多亩。在了解到该公司的信贷资金需求后，农发行柞水县支行第一时间上门对接，帮助企业量身定制融资方案，及时投放信贷资金200万元，为企业流动资金周转纾困解难。柞水农商行累计投放资金500万元，建成柞水县木耳研发中心，示范带动全县食用菌产业技术进步。积极推动建立柞水县、镇、村三级金融服务体系平台，带动木耳产品"线上销售"和"网贷下乡"双向流通，有效实现服务关口前移，提升金融支持"三农"、惠及"三农"服务水平。

（三）快速放贷助木耳脱贫

金融机构加强与基层镇村党委的沟通联系与互动协作，对贫困户的木耳养殖建档评级。坚持"四优三求三个一"运作模式，助力扶贫再贷款高效精准发放，即资金优先、方式优化、利率优惠、服务优质，对象求准、手续求简、管理求严，一张申请、一份合同、一张借据，对扶贫贷款实行"快理、快审、快批、快办"，实现"只跑一次路，当天贷到款"，提高放款效率。

（四）货币政策工具推木耳脱贫

按照"央行优惠资金联动+金融产品嫁接联动+产业扶贫对接联动"的思路，人民银行商洛中支在全市建立扶贫再贷款精准运用示范基地3个。2016年以来，全市累计向金融机构发放扶贫再贷款56.1亿元，为金融机构支持脱贫攻坚与乡村振兴提供充足的低成本信贷资金来源。积极推动政府建立风险补偿基金，截至2020年第一季度末，在保金融精准扶贫贷款余额为10.42亿元，累计进行财政贴息1.61亿元，助推贫困户走上产业脱贫致富的快车道。

三、经验启示

(一)扶持特色优势产业,实现"输血式"向"造血式"扶贫转变

商洛市柞水县金米村将木耳产业作为脱贫攻坚主导产业,引进5家农业龙头企业,建成木耳大数据中心、年产2000万袋的木耳菌包生产厂和1000吨的木耳分拣包装生产线,发展5个智能连栋木耳大棚。通过创新推行"借袋还耳""借棚还耳"木耳产业发展模式,将所有的木耳大棚和菌包认领到户,带动130户贫困户积极参与木耳产业发展,户均增收4600元,贫困户通过自己劳动换回"真金白银",使木耳成为脱贫致富的"金耳朵"。据统计,商洛辖区通过核桃、板栗、食用菌、中药材、茶叶等多种产业扶贫共带动4.89万贫困户,共12.54万人实现脱贫。

(二)创新产业扶贫模式,助力脱贫攻坚战、收官战全面胜利

商洛市金融支持"小木耳"撬动"大产业"的发展模式,带动金融机构推出"烟农乐""洛果乐""陕茶贷""食用菌贷"等多类地方特色信贷产品,通过金融支持、企业带动、专业合作社经营、产业大户引领的发展方式,建立"扶贫再贷款+产业贷""扶贫再贷款+农户贷""扶贫再贷款+示范区建设"的"扶贫再贷款+"模式,引导金融机构以信贷资金市场化运作为基础,加强金融对扶贫对象增收和脱贫致富的引领带动作用,实现了"银行+企业+农户"的良性互动、共同发展,助力脱贫攻坚战、收官战全面胜利。

山东省聊城市茌平区
"飞地"扶贫大棚助力脱贫攻坚

摘要： 耿店村（地处山东省聊城市茌平区）是典型的偏远农业村，主要依靠发展大棚蔬菜。通过整合各类扶贫资金、金融助力等措施，政银企村积极探索贫富村"飞地""联姻"建设扶贫大棚模式，彻底改变了贫困村集体收入为"零"，贫困户特别是常年依靠财政兜底贫困户"年吃年了"，一旦失去政府资金救济"秒返贫"的尴尬局面。目前，茌平区"飞地扶贫"模式正在全区推广，并由最初的扶贫大棚拓展至仓储物流、光伏发电、种植养殖等领域。

一、背景介绍

针对偏远落后地区脱贫难的实际，人民银行茌平支行积极与区扶贫办、农工办、涉农金融机构等部门沟通协调，坚持因地制宜，通过整合扶贫资金、强力推进落实各类惠农政策，打破农村产业发展各自为政的行政限制，致富村与贫困村签订"飞地"扶贫帮扶协议，分三批建设120个扶贫大棚，让缺项目、缺人才、缺技术的贫困村和致富村"联姻"，实施跨村镇"飞地"脱贫科学规划。得益于"飞地扶贫"项目，目前茌平区32个省定贫困村通过"易地置业"退出省定贫困村序列，不仅摘掉了贫困帽子，而且还能通过产业带动走上小康致富路。

二、主要措施和成效

（一）政府牵线搭桥促贫富"联姻"，走出扶贫大棚增收致富路

2017年9月以来，茌平区政府打破村镇行政区划、农村产业发展各自为政的瓶颈限制，集中整合各类惠农政策、信贷政策、扶贫资金、土地流转等资源，依托被习近平总书记点赞的"鲁西小寿光"耿店村现代化高科技大棚产业，让省定贫困村和致富村"联姻"。首批选择6个省定贫困村，由镇政府

牵头与耿店村签订合作协议,利用 6 个村的扶贫资金 200 万元,在耿店村建设首批 20 个扶贫大棚,占地约 80 亩。由 12 名大棚种植农民承包,每年每亩租金为 4300 元,除 1300 元的土地流转费用外,剩余 3000 元全部为 6 个扶贫村的集体收入。

(二)银行穿针引线送产品,"贷"动产业扶贫

为扶持"飞地扶贫"项目,达到"造血式"扶贫,实现授人以渔、稳定脱贫不返贫,人民银行茌平支行积极引导区农业银行、农村商业银行等涉农金融机构与地方政府通过签订《金融支持乡村振兴合作协议》、创新特色信贷产品方式等积极开展金融支持产业扶贫、服务乡村振兴战略系列活动。茌平农商行与耿店村委会签订战略合作协议,并选派 1 名优秀客户经理挂职村主任助理,作为该村金融服务专员长期驻村,与村委及农户零距离沟通对接,为耿店村提供专属金融服务;在调查走访的基础上,编制耿店村基础信息档案 1 册,绘制住宅、商铺、大棚地图 3 张,该村 119 户种植大棚户的 680 个大棚,30 多名"致富带头人"信息全部纳入档案。在此基础上,茌平农商行在耿店村创新试行"职业农民贷""先锋模范贷"等特色信贷产品,授信金额较一般贷款品种高出 20%~50%,利率较其他同类贷款优惠 0.57~2.63 个百分点,当年试点成功后随即推广至全区 14 个乡镇(街道),累计带动农户 8600 多户,增收约 3580 万元,为贫困农户提供就业岗位 3700 多个,人均年增收 1.85 万元。

(三)多方同心协力谋发展,整合资源实现致富长效

2019 年,茌平区在总结第一轮"飞地"扶贫大棚成功模式的基础上,依托耿店村先进的人力资源、产业等优势资源,以省派第一书记专项扶贫资金 1020 万元为启动资金,在全区 17 个贫困村集中流转土地 800 亩,累计投资 8000 多万元建设"棚二代农业科技示范园"。截至 2020 年 6 月末,通过资金整合落户耿店村的"扶贫大棚"已达到 120 个,涉及公李村、西于村、金洼村、朱官屯村等 28 个被帮扶贫困村庄,各贫困村庄集体年增收均达到 5 万元以上,真正实现了以点带面共同脱贫致富,政银企携手助力脱贫攻坚、构筑乡村振兴美丽蓝图的目标。

(四)"飞地扶贫"多方受益,帮扶脱贫效果明显

"飞地扶贫"项目推行以来,茌平已有 32 个省定贫困村顺利摘帽,年集体收入总额突破 160 万元,村均收入达到 5 万多元,全区贫困户、贫困人口因此减少 2978 户、8213 人。例如,金洼村与耿店村扶贫结对后,3 年时间分红 26 万元,村里拿出部分资金帮助贫困户改善居住环境、发放救助金,"飞地"当年,全村 18 家贫困户即全部实现顺利脱贫。

(五)金融产业扶贫持续发力,有效满足扶贫资金需求

截至 2020 年 6 月末,茌平区金融机构累计发放各类扶贫信贷资金 4.6 亿元。其中,结合耿店村"党支部+合作社+农户"发展模式,茌平区农业银行积极响应省政府发布的《村基层组织领办合作社工作指导意见》精神,2020 年 4 月为耿店村绿冠农民专业合作社发放全市第一笔、全省金额最大的"强村贷"200 万元,进一步助力村级农民专业合作社为扶贫大棚提供更优质、全面的服务。茌平农商行近三年来持续为耿店村大棚种植产业提供信贷资金 9500 万元。

三、经验启示

政银企携手创新探索偏远落后村镇与先进致富村"联姻",建设"飞地"扶贫大棚的脱贫增收新模式,不仅大大减轻了政府兜底的财政压力,而且通过产业扶贫实现了多方助力乡村振兴,政银村户多方合力构筑美丽乡村的良好局面。"飞地扶贫"的成功经验具有较高的易复制性和可推广价值。

黑龙江省杜蒙县
"信贷+牧场+贫困户"产业扶贫

摘要： 2016 年以来，人民银行大庆市中心支行立足省级贫困县黑龙江省杜尔伯特蒙古族自治县（以下简称杜蒙县）产业发展实际，确立了"银行助力、牧业带动"的金融精准扶贫工作思路，依托扶贫再贷款优惠政策，引导辖内金融机构将奶牛活体抵押贷款与精准扶贫相结合，创新推出"信贷+牧场+贫困户"的产业扶贫信贷模式，支持奶牛牧场通过劳动雇用方式带动周边贫困户实现家门口就业，有效带动贫困户脱贫致富，助力脱贫攻坚取得了良好成效。

一、背景介绍

杜蒙县是黑龙江省唯一的少数民族自治县、省级贫困县之一，辖内水草资源丰富，是传统的牧业大县。近年来，杜蒙县依托丰富的农牧业资源，着重发展畜牧产业，逐渐形成了以奶牛养殖为主，生猪、肉牛、狐貉、大鹅等多个畜种养殖为辅的多元化畜牧养殖产业格局，养殖业成为全县重点发展的支柱产业之一，有力促进了全县的脱贫攻坚。目前，全县共有牧场 120 家，其中规模在 500 头以下的 78 家，500~1000 头的 13 家，1000 头以上的牧场 29 家。全辖奶牛存栏约 7.35 万头，较 2019 年同比增长 0.2%，生牛奶产量达 20.75 万吨，同比增长 5.8%，其中高品质生牛奶产量达 10.2 万吨，全县的奶牛产业已呈规模化发展，牧场奶量稳步增长。同时，伊利乳业、蒙牛集团等核心企业陆续入驻，进一步畅通了杜蒙奶牛行业的销售渠道，为杜蒙奶牛产业链发展带来了新的机遇，也为贫困人口的脱贫致富创造了条件。

二、主要措施和成效

（一）明确工作思路，精准靶向发力

产业扶贫作为脱贫攻坚的"五个一批工程"，是确保贫困地区持续发展的根本路径。脱贫攻坚战打响以来，大庆市中心支行围绕当地产业发展实际，在反复论证和深入调研的基础上，将脱贫攻坚的落脚点放在畜牧业这一优势产业上，逐步确立了"银行助力、牧业带动"的产业扶贫工作思路。

（二）发挥扶贫再贷款效能，集中重点支持

借助扶贫再贷款优惠政策，引导金融机构加大对奶牛牧场的金融支持力度，充分发挥奶牛牧场在带动贫困户就业增收上的积极作用。2016年以来，已累计向杜蒙县法人金融机构发放扶贫再贷款10.9亿元，办理扶贫再贷款展期2.96亿元，为县域脱贫攻坚提供了有力的资金支持。

（三）创新金融产品，形成产业扶贫合力

引导银行机构将奶牛活体抵押贷款这一创新型金融产品与精准扶贫相结合，以奶牛活体作为抵押，为具有扶贫带动作用的牧场发放"信贷+牧场+贫困户"精准扶贫贷款，有效扩宽了奶牛牧场的融资渠道，实现了牧企发展和贫困户增收的双赢。2016年以来，杜蒙县法人金融机构运用扶贫再贷款资金，采取奶牛活体抵押贷款的方式，累计向兴隆牧业等3家奶牛企业发放精准扶贫贷款900万元，累计带动就业贫困户30户，每户每年可获得工资收入1.5万~2万元，目前，这些贫困户已全部脱贫，产业扶贫带动模式取得了良好成效。兴隆牧业公司通过该模式获得贷款200万元，利率为4.35%，低于正常贷款利率4个百分点左右，为企业节约利息支出近80万元。兴隆牧业吸纳雇用了10户周边的建档立卡贫困户就业，每年贫困户可获得工资收入1.5万~2万元。

三、经验启示

（一）产业扶贫必须立足贫困地区经济发展实际

产业扶贫是"输血式"扶贫向"造血式"扶贫转换的有效渠道。金融系统应结合贫困地区区位优势和资源禀赋，围绕当地产业发展特色和融资需求特点，因地制宜开展金融扶贫工作。

（二）金融创新是支持产业发展和脱贫攻坚的有力举措

杜蒙县"信贷+牧场+贫困户"的产业扶贫带动模式有效结合了奶牛活体抵押贷款等创新型金融产品，有效缓解了畜牧业抵押物不足的问题，进一步扩大了扶贫经济主体的抵押担保范围，切实满足了具有扶贫带动作用的新型农业经营主体的融资需求，也为下一步的乡村振兴提供了可行路径。

（三）产业扶贫要可持续

脱贫攻坚不是一蹴而就的，建立完善的产业扶贫带贫减贫机制是实现贫困人口可持续增收、有效防止返贫的关键。因此，金融支持产业扶贫要有助于贫困地区培育和发展特色产业，通过信贷资源的投入推动各类经济主体与贫困户建立相对紧密、稳定的利益联结机制，运用市场手段和契约方式，有效提高贫困人口参与产业发展的深度与覆盖面，让贫困人口真正获得产业发展红利，为贫困人口的长期稳定增收创造条件。

Ⅴ 金融支持易地扶贫搬迁

陕西省安康市金融支持"社区工厂就业扶贫"

摘要： 近年来，安康市结合本地实际，在移民搬迁安置区首创以家庭工厂为主要特征的"新社区工厂"特色产业脱贫减贫模式。人民银行安康市中心支行以"四专"金融模式为切入点，将易地扶贫搬迁和产业扶贫有机结合，通过农村变社区、农房变厂房、农民变工人，实现了移民搬迁群众"搬得出、稳得住、能致富"。

一、背景介绍

安康市位于陕西省最南端，贫困人口数量、贫困发生率均居全省第一。安康市自2015年实施易地搬迁工程以来，累计建设易地搬迁安置区1364个，搬迁群众26.84万户，共94.1万人，占全市总人口（303万）的31%，占全省搬迁总人数的35%。人民银行安康市中心支行通过"四专"模式，打造金融支持"社区工厂就业扶贫"新样板，取得了显著成效，使新社区工厂真正成为贫困人口"挪穷窝、改穷业、拔穷根"的治本之策。

二、主要措施和成效

（一）主要措施

1. "专"列货币政策工具限额。人民银行安康中支每年单列1亿元的扶贫再贷款和3000万元支小再贷款限额，专项支持地方法人金融机构发放新社区工厂贷款。探索将扶贫再贷款与"两权"抵押贷款有机结合，指导平利农商行每年在全县选择10家新型农业经营主体创办的带贫效果较好的新社区工厂，向其直接发放年利率为1.75%的专项支持贷款，鼓励经营主体利用"两权"抵押、"'两权'抵押+担保"等方式向农商行申请贷款，形成央行扶贫再贷款与产业扶贫、"两权"抵押贷款共同支持新社区工厂的模式。

2. 创新"专"属信贷产品。安康市金融机构设计新社区工厂专属信贷产品，在申请条件上降低门槛，在贷款利率上加大优惠，在贷款流程上简化完善。如建设银行安康分行量身定制单户最高为200万元，期限最长为1年，纯信用、免抵押、免担保、随借随还的"新社区工厂贷"。

3. 提高"专"业金融服务能力。一是安康市金融机构增加社区工厂周边服务网点，加大ATM、POS机等自助设备的布放力度，实现金融现代化服务全覆盖。二是对应收账款占比较大的新社区工厂，推广运用应收账款融资平台，有效盘活企业存量资产。三是建立涵盖银行、保险、证券、小额贷款公司等的金融顾问制度，为新社区工厂提供"一对一"量身定制的"保姆式"金融服务。四是将创业贷款政策与新社区工厂结合，对吸纳建档立卡贫困户等困难人群的新建社区工厂，融资时可向人社部门申请创业担保和劳动密集型企业贴息贷款扶持。

4. 建立"专"项保障机制。政府建立"专项补助资金、风险补偿金、市县乡三级专管"保障机制。一是设立创业就业基金用于补贴新社区工厂，工厂每吸收1个贫困劳动力就业，政府给予1000元的补贴。二是市政府将苏陕扶贫协作资金1420万元注入市财信融资担保公司，重点为新社区工厂、毛绒玩具文创企业的银行贷款提供融资担保，降低公司类社区工厂贷款担保费用。三是在有条件的社区探索"公司+农户""合作社+农户""景区+商户"等增信担保模式，推动金融机构放宽新社区工厂贷款担保条件，适当提高社区工厂信用贷款发放比例。

（二）取得成效

1. 以就业扶贫为重点，提升金融精准扶贫效果。"新社区工厂贷"将就业扶贫与金融支持有机结合，一方面通过技能培训、授人以渔的方式，探索出"造血式"就业扶贫的新路子，另一方面通过创新信贷产品，有效解决了新社区工厂融资难的突出问题，既支持了企业发展，又确保了贫困群众收入稳定，为安康打赢脱贫攻坚战提供有力的金融保障。截至2019年末，安康市已建成新社区工厂587家，其中2019年新增329家；吸纳就业2.13万人，其中贫困劳动力6879人，实现产值24.6亿元。

2. 以财金融合为突破，凝聚金融精准扶贫合力。在"四专"模式中，财政资金的风险兜底功能发挥了重要作用，极大地激发和撬动了金融资源向扶贫领域倾斜。截至2019年末，新社区工厂贷款累计发放65户，共5324万元，余额为4352万元，实现安康10个县区全覆盖，133个社区、135家新社区工厂共计吸纳5591人就业。

3. 以工具创新为载体，强化金融精准扶贫靶向。通过"专"列货币政策工具额度，进一步强化了金融工具的靶向性和精准性，探索出政策工具直达实体经济的有效路径，既提升了央行政策工具的影响力，又极大地降低了企业融资成本，实现精准扶贫与工具创新的双赢局面。

三、经验启示

（一）解放思想，开拓创新

"四专"模式聚焦就业扶贫这个中心，在积累前期金融精准扶贫成功经验的基础上，创造性地将政策工具、金融产品、财政资源有效整合，最大限度地优化金融服务水平，提高金融支持效果。

（二）立足本地，突出特色

新社区工厂成为安康就业扶贫的特色品牌，人民银行安康中支以此项工作为切入点，准确把握企业融资需求，创新金融支持手段，提升金融精准扶贫效果，进而形成独具地方特色的金融扶贫新模式。

（三）整合资源，形成合力

人民银行安康中支聚焦新社区工厂，以货币政策工具为杠杆，以信贷产品"定制"为核心，以改善金融服务为重点，以政策性担保和风险补偿为保障，积极整合政、银、担、企四方资源，合力打造新社区工厂"四专"金融支持模式。

金融助力脱贫攻坚实践成果

国家开发银行湖北分行
助力易地扶贫搬迁"十堰模式"

摘要： 2016—2019年，国家开发银行湖北分行以十堰为主战场，通过加强规划引领、宣介培训和机制建设等方式，在十堰市实现易地扶贫搬迁评审承诺137亿元，贷款发放104亿元。同时，全力协助十堰市政府构建了"坚持领导上阵、坚持对象精准、坚持规划引领、坚持科学安置、坚持脱贫同步、坚持细化节点"的十堰模式。目前，易地扶贫搬迁贷款发放计划全部完成，为全国各地开展易地扶贫搬迁工作树立了良好示范。

一、背景介绍

十堰地处秦巴山区，是全国14个集中连片特困地区之一，也是南水北调中线水源所在地，集"老、少、山、穷、库"于一体。全域9个县市区贫困人口为84.68万人，其中约12.3万户，共36.3万人需要进行易地扶贫搬迁，占湖北全省搬迁工作量的1/3以上，在各地市中任务最艰巨、搬迁难度最大。2015年9月以来，国家开发银行湖北分行按照总行"省级统贷、整体承诺、分县核准、分笔签约发放"的模式积极开展易地扶贫搬迁融资工作。2016年3月，湖北分行全额承诺全省易地扶贫搬迁专项贷款146.2亿元，其中十堰承诺贷款额为137亿元。截至2019年12月末，湖北分行在十堰地区累计发放易地扶贫搬迁贷款104亿元，支持十堰完成12.3万户，共36.3万建档立卡贫困人口的搬迁任务。

二、主要措施和成效

（一）主要措施

1. 银政紧密合作，层层抓好落实。国家开发银行湖北分行密切配合十堰市政府，由"一把手"亲自挂帅成立分行易地扶贫搬迁工作专班，每周对易地扶贫搬迁工作进行专题研究和安排部署。分行领导亲临一线，走遍了十堰市下辖所有9个县市区，细心了解每个县市区的安置点建设、产业配套和资金使用等情况。与十堰市发展改革委、扶贫办等相关职能部门密切配合，共同研究工作方案，深入易地扶贫搬迁的工作一线，积极推动各项扶贫举措落地实施。

2. 强化规划引领，努力提升脱贫攻坚的精准度。国家开发银行湖北分行坚持以规划为引领，与十堰市政府共同编制地区扶贫规划，共同探索扶贫新举措，努力提升脱贫攻坚精准度。按照每个搬迁户有一份申请书、一份基本信息表、一份搬迁协议、一份政策明白卡、一套合法证件的"五个一"标准，全程参与各县市区贫困户档案审核工作，推动十堰市在湖北省率先完成全市易地搬迁对象的精准识别工作。

3. 加强宣介培训，着力培育改善贫困地区金融生态。国家开发银行湖北分行坚持以宣介培训为桥梁，派驻的扶贫专员足迹覆盖辖区内所有县区村，着力培育并改善贫困地区金融生态，推动脱贫攻坚实现永续发展。湖北分行组织十堰各贫困区县政府"一把手"参加了总行举办的开发性金融支持秦巴山区脱贫攻坚地方干部培训班，将金融扶贫的理念深入传导到地方政府。湖北分行与十堰市政府联合成立了易地搬迁工作领导小组，对口信贷处室和扶贫专员积极参与市易地扶贫搬迁多次现场会和研讨会，将开发性金融助力脱贫攻坚落到实处，十堰市政府将国家开发银行湖北分行作为助推易地扶贫搬迁的关键力量。

4. 以机制建设为抓手，助力打造脱贫攻坚"十堰模式"。国家开发银行湖北分行以机制建设为抓手，发挥开发性金融的融智优势和综合服务功能优势，全力配合十堰市政府构建了"六个坚持"的十堰模式。因地制宜探索出拆旧院腾空间集中安置、依山就势保生态连片安置、进城镇园区就业分散购房、依托生产资料和特色产业就近安置等五大特色安置方式，同时积极贯彻资金、项目、招投标、管理、责任"五到县"原则，与已实现贷款投放的各贫困县政府加强沟通，在合规的前提下尽最大可能简化流程，推动贷款资金尽快完成支付、发挥实际效益。

（二）取得成效

十堰是国家开发银行湖北分行易地扶贫搬迁的主战场。通过加强规划引领、宣介培训和机制建设，充分发挥了银政合作效应，顺利实现了易地扶贫搬迁贷款资金的全面落地，支持 36.3 万建档立卡贫困人口搬迁。同时，在分行的大力支持和全面参与下，十堰市易地扶贫搬迁工作总结了"六个坚持"的十堰模式。2016—2019 年，十堰各地易地扶贫搬迁工作有序开展，湖北分行为十堰市易地扶贫搬迁的实施提供了坚实的资金保障。

三、经验启示

（一）政治担当是顺利推进易地扶贫搬迁的根本保障

开发银行始终把易地扶贫搬迁这一重大政治任务作为全行工作的重中之重，不断提高政治站位，严格执行党中央政策标准，坚决推行"省负总责"融资机制，形成了自上而下、高度一致的思想共识，为顺利推进工作奠定了坚实基础。

（二）业务创新是有效推进易地扶贫搬迁的有力支撑

易地扶贫搬迁项目无成熟经验可循，开发银行发挥专家、行业优势，参与搬迁融资模式的顶层设计，研究设计了省级投融资主体"统一贷款、统一采购、统一还款"的融资模式，推动易地扶贫搬迁工作顺利开展。

（三）满怀感情是顺利推进易地扶贫搬迁工作的思想基础

在物质条件极大改善的当今社会，仍有很多边远山区群众深陷贫困，家徒四壁。易地扶贫搬迁项目时间紧、任务重、收益低，只有满怀对贫困群众的一片深情，才能使我们产生强大的内生动力，完成好这项艰巨的任务。

农业发展银行发挥政策性银行职能为易地扶贫搬迁提供有力金融支撑

摘要： 易地扶贫搬迁是新时期脱贫攻坚的标志性工程。自2015年以来，农发行坚决贯彻落实党中央、国务院打赢精准脱贫攻坚战的决策部署，严格执行国家政策要求，把支持易地扶贫搬迁摆在重中之重的位置，自觉提升站位，率先主动作为，紧紧围绕建档立卡贫困人口"搬得出、稳得住、能脱贫"的目标，创新信贷产品、优化金融服务、强化贷款管理，全力服务中央和地方易地扶贫搬迁规划实施。

一、背景介绍

2015年11月，《中共中央 国务院关于打赢脱贫攻坚战的决定》明确提出，对居住在生存条件恶劣、生态环境脆弱、自然灾害频发等地区的农村贫困人口，加快实施易地扶贫搬迁工程，由中国农业发展银行发行政策性金融债，按照保本或微利的原则发放长期贷款，专项用于易地扶贫搬迁。《"十三五"时期易地扶贫搬迁工作方案》和《全国"十三五"易地扶贫搬迁规划》的出台，进一步明确了农发行支持易地扶贫搬迁的工作职责，要求中国农业发展银行为省级投融资主体提供易地扶贫搬迁长期贷款和专项建设基金，用于规划范围内建档立卡搬迁人口住房建设，以及包括同步搬迁人口在内的安置区配套基础设施、公共服务设施建设。

二、主要措施和成效

（一）主要措施

1. 迅速建章立制，构建信贷产品体系。农发行按照"中央统筹、省负总责、市县抓落实"的原则，全面构建了"整体推进、统分结合、精准落地、封闭运行、保本经营"的易地扶贫搬迁信贷支持模式，出台了易地扶贫搬迁贷款管理办法等一系列文件，采取了"办贷优先、规模倾斜、利率特惠、期限延长"等优惠政策，精准定位 1000 万建档立卡贫困人口，严格按照建设标准，合理确定贷款规模，有力地支持了各省易地扶贫搬迁规划实施。

2. 倾力融资融智，优化金融服务。主动对接省级政府及易地扶贫搬迁主管部门，积极配合做好省级投融资主体组建工作，为省级投融资主体提供账户服务。开辟绿色办贷通道，提高办贷质效，充分发挥农发行机构健全优势，贴身提供金融服务，切实提高资金使用效率。全额减免资金支付结算手续费，进一步减轻贫困地区财政负担。精准对接易地扶贫搬迁资金需求，加大资金筹措，拓宽筹资渠道，通过银行间债券市场发行专项扶贫金融债，保障资金供应。

3. 执行国家政策，做好政策衔接工作。2018 年 6 月以来，财政部、国家发展改革委、国务院扶贫办等部委先后联合下发通知文件，对易地扶贫搬迁融资方式作出相应调整，将易地扶贫搬迁贷款融资调整为地方发债解决。农发行坚决贯彻落实国家政策要求，及时下发文件，停止审批和投放易地扶贫搬迁贷款，积极配合各级地方政府做好易地扶贫搬迁融资方式调整政策衔接工作，有序稳妥地收回易地扶贫搬迁存量贷款。

4. 强化贷款管理，切实防控信贷风险。不断健全信贷风险防控体系，加强易地扶贫搬迁贷款管理，及时印发了《关于进一步加强扶贫贷款贷后管理工作的通知》（农发银扶贫综〔2018〕3 号），切实提高风险防控水平，确保扶贫贷款精准、合规、稳健、可持续发展。加强贷款风险监测，及时消除风险隐患，确保问题早发现、早预警、早处置。截至目前，农发行易地扶贫搬迁信贷资产质量良好，无不良贷款。

（二）取得成效

截至 2019 年末，农发行累计投放易地扶贫搬迁贷款 3123 亿元，贷款余额为 2007 亿元，惠及建档立卡搬迁人口 524 万人，实现了易地扶贫搬迁贷款审批、投放、余额、同业占比及省级投融资主体在农发行开立基本账户数量"五个第一"，成为易地扶贫搬迁主力银行。

三、经验启示

通过近几年扎根地方易地扶贫搬迁金融服务工作，农发行摸索总结出了"整体推进、统分结合、精准落地、封闭运行"的易地扶贫搬迁工作经验，为持续抓好易地扶贫搬迁金融服务工作，特别是易地扶贫搬迁后续扶持工作提供了思路和遵循。

（一）整体推进

根据《"十三五"时期易地扶贫搬迁工作方案》和各省易地扶贫搬迁实际，农发行易地扶贫搬迁信贷支持统筹考虑了全国1000万建档立卡人口搬迁和同步整村搬迁的资金需要，同时按照两类人口执行的国家搬迁政策和标准区别，有针对性地推出了易地扶贫搬迁专项贷款和易地扶贫搬迁项目贷款等贷款品种，一揽子解决各地易地搬迁各类资金需求，帮助建档立卡人口搬迁和同步整村搬迁整体推进。

（二）统分结合

在贷款模式上，根据两类搬迁责任主体的不同，采取统分结合的贷款方式。对1000万建档立卡人口搬迁的信贷支持，按照"省负总责、市县抓落实"的工作要求，通过统贷的方式，向省级投融资主体发放易地扶贫搬迁专项贷款。对同步整村搬迁，根据地方负责筹资、实施的特点，通过分贷的方式，向地方政府授权的市级、县级公司发放易地扶贫搬迁项目贷款，两类贷款资金在地方实施易地扶贫搬迁工程中充分发挥协同作用。

（三）精准落地

在信贷支持上，突出"精准"，搬迁项目必须纳入各省"十三五"易地扶贫搬迁规划，必须符合地方年度实施方案；搬迁对象必须纳入全国1000万搬迁人口，同步整村搬迁对象必须是各地划定的搬迁区域内的人口。贷款额度必须严格执行国家规定的搬迁标准，不超范围、超标准提供贷款支持。确保农发行投放的每一笔易地扶贫搬迁贷款都能精准对接地方搬迁实际需要，实现精准落地。

（四）封闭运行

在各类易地扶贫搬迁资金管理上，实现分户管理，封闭运行，严格资金支付程序，加强延伸管理，确保易地搬迁信贷资金精准用于易地搬迁人口的安置房建设、配套生活设施改善、后续产业发展等，确保资金专项专用，坚决防止挤占挪用，充分发挥扶贫资金质效。

福建省赤溪畲族村
整体搬迁、"换血"扶贫

摘要： 福鼎市赤溪畲族村曾经是一个地处偏远山区的赤贫村，1994年起该村实施整体搬迁、因地制宜发展产业，确定了"生态立村、农林强村、旅游富村"的"造血"路线，创新并加大金融扶持力度，逐步走上脱贫致富道路。2015年初，习近平总书记对赤溪畲族村作出"全面实现小康，少数民族一个都不能少，一个都不能掉队"的重要批示。2019年末，赤溪畲族村实现全部脱贫，全村农民人均纯收入达到2.26万元，成为全国闻名的"小康村"。

一、背景介绍

福鼎市赤溪畲族村是闽东少数民族畲族相对集聚的行政村，原下辖14个自然村，共408户、1806人，其中畲族村民802人。1984—1994年10年间，宁德地区有关部门以及社会各界以给钱、给物、供良种等救济方式期望帮助赤溪村渡过难关，但该村地处偏远、交通不便、自然条件恶劣，"输血式"救济扶贫方式收效甚微，当地村民缺乏创业热情、观念守旧，反而形成严重的等、靠、要依赖思想，1994年赤溪村下辖的下山溪等多个自然村人均收入仍不足200元。为改变贫困状态，1995年宁德启动搬迁扶贫模式。

二、主要措施和成效

（一）整村搬迁

1995年，宁德地区实施"造福工程"，即"整村搬迁、易地安置"扶贫模式，采取政府引导、部门支持、社会资助和群众投工投劳推进方式，将首批下山溪自然村22户畲族群众安置在赤溪畲族村。此后几年，又陆续将下山溪以及其他自然村的200多户、共800多名群众安置在该村。搬迁后，村民重新分配到了良田，政府帮助解决了安置点水、电以及子女上学等基本生活需求问题。各级政府有关部门又先后累计投入8000多万元，当地农发行贷款

1.05亿元,支持修建了连接白琳镇、磻溪镇以及太姥山等附近乡镇、旅游景点的公路,使赤溪村接入了省道、县道交通网,彻底解决该村交通瓶颈问题。同时,整治村容村貌、建设农民公园等完善公共服务功能。

(二)"造血"扶贫

在易地搬迁的基础上,2011年,福建省政府将赤溪村列为省第三批"整村扶贫"开发重点村,并确定了"生态立村、农林强村、旅游富村"的致富定位。组建2家农业专业合作社,采取"公司+基地+合作社+农户"模式,建立了生态有机茶、珍贵苗木、特色淡水养殖和禽类养殖、高效毛竹等"农业示范基地",大力发展生态农业。同时依托太姥山丰富的旅游资源,先后引进各类旅游公司,投资8000多万元,开发乡村生态游、竹筏漂流、生态(峡谷)运动乐园、真人CS野战基地、生态农业观光园、七彩蝴蝶园等旅游项目以及一批旅游基础设施。村民也自发开办了30多家农家乐餐厅,旅游产业逐渐发展壮大,赤溪村的"造血"功能不断完善。

(三)金融扶持

当地金融部门在赤溪村精心打造"1+N"农村普惠金融综合服务点,为村民提供贴心优质的金融服务;创新"信用+信贷"扶持方式,以整村推进的方式开展农户建档、信用户评定及"金融信用示范村"建设,通过简化贷款手续、提高授信额度、给予优惠利率、额度循环使用,有力地支持了村民发展生产。2019年该村被宁德市人民政府评为"普惠金融信用村",当地农信社对其整村授信3000万元。同时,金融部门还为该村旅游公司、专业合作社、白茶企业、农家乐等及时提供信贷支持,推动贫困人口就业、自主创业或以"公司+合作社+基地+农户"方式带动贫困户增收。

(四)扶贫成效

2015年初,习近平总书记在国家民委《民族工作简报》第六期上对福建省宁德市福鼎磻溪镇赤溪畲族村作出重要批示:"30年来,在党的扶贫政策支持下,宁德赤溪畲族村干部群众艰苦奋斗、顽强拼搏、滴水穿石、久久为功,把一个远近闻名的贫困村建成了小康村。全面实现小康,少数民族一个都不能少,一个都不能掉队……"2019年末,该村仅存的6户建档立卡贫困户全部脱贫,全村农民人均纯收入达到2.26万元,成为全国闻名的"小康村";以生态（峡谷）运动乐园、生态农业观光园等为主的乡村生态农业旅游产业逐渐发展壮大，"造血"功能日益增强，2019年赤溪村接待游客27万人次，旅游收入达2000多万元。

三、经验启示

（一）完善基础设施、改善生存环境是脱贫致富的必要条件

"要致富，先修路"，修路是百姓常说的脱贫致富必要条件。从赤溪村经验看，在"整村搬迁"后，基础设施逐渐完善，生活环境好转，与外界联系日益增加，不但改变了村民思想面貌，也为后期"整村推进"扶贫开发创造了重要的基础条件，特别是交通基础设施的建设完善使外面游客进得来，农民生产的农产品出得去，由此盘活了农村经济。

（二）因地制宜发展产业是脱贫致富的核心举措

赤溪村因地制宜，充分利用自然资源禀赋，大力发展生态农业、乡村旅游业，并带动餐饮、副食品等其他二、三产业发展。同时，主动接受和融入周边集镇经济辐射，特别是借助福鼎市太姥山5A级风景区辐射促进乡村旅游业发展，使赤溪村成为经济集镇周边的一个次中心。因地制宜发展产业，促进乡村经济发展，成为赤溪村脱贫致富的核心举措。

（三）创新金融服务是脱贫致富的有效保障

随着扶贫开发的深入和乡村经济的发展，贫困地区的基础金融服务和信贷需求也日益旺盛，福鼎市金融机构根据赤溪村的实际需要，一方面，加大赤溪村的金融基础设施建设，提高金融服务质量；另一方面，根据村民发展生产的实际资金需求，量身定制信贷产品，为脱贫致富提供强有力的资金保障。

金融支持教育扶贫

农业发展银行广西分行探索"基础教育＋公司自营"扶贫模式

摘要： 为贯彻落实国家教育扶贫工程，中国农业发展银行专门研究出台教育扶贫贷款产品，着力加大贫困地区基础教育和职业教育信贷支持力度，改善贫困地区基本办学条件和标准化建设。其中，农发行广西分行积极探索"基础教育＋公司自营"业务模式，审批教育扶贫中长期贷款1.3亿元，用于支持凭祥市第四小学、凭祥市第二幼儿园及凭祥市礼茶小学等29所学校的配套设施建设以及设备采购等，有效解决了当地教育扶贫项目资金缺口，有力地支持了当地教育脱贫攻坚事业。

一、背景介绍

凭祥市是广西壮族自治区县级市，由崇左市代管，地处西南边境，与越南谅山接壤，辖区内弄怀边贸点是中越边境线上最大的边贸点之一。全市建档立卡贫困人口约1万人，由于历史原因，该市义务教育均衡发展仍存在短板，学前3年入学率达到95%、九年义务教育巩固率达到95%的目标任务尚未完成，一所幼儿园和一所小学亟待开工建设，另有20余所学校的宿舍、体育场等配套设施和教学设备老旧待维修、翻新和更换。根据凭祥市人民政府《关于同意实施凭祥市教育扶贫重点项目实施方案的批复》（凭政函〔2018〕178号），该项目被列入凭祥市教育扶贫重点实施项目。2019年1月，农发行广西分行审批同意凭祥市教育扶贫项目，金额为 1.3 亿元，用于凭祥市第四小学、凭祥市第二幼儿园及凭祥市礼茶小学等 29 所学校的配套设施建设以及设备采购等。

二、主要措施和成效

（一）主要措施

1. 加强协调打通渠道。凭祥市学前教育和义务教育资金投入主要依靠当地政府通过筹集财政资金解决，同时学校基础设施差、办学条件不达标、教育经费保障机制不健全等三类问题较为突出，地方教育建设资金需求非常强烈。为解决地方教育建设资金缺口问题，农发行广西分行积极行动。一是搭建政银关系。在了解凭祥市教育扶贫资金需求后，及时主动向地方党政主要领导及教育部门对接，与市县政府部门搭建起"亲、清、新"的良好政银关系。二是加强政策宣讲。组织业务骨干到凭祥市开展教育扶贫贷款业务推介活动，面对面宣传和解读教育扶贫信贷政策及具体融资条件，帮助政府有关部门和项目业主打消顾虑、树立信心，为项目提供量身定制的政策性金融服务。三是安排专人服务。为加快教育扶贫工作进展，安排专人对项目进行"一对一"服务，建立高效运转的省行、市行、县行"三级行联动"机制，有效解决项目推进过程中的实际困难。四是开辟绿色通道。在合规办贷前提下最大限度地提高项目审批效率，确保项目顺利落地。

2. "五定"设计打造模式。在充分调研项目各环节后，通过定主体、定额度、定还款来源、定期限、定担保，打造"基础教育＋公司自营"的业务模式。一是定主体。在项目培育阶段，指导地方政府选择综合实力较强、承担项目较多、管理较为规范的国有企业作为项目的承贷主体。二是定额度。通过综合分析项目获得的补贴资金、企业自有资金投入等情况，核算项目资金缺口，确定 1.3 亿元项目贷款申请额度。三是定还款来源。通过分析公司主营业务收入及财务报表，确保还款来源足额有效，还款来源主要为凭祥市弄怀口岸边民互市贸易基础设施有偿使用费收入。四是定期限。弄怀互市点边境设施有偿使用收费权期限为 15 年，收取的费用作为祥盛公司经营收入。贷款期限定在祥盛公司收费权期限内，确定贷款期限为 10 年。五是定担保。

经与借款人协商一致，该笔贷款采用"保证担保＋抵押担保"的组合方式，由综合实力较强的国有控股公司提供保证担保，追加土地使用权作为抵押担保，抵（质）押担保额度对贷款本息综合覆盖率达120%。

（二）取得成效

本项目是凭祥市教育扶贫重点项目，有效地提升了凭祥市学前和义务教育办学条件，使凭祥市完成学前3年入学率达到95%、九年义务教育巩固率达到95%的目标任务，使项目周边贫困村子弟及易地扶贫搬迁安置点贫困户子弟受益，从而在源头上阻断贫困代际传递，对巩固和提升凭祥市教育扶贫成果具有重要意义。同时，项目建成后将覆盖或服务凭祥市10个贫困村，涉及贫困人口9844人，占项目服务区域人口的12.37%。截至2019年末，项目已投放贷款1.3亿元，新建的凭祥市第四小学已实现招生1186人，新建的凭祥市第二幼儿园已实现招生465人，其余20多所学校的宿舍、体育场等配套设施和教学设备基本完成维修、翻新和更换。目前，凭祥市学前3年入学率、九年义务教育巩固率两项指标均已达标。

三、经验启示

百年大计教育为本，教育在国民经济发展中承担着基础性和先导性作用。加快实施教育扶贫工程，既是决胜全面小康的现实需要，也是后小康时期实现教育强国的战略需要。本项目通过创新融资方案设计，有效解决了教育扶贫项目现金流少、难以市场化运作等问题，具有较好启示借鉴意义。

（一）严把五个关口打造业务模式

农发行广西分行结合项目实际，坚持稳健发展，强化全程管理，为把好五个重要关口，针对性提出教育扶贫自营项目"五定"工作思路：定主体、定额度、定还款来源、定期限、定担保，择优选择综合实力较强、治理规范的实体化企业作为项目承贷主体，根据项目实际资金需求等确定贷款额度，充分挖掘借款人其他综合收益，确保还款来源充足可靠，合理确定贷款期限，优化组合担保方式，确保风险可控。

（二）创新合作模式实现共赢

为有效解决凭祥市政府和各部门关于违规举债的问题与顾虑，农发行广西分行主动研究，积极与地方政府协调，创新合作模式，推动地方国有平台公司加快市场化转型，加大经营性资产的充实和注入力度，扩大公司的综合经营收益和现金流。经过政府运作，将凭祥市弄怀口岸的部分资产及收费权等划给借款人，壮大借款人的经营性资产规模，还款来源为口岸收费权及相关配套设施使用费，既满足项目的还本付息，也达到推动国有公司市场化转型的效果，加快推动项目落地。

吉林省九台区实施"委托高校包费用、定向培养保就业"教育扶贫

摘要： 吉林九台农村商业银行在推进金融精准扶贫的过程中，紧密结合当地实际，创新实施了"委托高校包费用、定向培养保就业"的教育扶贫新模式。"委托高校包费用"，就是九台农商银行主动与高校合作，设立精准扶贫金融励志班，专门招收贫困家庭孩子入校学习，学费全部由九台农商银行承担；"定向培养保就业"，就是高校根据九台农商银行用工需求，对金融励志班学员实行定向化精准化培养，学生毕业后，由九台农商银行负责接收就业。

一、背景介绍

习近平总书记指出，要把发展教育扶贫作为治本之计，切断贫困代际传递，该论述为做好扶贫工作指明了方向，提出了明确要求。九台农商银行在实施金融精准扶贫中发现，由于生活困难等原因，贫困家庭子女失学辍学的现象很多，有的虽然完成了九年义务教育，但没地方就业，前途渺茫，仍深陷在贫困的泥潭里，难以摆脱贫困的恶性循环，破解贫困家庭子女失学辍学以及就业问题迫在眉睫。同时，随着新型城镇化的推进，很多年轻人都不愿去农村、回农村，农村"空心化"日益显现，镇村人才短缺问题非常突出，特别是农村金融人才严重匮乏。基于这样的背景，九台农商银行积极探索教育扶贫新模式，打造了培养和就业一条龙、一体化的教育精准扶贫新模式。

二、主要措施和成效

（一）主要措施

1. 精心谋划。2016年，在发现贫困家庭子女失学辍学以及就业方面的问题时，九台农商银行就开始思考和谋划解决办法。经过反复研究论证，决

定与长春金融高等专科学校进行合作，在该校设立精准扶贫金融励志班，以培养农村金融实用人才为目标，委托该校对贫困家庭中失学辍学以及有就业愿望的子女进行定向培养，学制为3年，学费16000元/年/人，伙食补贴2000元/年/人，均由九台农商银行承担。学生结业考核合格后，统一招录到九台农商银行乡镇营业网点工作。为办好这个励志班，九台农商银行建立了专门的工作机制，成立了由党委书记、董事长高兵任组长的领导小组，成员由人力资源部、教育培训部、党群工作部的负责人组成，制定了3年培养规划，专门从长春金融高等专科学校选拔招录4名应届毕业生，配备为班级辅导员。

2. 精准招生。从2016年开始招生到现在，金融励志班已招收3期共97名学生入校学习。在招生过程中，由九台农商银行各分支机构协调当地党委政府和村两委面向所在地的贫困户进行点对点宣传，逐户做好发动和甄别工作。根据报名情况，银行人力资源部组织统一的政审和面试以及身份核实工作，最终确定招生对象，力争做到不漏不落，实现精准招生。

3. 精细培养。九台农商银行立足"人格健全、素质具备、适应岗位、能够担当"的培养原则，制定了3个月军训、5个学期在校学习、6个月岗位实习、3个月学农实践的励志班教育培养规划。励志班实行封闭式准军事化管理，科学制定了学生管理办法、学生家长联系制度、辅导员报告制度等，严格学习管理、行为管理、考勤管理、安全管理等措施。辅导员采取24小时陪伴式管理，与学生共同学习和生活。在课程安排上，集"高中文化课教育、大专金融理论教育、银行技能实务教育"于一体，涵盖基础知识、岗位技能和实务操作等多个方面。注重加强学生思想道德教育，特别是优秀传统文化教育，将"立德树人"的根本要求贯穿于3年培养教育的各领域、各环节。尤其关注贫困学子的心理健康教育，有针对性地开展心理疏导，帮助学生克服自卑心理，走出心里阴影，鼓足追求美好生活的信心和勇气。开展感恩教育，引导学生领悟父母的养育之恩和社会的扶助之恩，并转化为奋发向上的动力。设计开展"音你心动"主题班会和联欢会等丰富多彩的活动，实现了寓教于乐。每学年都组织开展家访和爱心慰问等活动，将温暖关爱持续送到贫困家庭。

(二)取得成效

截至 2020 年上半年,精准扶贫金融励志班已累计招收学生 97 人,九台农商银行累计投入近 500 万元。其中,第 1 期 50 名学生已圆满完成学业,正式走上工作岗位,成为九台农商银行或其子公司的正式员工。从上学到就业,改变的不仅仅是这 97 人的个人命运,更彻底改变了这 97 个贫困家庭的面貌,让他们看到了未来的希望。

三、经验启示

传统的捐资建校、帮扶助学等教育扶贫方式,只解决前半段"有学上、有书读"的问题,而九台农商银行通过设立精准扶贫金融励志班,创新实施教育扶贫,延伸解决了后半段"知识+技能"的职业教育问题、"就业+生活"的稳定持续脱贫问题,不仅解决了贫困家庭孩子"入学难"的问题,更解决了"就业难"的问题,达到了"培育一名农村实用人才、救助一户农村贫困家庭、助力一方金融发展"的目标。从"扶上学"到"保就业",通过解决一个人的学习和就业问题,实现全家持续脱贫,打破了贫困的恶性循环,阻断了贫困代际传递,提高了贫困家庭脱贫致富的内生动力,让一个学生带动了一个家庭。同时,九台农商银行将教育扶贫与培养农村金融本土人才有机结合起来,有效破解了农村金融人才"招不来、留不住"的瓶颈问题,为企业自身发展积蓄了新动能、激发了新活力,为地方金融机构助力脱贫攻坚和乡村振兴,服务地方经济发展探索了一条新路,提供了可借鉴、可复制、可推广的经验和模式。九台农商银行的成功实践告诉我们,金融企业开展精准扶贫,绝不能简单地给钱给物,必须着眼长远、精准发力、综合施策。

国家开发银行建立"政府主导，
教育主办，开发性金融支持"国家助学贷款

摘要： 国家开发银行自2004年以来，积极探索创新，建立了"政府主导，教育主办，开发性金融支持"的国家助学贷款新模式，已累计为3049万人次（1333万人）的家庭经济困难学生发放国家助学贷款1957亿元，覆盖了全国26个省份、2348个区（县）。近五年，开发银行国家助学贷款年度发放额占全国总量的比例维持在85%以上，有效地保障了贫困学生受教育权，促进了教育公平，阻断了贫困的代际传递。

一、背景介绍

2004年，开发银行积极承办河南省高校助学贷款业务，创新构建"银教合作"机制，打造了"河南模式"。2007年，在人民银行等有关部门的指导下，开发银行又开办了学生在户籍所在地申办的生源地信用助学贷款业务，并快速在全国推广。多年来，逐步形成了开行融资推动，政府、财政、教育部门多方参与、风险共担、协同管理的合作机制，实现了助学贷款可持续发展。

二、主要措施和成效

（一）落实国家政策，提供优质的教育扶贫助学贷款产品

开发银行坚持落实国家资助政策不打折扣、不留死角，本专科学生每人每年最高可贷款8000元，研究生每人每年最高可贷款12000元；在校期间由财政贴息，学生可安心就学。2017年起，开发银行将预科生和在科研院所、党校等单位就读的学生纳入国家助学贷款对象范围，实现了高等教育所有学段全覆盖、公办民办学校全覆盖，贷款对象涵盖了预科生、本专科生和研究生等各类家庭经济困难学生。

(二) 构建"银教合作"机制,发挥助学贷款教育扶贫功效

开发银行与教育部门加强合作、优势互补,形成了"开发银行—省资助中心—县级(高校)资助中心—学生"的业务管理模式,实现了以批发方式开展零售业务。通过建立合作机制,县级资助管理中心和高校全面参与了助学贷款管理,其贴近学生、信息充分、管理手段丰富的优势得以发挥,大大提高了管理效率,建立起了三段信用联结机制,成效显著。2019年,开发银行就为427万名学生发放助学贷款310亿元。

(三) 依托先进科技,实现全流程电子化的贷款服务

开发银行积极运用先进科技,统筹规划、整体设计,建成了涵盖学生在线服务系统、信息管理系统、账务核算系统和征信报送系统的"助学贷款系统群"。为保障贷款及时发放回收,开发银行引入了市场化第三方代理结算平台,实现了线上线下双渠道点对点支付。2019年,在全国24个省市、2262个县全面推行电子合同,合同电子化率达98%,办贷时间由每人5~8分钟缩短为3~5分钟。

(四) 建立风险补偿金激励约束机制,促进业务健康发展

开发银行按照国家相关政策要求,建立了风险补偿金激励约束机制:约定贷款损失超过风险补偿金时,超出部分由高校、省资助中心和开发银行承担;若低于风险补偿金,开发银行则向高校返还弥补损失后剩余风险补偿金的部分。这项机制创新既增强了省和高校资助中心的风险意识,又增加了教育部门的管理动力。开发银行已在陕西、河南等地开展了结余奖励工作,既巩固了合作机制,强化了激励约束,又有力地促进了基层资助中心的建设,实现了财政资金效用最大化。

(五) 延伸服务领域,打造教育扶贫完整闭环

开发银行聚焦贫困学生就业问题,将服务延伸拓展至就业领域,积极整合政府主管部门、社会、企业、高校等各方资源,通过举办求职应聘技能培训、专场招聘会,提供定向实习就业岗位等多种措施帮助支持家庭经济困难学生顺利就业。同时,开发银行认真落实特困生救助政策,对家庭成员罹患重大疾病、家庭遭遇自然灾害或经济特别困难等特困学生及其家庭,积极会同各地教育部门,利用国家助学贷款风险补偿金结余奖励资金代偿助学贷款本息,打造了完整的教育扶贫救助体系。

三、经验启示

（一）"银政合作"是扶贫金融业务创新的根本抓手

开发银行运用开发性金融理念，创造性地把政府、市场和开发性金融三者相结合，使政府的力量和市场的力量相互转化和促进，凝聚合力，以"批发"方式解决"零售"问题，形成了政府、高校、学生、家长与银行多方共赢的局面，构建了具有中国特色的助学贷款模式，为贫困家庭和学生提供了优质服务，对其他政策性业务发展具有积极借鉴意义。

（二）"市场化运作"是解决教育扶贫融资难题的有效途径

国家助学贷款成功地运用市场化的方式实现了社会公平、教育公平的目标。借助金融手段，杠杆式地撬动财政资金，完善教育资助手段，既符合社会主义制度的本质要求，又符合市场经济的特点，有利于提高财政资金的使用效益。

（三）"精于服务"是提升金融扶贫群众获得感的主要措施

助学贷款体现了党和国家对贫困学子这一特殊困难群体的关怀与扶持。开发银行以"办贷高效、还贷便利、咨询顺畅"为目标，坚持用好科技力量，丰富服务手段，提高服务质量，使成千上万来自边远地区、大山深处的孩子第一次体会到现代金融便捷化、普惠性的服务魅力，切身体会到了党和政府的关爱，增强了获得感、满足感。

贵州省雷山县
金融夜校办到苗寨　惠民政策送到农家

摘要： 贵州省雷山县位于黔东南苗族侗族自治州西南部，山高谷深，县域耕地零散、农作物产量低、缺乏工业支撑，农村贫困人口脱贫摘帽难。由于雷山地区少数民族人口占绝大多数，农民汉语水平普遍较低，金融知识缺乏，在雷山地区推进金融扶贫工作，遇到诸多困难。为落实扶贫小额信贷政策，雷山县以提升金融扶贫政策的群众知晓度为抓手，创新开办"金融夜校"，向贫困群众宣讲金融知识、扶贫产品、扶持政策，让贫困群众学金融、懂金融、用金融，有效助推全县扶贫小额信贷工作的开展。截至2019年末，雷山全县开展"金融夜校"讲座5443次，参与群众9.72万人次，有效提高了贫困山区群众对扶贫小额信贷政策的知晓率和贷款率，促进贫困户增收脱贫。

一、背景介绍

贵州省黔东南苗族侗族自治州雷山县是国家扶贫开发工作重点县，全县总人口为16.32万人，少数民族人口占92.3%（其中苗族人口占总人口的84.2%），雷山县有建档立卡贫困人口12292户，共48512人，贫困面广、贫困程度深。县域农村基础设施薄弱、基础金融服务缺乏、农民知识水平较低，全县脱贫攻坚任务艰巨。由于当地基层缺乏基础金融服务，贫困户对金融扶贫政策、金融服务常识、信贷流程缺乏认识，制约了扶贫小额信贷产品的接受度。提升金融扶贫政策的群众知晓率成为推进扶贫小额信贷工作的当务之急。针对这一问题，雷山县创新开办了"金融夜校"，向贫困群众宣讲金融知识、扶贫产品、扶持政策，让贫困群众学金融、懂金融、用金融，有效助推全县扶贫小额信贷工作的顺利开展。

二、主要措施和成效

(一)健全"金融夜校"组织体系

雷山县成立了全县金融夜校活动领导小组,制定《雷山县深入开展金融夜校活动实施方案》,根据"政府主推、行社主抓、网点主办"的原则,汇总政银资源,推进"金融夜校"及扶贫小额信贷工作。为保证群众参与度,县农信社各网点在开展金融夜校前,预先组织各网点人员一起进村入户联系和动员群众参加夜校,营造群众学习氛围。为保证"金融夜校"活动扎实推进,不流于形式,设立约束激励机制,将各包村信贷员每月开展夜校次数、频率、效果等情况作为全年工作目标和绩效考核内容,同时设立督查组,不定期深入一线进行检查督导。

(二)丰富"金融夜校"服务内容

雷山县在"金融夜校"培训中,主要以宣传扶贫小额信贷业务知识为主,同时涵盖多方面的知识,以满足群众对金融服务、产业发展的不同需求。金融知识包括存取汇转贷业务、利率、反假币、反洗钱、非法集资、金融风险防范、新农合、新农保等业务知识;电子业务知识主要有助农 POS 机具的使用、信合卡用卡安全知识、黔农云 APP 申请及操作;信用工程方面主要宣传创建和维护信用村组、信用乡镇的意义,评定信用农户的好处,如何提高信用等级、授信额度及无纸化办理"致富通"农户小额信贷等;创业致富方面主要为农民创业就业和增收致富提供信息及资金等支持。

为壮大"金融夜校"力量,雷山县信用社加强与县人力资源和社会保障局、县妇联、县农业农村局、县茶叶局、县扶贫办及团县委等部门合作,探索和实施金融夜校"职能部门+"的多方政策业务宣传模式。例如,县农业农村局利用"金融夜校"平台培训黑毛猪养殖技术;县妇联邀请当地著名绣娘为老百姓开办刺绣培训班;县文旅局邀请礼仪培训老师对农家乐服务人员进行接待游客基本礼仪培训;大塘镇政府邀请致富产业手工编制花兜技术专利权人进行花兜编制工艺培训。

(三) 拓宽"金融夜校"宣传覆盖面，创新多种宣传形式

雷山县信用联社拍摄了微电影《回家》，该片以雷山农信社支持外出务工贫困户返乡创业致富，发展本土特色产业，致力于传承苗族文化为题材；县农信社将扶贫小额信贷政策录制成苗语和汉语音视频，早、中、晚在各村组进行广播，方便广大苗族群众了解扶贫小额信贷政策知识；针对农村有很大一部分农户外出就业创业现状，县农信社在各村建立"农信社微喇叭"微信群，宣传金融知识，还组织"赴粤农民工金融服务·先锋队"赴广东省广州市、深圳市、东莞市、佛山市等对雷山籍在粤创业务工人员开展金融知识政策宣传、产品推广、信息采集等金融服务。

(四) 提升"金融夜校"助农脱贫动力

雷山县将"金融夜校"宣传、发放扶贫小额信贷与产业扶贫、扶智、扶志结合，以激发县域贫困户脱贫致富的内生动力。在开展"金融夜校"的过程中，8个脱贫攻坚战区指挥部、154个村指挥所、金融部门及全县2419名结对帮扶干部采取"金融夜校"课堂、村寨院坝会、小组会等方式，就扶贫小额信贷的特点、好处、扶持范围、扶持方式、办理流程及资金使用途径等对村民进行讲解，教育贫困户消除"等、靠、要"思想和好吃懒做的不良习性，立志在扶贫小额信贷资金支持下，结合自家劳力、技能、土地资源等实际，因地制宜发展黑毛猪、小山羊、黄牛、果蔬等种植养殖扶贫产业。

截至2019年末，雷山县累计为10738户贫困户发放扶贫小额信贷，获贷率为83.29%，发放金额为59273.08万元，较好地解决了贫困户缺乏产业发展资金的问题。2019年4月，贵州省人民政府正式批准雷山县退出贫困县序列。2019年7月，雷山县顺利通过国家贫困县退出抽检。

三、经验启示

(一) 扶贫小额信贷政策落地，首先要解决群众知晓度问题

扶贫小额信贷是全新的政策性金融扶贫产品，需要地方政府、金融机构和贫困户的正确认识和支持，这是开展扶贫小额信贷工作的前提。雷山县通过"金融夜校"的方式向当地少数民族贫困户宣传小额扶贫信贷政策、操作

方式，提高贫困户的政策知晓度，减轻贫困户的贷款疑虑，为扶贫小额信贷政策的落地奠定了群众基础。

（二）注重宣传金融政策，提供知识培训，激发贫困群众内生动力

雷山县通过"金融夜校"的方式向贫困户重点讲解扶贫小额信贷政策、产品并开展金融常识、惠农金融产品服务、信用建设、产业技术等相关内容的培训。知识改变命运，贫困户集中培训、学习知识的过程就是激发内生动力、增强信心的过程。

（三）根据贫困户具体情况，采用多种宣传手段

雷山县贫困户数量多、流动性强，需要根据贫困户的具体情况，采用多种手段进行宣传，才能达到效果。除了开展"金融夜校"外，雷山县还在各村通过双语广播宣传扶贫小额信贷政策，通过组建微信群、拍摄微电影等方式向外出就业的农户进行政策宣传。多元化的宣传手段，是雷山县取得良好宣传效果的重要原因。

V 金融支持社会保障机制建设

中国人寿健康扶贫创设"一站式"结算服务

摘要： 为深入贯彻落实党中央、国务院精准扶贫工作的决策部署，中国人寿保险股份有限公司（以下简称中国人寿）积极探索创新，将"健康扶贫工作"与政府提出的服务民生"最多跑一次"改革工作有机结合。2018年8月，在广西崇左首创健康扶贫"一站式"即时结算服务模式，通过跨机构和行业合作、资源整合、环节优化、数据共享等方式，建立"政府＋商业保险＋医疗机构"的"政商医"三方合作平台数据互通，患者出院时"一站式"即时结报，实现"百姓实惠、政府满意、行业认可、医院受益"四方共赢，为促进经济社会和民生事业发展作出积极贡献，是政府积极优化民生服务和保险行业勇担社会责任合作的有益尝试。

一、背景介绍

广西2018年农村贫困人口为140万人，全区贫困发生率为3.3%，是全国脱贫攻坚战役的主战场，崇左市地处革命老区、边境地区、少数民族聚居区、石漠化山区，任务更为艰巨。中国人寿在长期脱贫攻坚工作中发现，因病致贫和因病返贫是老百姓陷入贫困的重要原因之一，小病靠熬，大病靠拖，最后导致一人生病，全家致贫。为此，中国人寿积极发挥保险公司在信息系统、服务网络、经营经验等方面的优势，精准对接贫困人口医疗需求，创新保险业支持精准脱贫的服务模式，简化贫困人口医疗费用报销流程，解决政府部门之间信息数据不互通的问题,努力为保险助力脱贫攻坚探索出一条新路子,以帮助贫困人口提升抵御风险的能力。

二、主要措施和成效

自 2018 年 8 月项目启动以来,"一站式"经办业务在崇左市 7 个县区已实现了全辖覆盖,是广西首个实现"一站式"即时结算服务全覆盖的地市,截至 2019 年末,覆盖人数达 55.17 万人,委托管理基金 6745.54 万元,共有 16 家二级以上医院开通了"一站式"结算,设立了"一站式"社保专窗 9 个,服务贫困人口 60216 人次,报销金额为 5291.93 万元,取得了良好的社会效益。

(一)主要做法

该模式将原来由政府多个部门负责的医疗费用报销工作以委托经办的形式向中国人寿购买服务,将多重医疗保障政策"综合施策",把扶贫办、民政、卫健、社保等部门及大病保险的分散审批整合在一起,统一合并委托中国人寿负责调查、审核、结算和支付。

1. 有效整合资源,创新经办模式。以往由于多重医疗保障政策之间的数据不共享,家庭贫困患者在报销医疗费用时,需经过政府多个部门的人工审核,耗时耗力周期长。为此,中国人寿主动向当地政府汇报,通过创新经办模式,将原来的"老百姓一对多"转变为"经办公司一对多",让数据多跑路,百姓少跑腿。

2. 简化报销手续,优化报销流程。家庭贫困患者办理住院享受"先诊疗后付费"政策,出院结算时,患者一次性完成所有结算程序。同时,对在辖区外定点医疗机构住院的无法实现"一站式"结算的患者,可直接到中国人寿崇左辖区营业网点或联合办公网点进行结算。

3. 发挥技术优势,提高服务效率。通过基本医保系统、保险公司系统、医院信息系统三方数据互通,建立"政府+商业保险+医疗机构"的"政商医"三方合作平台,患者就医时自动识别贫困人员身份,出院结算时,自动核定医疗费用结报金额,真正实现"一单清"。目前,广西崇左辖区已经签约的所有定点医院均已实现"一站式"即时结算,覆盖率达 100%。

（二）项目成效

1. 百姓实惠。"一站式"服务模式简化了医疗报销手续，具有无押金医疗、低比例费用、即时性结算和一站式服务的特点。作业时效由原来的1~3个月不等，缩短至5分钟内，报销流程更快捷，资料手续更简单，实现了患者少跑腿、看病不借钱，有效解决了患者就医压力和看病难的问题。

2. 政府满意。服务模式实现了"小成本运营，多赢式合作，首创性范例"，实现政府部门"四个不需要"：不需要增加人员编制，不需要增加办公设备，不需要增加系统投入，不需要多部门流转。同时通过平台垫付、分月结算的方式，进一步减少了政府开支，资金效率得到提升。该模式得到了各级政府的认可和支持，广西壮族自治区党委书记鹿心社到崇左调研时给予高度肯定，要求及时总结经验，尽快在全区推广。

3. 医院受益。医院可以优先共享商业保险公司客户资源和专业医疗查勘，提升经营效益、增强行业影响力和竞争力。

4. 易于推广。该模式不用增加办公场地，只需配置1~2名合署办公柜面人员即可实施，具有可复制、易推广的特点。

三、经验启示

通过政府购买服务的经办方式，引入商业保险公司参与多重医疗保障体系建设，利用技术手段打通系统数据对接，真正实现了贫困患者就医时"入院免押金、出院一站结、报销时间快、个人负担少"的目标愿景，有效解决了贫困患者就医的实际困难，打通了健康扶贫的"最后一公里"，让政府简化了程序、节省了开支，患者减少了跑腿次数、获得了实惠，获得政府、患者、医院、行业四方的高度认可，实现了多方共赢，可复制、易推广，为减少因病致贫、因病返贫等现象提供了强有力的保障。

太平洋寿险打造"六保一体"医疗保障服务网

摘要：中国太保寿险安徽分公司按照"织密网、兜底线、建机制"的要求，积极主动作为，发挥商业保险公司机制灵活的特点，助力完善医疗保障体系建设、推进医疗保障服务提升。以基本医保经办为基础，逐步开展大病保险、建档立卡贫困人口商业补充医疗保险、医疗救助、"351"政府兜底、"180"慢性病补充保障服务，形成贫困人口"六保一体"的医疗保障服务网，助力肥西县打赢脱贫攻坚战。

一、背景介绍

2015年，安徽作为国家首批四个综合医改试点省之一，率先开展医保管理体制改革。当年4月，省政府制定了《关于推进商业保险机构经办城乡居民基本医疗保险业务试点的指导意见》（皖政办〔2015〕24号）；7月，省财政厅牵头公开招标，在省内众多商业保险公司中选择6家公司经办，中国太保寿险安徽分公司以第三名的成绩中标。2016年6月，中国太保寿险安徽分公司积极参与肥西县基本医保委托商保公司经办招标工作，经过多轮竞标谈判，取得项目经办权。

二、主要措施和成效

（一）主要做法

1. 创新"六保一体"综合医疗保障体系。肥西县贫困人口综合医疗保障包括城乡居民基本医保、大病保险、商业补充保险、医疗救助、"351"政府兜底和"180"慢性病补充保障，即"四保障一兜底一补充"。其中，城乡居民基本医保和大病保险为在原有政策的基础上向贫困人口作出政策倾斜，商业补充保险、"351"政府兜底和"180"慢性病补充保障面向建档立卡贫困人口，医疗救助在面向建档立卡贫困人口的基础上，涵盖低保五保对象和特困供养人员。自 2017 年起，贫困人口参保费用个人费用部分免缴，由财政全额代缴。

2. 创新医保服务举措。一是实行"一站式"结算服务。为降低肥西县建档立卡贫困人口医疗费用负担，中国太保寿险自从经办贫困人口综合医保之日起，多次与卫健委、民政局就工作环节遇到的具体问题进行沟通协调，促进非即时结报案件"一站式"结算顺利实施，并不断优化报销流程，提高时效，要求工作人员"随时受理、随时审核"。报销时效相比经办前缩短一半以上，有效缓解了贫困人口医疗费用的垫付压力。肥西县综合医保服务实现全市所有定点医疗机构的"一站式"结算服务，避免老百姓医疗费用报销过程中的多次奔波，受到了当地百姓的一致好评。

二是引入优质医疗资源，推进分级诊疗。为解决肥西县当地优质医疗资源不足以及看病难、看病贵的问题，2018 年，中国太保寿险安徽分公司与肥西县人民医院联合共建了多学科远程会诊中心，并与上海瑞金医院、上海华山医院、北京 301 医院等一线权威医院对接，将发达地区的优质医疗资源引入当地；为省级三甲医院与肥西县卫健委之间牵线搭桥，促成安医大二附院托管肥西三河医院，提升了当地的医疗服务能力。以上举措，在解决了老百姓看病难的同时，有效推动了分级诊疗，保证了医疗基金的合理使用。同时公司签约聘请了省级医疗专家 40 人成立医疗专家库，其中包括 10 余名博导、硕导。针对肥西卫健委提出的服务需求召开医疗专家专题研讨会，讨论确定了病例评审、特殊诊疗服务、基层医疗机构定点帮扶等具体服务内容。

三是开展健康讲座，发展健康文化，培育良好的生活习惯。为贯彻落实《"健康中国 2030"规划纲要》，进一步落实"健康肥西"的目标，中国太保寿险安徽分公司与肥西卫健委联合举办"健康大讲堂"活动，通过省级权威专家对肥西县全年近百场的健康宣讲教育，包括"三减三健、学生保健"等专题讲座，实现老百姓"不生病、少生病"的目标。

（二）主要成效

2017—2019 年，肥西县贫困人口综合医保政策共补偿 36.28 万人次，累计赔付金额达 1.86 亿元。经贫困人口综合医保政策补偿之后，肥西县建档立卡贫困人口医疗费用实际报销比例达到 90% 以上，实现让贫困人口"看得起病、看得好病、看得上病"。

目前，肥西县内13个重点贫困村已全部脱贫出列，脱贫人口脱贫不脱政策，中国太保寿险安徽分公司将继续在肥西县政府的支持下，织牢肥西县贫困人口医保服务网，为已脱贫户不再"因病致贫、因病返贫"提供保障。

三、经验启示

1. 给补偿更要给服务。在为贫困人群提供充足医疗保障的同时，更要做好各保障之间的服务衔接。在中国太保寿险安徽分公司承接基本医疗保险、大病保险、医疗救助、商业补充医疗保险、"351"兜底、"180"慢性病补充保障之前，贫困人群在办理报销时需要到卫生、民政等部门分别办理不同医疗保障报补工作，造成患病贫困群众不去报销、漏报销、报销到账时间过长等问题。现通过开展"六保一体"和"一站式"结算医疗保障服务，贫困人群在中国太保寿险安徽分公司医保服务中心即可一次性办理所有医疗保障报销，同时，大大缩短了医疗费回款时间，进一步减轻了贫困人群的压力。

2. 强服务也要强管理。肥西县医保中心在将医保服务工作交由中国太保寿险安徽分公司经办后，中心原医保人员全部投入对医疗机构服务行为、商保公司经办服务的管理以及医保政策制定中，真正建立起政府主导、市场运作、管办分开、适度竞争、管理科学、便民惠民的城乡居民基本医保经办管理新机制。

3. 助脱贫也要防致贫。《"健康中国2030"规划纲要》指出，建立健全健康促进与教育体系，提高健康教育服务能力，从小抓起，普及健康科学知识。中国太保寿险安徽分公司在实施"六保一体"医疗保障服务助力贫困人口脱贫的同时，联合卫生部门开展健康讲座进乡镇、进社区，发展健康文化，培育良好的生活习惯，降低了广大群众"因病致贫"的风险。

中国人寿发挥保险功能
筑建健康扶贫"四道医疗保障线"

摘要： 健康扶贫工程是遏制因病致贫、因病返贫的重大举措。中国人寿江西省赣州分公司主动参与、积极投入，协同地方政府共同筑建健康扶贫"四道医疗保障线"——城乡贫困人口基本医疗保险、大病保险、疾病医疗补充保险、医疗救助，通过产品创新、服务创新等扎实做好大病保险，为贫困人口提供优质、高效的医疗保障服务，织牢织密贫困群众的医疗健康防护网，勇于践行金融央企社会责任与担当。

一、背景介绍

为深入贯彻落实党中央、国务院、省委、省政府脱贫攻坚决策部署，切实解决贫困人口因病致贫、因病返贫的问题，2016年以来，赣州市在江西省率先由政府出资为城乡贫困人口投保了疾病医疗补充保险，构建了城乡贫困人口基本医疗保险、大病保险、疾病医疗补充保险、医疗救助的健康扶贫"四道医疗保障线"。其中大病保险和疾病医疗补充保险由各保险公司承保。通过这四道保障线，贫困人口住院医疗费用的平均报账比例达到90%，贫困人口个人自付医疗费用比例有效控制在10%以内，极大地减轻了贫困户的医疗负担，让贫困户看得起病、住得起院。

中国人寿赣州分公司秉承"成己为人，成人达己"的企业文化，积极发挥专业和规模优势，落实党中央、国务院扶贫工作精神，把大病保险作为脱贫攻坚战的主攻方向，积极参与各地政府的医疗经办服务，自2013年起即成功承办城乡居民大病保险，与政府共同为城乡贫困人口构建基本医疗保险、大病保险、疾病医疗补充保险、医疗救助的健康扶贫"四道医疗保障线"，成为其中坚实的"第二道保障线"。

二、主要措施和成效

（一）响应扶贫政策，配套产品创新

为深入参与国家医疗保障体系建设，根据政府扶贫政策，中国人寿开发了"国寿美好生活精准扶贫团体补充医疗保险"产品，该产品由政府相关部门为符合政策的特定人群投保具有风险调节机制的基本医保范围内医疗保险业务。中国人寿赣州分公司积极参与"四道医疗保障线"构建，承担大病医疗保险，是防止"因病致贫、因病返贫"的重要防线。

（二）简化处理流程，推进服务创新

1. "一站式"即时结算，少跑路，省力便民。中国人寿赣州分公司积极配合当地医保局等相关部门，加快信息化建设，实现了大病保险信息系统与医保系统对接，实现了"一站式"即时结算服务，贫困患者出院时仅凭身份证和医保卡即可在医疗机构完成医疗费用的结算和报账，无须再另外跑医保局、跑保险公司，切实实现了便民利民，避免了报账耗时长、资料多、手续繁等问题，提升了保险服务特别是保险理赔的效率，提升了参保人就医体验感。

2. 减轻就医负担，低起点，暖心利民。为有效降低贫困人口自付医疗比例，进一步减轻贫困人口医疗负担，中国人寿赣州分公司三度降低贫困人口大病保险补偿起付线，由6000元下调至1000元，为贫困人口提供了更高的保障。赣州崇义邹某某在2019年3月，因脑出血送至崇义县人民医院进行脑颅手术，后在县人民医院和赣南医学院第一附属医院先后住院6次，合计花费518857.95元，享受健康扶贫"四道医疗保障线"累计报销医疗费467024.03元，其中中国人寿承担的费用为319064.88元，占整个报销比例的68.32%，个人实际负担51833.92元，保障比例达到90%，极大地减轻了其医疗费用负担。

3. 增纳报销项目，广覆盖，便民解难。城乡居民大病保险将慢性病门诊、未成年人意外伤害、门诊特药等项目纳入报销范围，大幅度减少个人负担比例，为贫困群众提供了更广的医疗保障，进一步解决了老百姓看病难、看病贵的问题。

（三）践行社会责任，"零负担"实现"高保障"

赣州贫困人口参保个人缴纳的费用由政府全额承担，真正实现了"零负担"，贫困人口二次补偿由大病保险基金支付，不设最高支付限额，真正实现了"高保障"，极大地减轻贫困户的医疗花费，提升了贫困群众的获得感、幸福感。2018 年，中国人寿赣州分公司累计支付贫困人口大病保险（含二次补偿）金额为 14630.46 万元。2019 年，累计支付贫困人口大病保险（含二次补偿）金额为 16100 万元，大病保险赔付 16 万人次。

（四）加强工作管理，促进工作成效

中国人寿赣州分公司密切联系政府职能部门，做到常沟通、常汇报，确保工作无缝对接，并从加强服务能力出发，发挥网络及专业优势，积极开展驻点巡查及异地调查工作，保障基金安全及群众利益。

同时对建档立卡人员实现动态管理，精准施策。做好建档立卡人员的精准识别与管理，利用各乡镇卫生院在上一年度入户调查时收集的数据，对已有贫困人口进行数据维护，认真核对核实核准贫困人口基本信息和患病情况，对新增的贫困人口，走村入户，全面核实每个贫困家庭的患病人数、病种、病情和治疗等情况，并及时将数据录入系统，做到一户一档、及时更新、动态管理，做到新发一例管理一例，治愈一例销号一例，使贫困患者信息始终处于滚动更新状态，确保扶贫人员能够熟悉医保政策。

三、经验启示

（一）商业保险模式能够积极助力精准扶贫

保险公司经营以风险为对象的产品，具有经济补偿、资金融通和社会管理工作功能，随着扶贫工作不断推进细化，商业保险在大病保险、补充医疗、养老保险等领域与社会保险互为补充，共同构建多层次的社会保障体系，提供各类保障，防止贫困户因疾病、意外等持续陷入贫困泥潭。

（二）大病保险在"四道医疗保障线"中发挥了不可替代的作用

党的十九大报告提出，"完善统一的城乡居民基本医疗保险制度和大病保险制度"，将大病保险制度与城乡居民基本医疗保险制度置于同等重要的位置，因病致贫、因病返贫不会因为全面完成脱贫攻坚任务而自然消失，健康扶贫是一项长期性工作，建立起以大病保险为主体的健康扶贫长效机制保险能够确保扶真贫、真扶贫。

（三）加强管理，提升服务才能更好地将健康保险扶贫工作落到实处

从中国人寿赣州分公司的实践看，它们在管理和服务上下足了功夫。中国人寿将不断提高自身管理工作能力，在保证资金安全、建立专业队伍、优化服务流程等方面不断加强，为参保人提供更加高效便捷的服务。

金融单位定点扶贫

定点扶贫是中国特色扶贫开发事业的重要组成部分,是打赢脱贫攻坚战的重要举措。党的十八大以来,人民银行、银保监会、证监会等23家金融单位组织系统内93万余人参与定点扶贫,对口帮扶65个国家级贫困县,其中,深度贫困县19个。

总体来看,案例中各单位贡献金融智慧,展现金融担当,积极破解"三农"问题,激发农村农业发展内生动力,增强贫困群众获得感、幸福感,开创了"民生工程"新局面;精准对接贫困地区金融需求,优化金融供给,把握市场机遇,培育了"发展工程"新动能;强化党建引领,不断提升金融参与社会治理的广度和深度,将优化社会治理的"政治工程"推向新高度。其主要特点如下:

强化党建引领作用。各定点扶贫单位将基层党建和脱贫攻坚工作紧密结合,以创建党建品牌为抓手,加强村级标准化基层党组织建设,把村党支部建设成推进特色产业发展、带领贫困户脱贫致富、维护农村稳定、推动乡村振兴的坚强领导核心。

创新产业扶贫新模式。各定点扶贫单位充分运用政策、资金、信息、技术密集的优势,充分发挥金融的平台作用,把产业扶贫和消费扶贫作为定点扶贫的关键举措,围绕做大做强特色产业,充分挖掘自身资源、不断探索新模式、创造新机制,将金融扶贫与发展当地产业紧密结合起来,增强贫困地区产业"造血"功能。

加强民生工程建设。各金融单位将定点扶贫与加强民生工程建设、优化基层社会治理相结合,充分发挥扶贫资金灵活、高效的特点和金融资金的规模优势,协调投入资金114055.62万元,精准组织义务教育、基本医疗、住房安全、饮水安全等各类民生项目,帮助贫困人口1691578人,助推帮扶地区补齐"两不愁三保障"短板弱项,巩固了党的执政基础。

注重扶贫与扶智相结合。各金融机构坚持把扶贫和扶志、扶智结合起来,把救急纾困和内生脱贫结合起来,组织开展形式多样的教育帮扶、智力帮扶活动,激发贫困地区脱贫动力,提升脱贫能力。

人民银行把金融定点扶贫"责任田"打造成金融精准扶贫"示范田"

摘要：近年来，人民银行以定点扶贫为抓手，深入贯彻习近平总书记关于"做好金融扶贫这篇文章"重要指示精神，深耕定点扶贫的"责任田"，着力打造金融政策落地、金融普惠实现、信用价值彰显、风险防控有效的金融精准扶贫"示范田"。经过多年努力，人民银行定点扶贫取得了丰硕成果，连续3年在中央单位定点扶贫考核中被评定为第一档次"好"，人民银行扶贫办荣获"中央和国家机关脱贫攻坚先进集体"称号，定点帮扶的两区县已高质量摘帽。实践出以"示范田"为标准的"宜君模式"，被评为陕西省优秀改革案例、"全国民生示范工程"案例，被世界银行推荐为普惠金融全球倡议项目。

一、推动金融政策落地

（一）强化组织实施

加强金融扶贫顶层设计，建立和完善人民银行、银保监会、证监会、金融机构等参与的脱贫攻坚金融服务工作联动机制，实现了金融政策互动、工作联动和信息共享。牵头制定《关于金融助推脱贫攻坚的实施意见》《关于切实做好2019—2020年金融精准扶贫工作的指导意见》等意见办法。定期召开金融扶贫工作推进会、金融定点扶贫推进会及研讨会、定点扶贫工作领导小组会议及联席会议。实践中，人民银行成立了以分管行领导任组长、各司局和直属企事业单位及相关单位为成员的扶贫开发工作领导小组，成立了13个专项工作小组，在铜川成立驻铜工作组、临时党支部、项目工作小组、驻村工作队，建立了职责明晰的扶贫工作机构，形成专业指导、上下联动、协调推进的扶贫工作机制。

（二）强化政策传导

坚持金融精准扶贫目标导向，统筹协调、全面细致抓好金融政策措施贯彻落实，不断创新金融服务模式，优化金融服务手段，确保金融扶贫政策落实不走样、不打折扣。在实践中，人民银行积极发挥货币政策工具的精准滴灌作用，用好用活再贷款、差别化存款准备金等政策工具，引导信贷支持实现行业精准、对象精准、利率精准，各项金融扶贫政策精准传达至定点帮扶县区。自帮扶以来，人民银行累计向两县区投放扶贫再贷款6.47亿元，对符合条件的金融机构执行差别化存款准备金率，撬动地方法人金融机构累计发放涉农贷款72.3亿元。

（三）强化督促检查

人民银行建立了对帮扶地区督导、对扶贫项目督导、对金融扶贫督导、对作风建设督导等"四位一体"的督导体系，督导帮扶县区党政落实主体责任，有效实施金融扶贫项目，有效落实扶贫再贷款及产业扶贫担保基金等金融扶贫政策，夯实金融扶贫领域作风建设。定期开展扶贫再贷款、扶贫小额信贷等政策落实情况核查、评估等工作，建立督促检查的长效机制，对政策执行不到位、打折扣、变了形的情况，认真查摆，督促落实整改，完善和强化了抓落实的制度保障。

（四）强化交流推介

积极通过各类媒体、金融机构营业网点以及村组、社区等公共宣传栏，大力开展金融扶贫服务政策宣传。及时梳理、总结精准扶贫金融服务工作中的典型经验、成功案例、工作成效，加强宣传推介和经验交流。在实践中，人民银行牵头召开中央金融单位定点扶贫推进会、研讨会、决战决胜脱贫攻坚会议，拍摄《脱贫攻坚的金融力量》宣传片，交流金融扶贫经验；结集出版人民银行系统、金融单位融媒体图书，立体展示金融脱贫攻坚成效。

二、推动金融普惠实现

（一）强化普惠金融政策设计

牵头制定《关于金融助推脱贫攻坚的实施意见》等政策文件。创设扶贫再贷款、支小再贷款等货币政策工具，引导金融机构加大对普惠金融领域的信贷支持力度。实施差别化信贷政策，开展金融精准扶贫政策效果评估，做好易地扶贫搬迁相关资金筹措和管理服务、金融扶贫信息对接和统计监测。推动银行机构设立普惠金融事业部。支持和引导地方政府、金融机构和社会资本进入普惠金融领域，专项资金主要用于县域金融机构涉农贷款增量奖励、农村金融机构定向费用补贴、创业担保贷款贴息及奖补。人民银行制定印发《陕西省铜川市宜君县农村普惠金融示范区试点方案》，提出构建满足需求的普惠金融服务体系、打造普惠金融教育体系、建设便捷高效的金融基础设施体系以及加强领导保障4个方面12项改革任务。

（二）下沉金融服务重心

推动政策性金融、开发性金融、市场化金融机构下沉金融服务中心，合力参与脱贫攻坚。指导国家开发银行和农业发展银行设立扶贫金融事业部，提高开发性金融和政策性金融扶贫服务质量和效率。推动大型商业银行和股份制商业银行成立普惠金融事业部、"三农"金融事业部。引导中小金融机构强化支农市场定位，优化县域基层网点设置，推动832个国家扶贫开发重点县的16.63万个行政村实现专业化金融扶贫机构全覆盖。人民银行推动定点帮扶区县建立843个惠农支付服务点、19个普惠金融综合服务站；推动全国乡村振兴卡在宜君县首发，有效解决金融服务不均衡不充分等问题，在两区县已累计发卡4791张；推动增设农业发展银行宜君县支行、工商银行宜君县支行，推进帮扶地区农信社改制，丰富了脱贫攻坚金融服务供给体系。

（三）加强金融知识普及

深入推进金融知识普及教育，培育贫困地区金融风险意识，提高金融消费者维权意识和能力，引导公众关心、支持、参与普惠金融实践活动。人民银行推动开发铜川市普惠金融服务平台，推动"背包银行"和"银行流动服务车"建设，在两县区建立843个惠农支付服务点，实现行政村全覆盖，推动两区县建立19个普惠金融综合服务站点，实现了"基础金融不出村、综合金融不出乡镇"；实施"金融知识扫盲工程"，通过配置金融知识宣传机、设立金融知识学习专区，组织举办金融知识宣传巡演，开展"体验式"金融知识宣传活动，打造农民身边的综合金融知识"加油站"；以"金惠工程"为抓手，组织志愿者进村入户开展金融知识宣传教育，建立起以点带面的宣传机制；开展金融扶贫专题培训，实施精准助教项目，面向帮扶地区基层党政干部和中小学教师开展金融教育培训。

三、推动信用价值彰显

（一）建立完善工作机制

牵头出台《关于推进农村信用体系建设工作的指导意见》《关于加快小微企业和农村信用体系建设的意见》《小微企业和农村信用体系建设数据项指引》等，为推进农村信用体系建设提供了方向和标准。人民银行指导帮扶地区制定社会信用体系建设工作要点，推动出台《宜君县信用户、信用村、信用乡镇（街道）评定暂行办法》，切实加强对帮扶地区信用体系建设的组织领导和统筹协调。

（二）搭建信用信息平台

推动帮扶地区搭建贫困户信用信息共享平台，设立农户综合信用信息中心，采集农户基本信息、社保、奖惩等非银行信息，使农户拥有"信用身份证"，实现与扶贫部门的贫困户建档立卡信息进行对接和共享。人民银行在帮扶地区探索实施差异化的贫困户征信政策，针对有发展生产意愿的贫困户，探索构建"优惠+谅解+救济"的信用重建机制，通过实施"优惠机制"，引导金融机构为贫困户开通便捷"绿色信贷"渠道；实施"谅解机制"，针对有征信不良记录但欠款已还清的贫困户，引导金融机构重塑信贷流程，开通"普惠信贷"渠道；实施"救济机制"，针对因非主观恶意致使贷款无法归还的贫困户，进行二次评级授信，引导金融机构开通"特惠信贷"渠道。截至2020年6月末，宜君县对3564户贫困户开展信用评级，信用评级率达到100%；为548户失信贫困户重建信用，占失信贫困户的82%以上，授信合计达2215.9万元；指导帮扶地区银行机构为两区县30个行政村镇授牌"信用村"，授信户数为2619户，授信2.16亿元，为504户农户发放贷款0.35亿元。

（三）加强征信宣传教育

加快建设社会信用体系，强化社会信用监测监督监管，从源头治理失信问题，营造良好的信用环境。人民银行在帮扶地区乡村级"普惠金融综合服务站"加载信用信息采集、信用报告查询等服务功能,强化失信贫困户对自身信用的关注度和应用度;依托在行政村建立的"普惠金融教育培训基地",配备志愿者面向贫困村开展日常征信宣传;开展专项活动,通过征信体系建设专题讲座、"6·14征信记录关爱日"、普惠金融文艺巡演活动等,深化"宣传+培训+体验"式宣教方式;开设征信教育课程,编制《普惠金融知识系列读本》征信篇章,在试点学校开设课程,实现"教会一个孩子,带动一个家庭";推动征信体系建设纳入县域金融生态环境评价,建立健全"褒扬诚信、惩戒失信"的联合惩戒机制,营造良好信用生态环境。

四、推动风险防控有效

(一)建立金融扶贫风险防范机制

人民银行联合相关部门出台《关于促进扶贫小额信贷健康发展的通知》等政策,细化风险补偿触发条件及代偿程序,规范预警、防范、代偿、化解处置工作流程和措施办法。在实践中,人民银行推动帮扶地区建立相关制度,指导帮扶地区成立县、乡、村三级金融服务部,明确各司其职、衔接有序的制度和流程,加强贷款初审、审核及贷后监管,严格监管资金投向,确保贷款资金用在扶贫项目上,实现用得好、用得安全。推动帮扶地区建立扶贫小额信贷考核机制,制定细化指标体系,对银行机构扶贫小额信贷按月监测,按季度考核。

(二)建立风险共担缓释机制

搭建政银企风险共担机制,推动帮扶地区对扶贫小额信贷进行全额贴息;推动帮扶地区政府出资设立扶贫小额信贷风险补偿基金,实现地方政府和金融机构风险共担。在实践中,推动帮扶地区完善担保体系建设,累计投入2200万元资金,撬动地方政府配套资金,成立3800万元规模的产业扶贫担保基金,充分发挥扶贫资金杠杆作用,引导和撬动银行机构贷款用于精准扶贫、精准脱贫,有效破解农业产业融资难、融资贵问题。截至2020年6月末,通过担保基金累计办理担保业务43笔,撬动银行贷款3970万元,带动1149户贫困户脱贫致富。

(三)建立保险跟进防范机制

推动保险机构精准对接脱贫攻坚多元化保险需求,完善精准扶贫保险支持保障措施,健全脱贫攻坚保险服务工作机制,撑起脱贫攻坚金融后盾。人民银行推动全国首单苹果"保险+期货"在宜君成功落地;为帮扶地区农业龙头企业配置"扶贫保""助农保",实现两区县贫困户全覆盖;支持帮扶地区保险助推脱贫攻坚示范区建设,向苹果种植户提供种植险补贴,推动小麦、玉米、核桃、油菜、能繁母猪等16个政策性农业保险落地,创新肉羊、鸡蛋期货新险种,为贫困人口罹患重大疾病和遭受财产损失等提供综合性风险保障。

(四)建立防止返贫监测机制

开展脱贫攻坚回查,聚焦"两不愁三保障"脱贫标准,开展脱贫攻坚"定期回访"。开展贫困动态监测,加强对脱贫人口的脱贫成效和收入监测,确保收入水平稳定超过国家扶贫标准,且整体水平保持稳定,对不符合条件的人口及时剔除,对符合条件但遗漏在外的人口以及返贫人口,及时纳入帮扶。人民银行推动帮扶地区建立健全防止返贫政策保障,严格落实"四个不摘"要求;建立健全利益联结机制,扶持贫困人口就业,带动群众稳定脱贫;实施智志双扶,投入616.3万元建立教育扶贫基金,资助5054名贫困学生和158名困难教师;开展扶贫干部、致富带头人、技术人员培训,通过引进来、走出去学习的方式,把先进理念、优秀人才、先进技术、发展经验等要素引进帮扶地区,提升发展内生动力和发展能力。

国家外汇管理局集金融系统合力实施精准扶贫

摘要： 国家外汇管理局（以下简称外汇局）始终把定点帮扶巨鹿脱贫攻坚工作作为重大政治任务，以"局银企"扶贫模式为抓手，积极调动金融资源，建立"局银企"共同帮扶的"巨鹿模式"，形成了外汇局（国家总局、河北省分局）牵头，国开行河北省分行、农发行河北省分行和中国银行河北省分行参与，多家企业支持的"1+3+N"工作机制，切实发挥金融扶贫的助推作用。

一、发挥金融优势，构建扶贫工作合力

一是协调人民银行巨鹿县支行向巨鹿县农商行发放扶贫再贷款1亿元、授信支小再贷款2亿元，降低企业融资成本。二是协调推动中国农业发展银行多个项目逐步落地，支持巨鹿县26亿元融资额度的13个项目，为巨鹿县脱贫攻坚、乡村振兴提供"融智、融资、融力"服务。为督促项目尽快落地，农发行河北省分行派出1名处级干部挂职巨鹿县副县长，助力农业转型升级。目前，该行支持巨鹿防疫物资生产企业贷款5000万元、支持金炳诚葡萄标准化基地建设贷款1450万元都已到位。三是协调浙江网商银行股份有限公司就县域普惠金融与巨鹿县人民政府签署了合作协议，对区域农业农村市场及潜在金融需求进行评估分析，为巨鹿县定制适合当地需求的信贷产品。四是联合人民银行及金融机构深入推进金融科技惠民工程，积极拓展金融IC卡在公共交通、公共医疗等多领域的应用。五是协调国家开发银行加快推进一批重点项目建设。2019年，外汇局与国开行北京、广东、福建等6个省、直辖市分行，广州王老吉、中铁中基等6家国企及大型企业，到巨鹿召开支持巨鹿县脱贫攻坚招商引资对接会，国开行河北省分行、巨鹿县政府、邢台路桥总公司签订《促进巨鹿县民营企业健康发展开发性金融合作协议》，邢台路桥公司发放民企专项贷款，约1500万元用于该县民营企业。国开行北京分行、美菜网与巨鹿县农业农村局、巨鹿县家庭农场协会签订《流动资金扶贫贷款项

目产业扶贫合作协议》，与巨鹿县建立长期产销合作关系，帮助销售农副产品。

二、多措并举，推进帮扶政策落地落实

（一）继续选派干部挂职扶贫

自1994年开始，外汇局就与巨鹿县"结成对子"，先后派出13名扶贫干部到巨鹿挂职、驻村帮扶，团结带领村干部抓党建促脱贫、抓产业谋发展，积极为农产品开销路、拓市场，带领农村基层党组织发挥了战斗堡垒作用。此外，2019年底外汇局还与阿里巴巴集团政府事业部进行协调，达成了由阿里巴巴集团选派扶贫特派员到巨鹿县协助定点扶贫的意向。2020年初，建立了驻巨鹿工作队工作机制，扶贫工作开展更加顺利高效。

（二）产业扶贫落地开花

一是打造了在充分尊重群众意愿的基础上，大力发展5个现代农业扶贫园区，1条林下经济扶贫长廊，金银花、枸杞、畜牧养殖、油葵等10大扶贫产业的"5+1+N"产业扶贫格局，推动产业规模化发展。二是外汇局驻巨鹿工作队会同河北省分局、邢台市中心支局积极走访冀中能源国际物流集团和晨光生物集团等企业，推进项目落地。三是引导农户通过改善种植结构增加收入。外汇局筹措捐赠资金315万元，为农户发展富硒农业和发展成方连片的葡萄、中药材等经济作物提供资金支持，同时协调建设农业技术培训基地，配套远程教育设备等，为贫困户提供技术支持。四是协调阿里巴巴筹划了蚂蚁金服互联网金融项目和蚂蚁森林项目，用蚂蚁金服便捷无抵押的信用贷款支持巨鹿特色扶贫产业发展，并完成了蚂蚁森林的选址。五是在巨鹿县大留庄村创新设计了"以梨抵苗"捐助项目。经广泛宣传动员，外汇局系统职工参与活动热情高涨，捐款共计14.16万元。本着"专款专用"原则，已完成80亩地总计1.24万棵富硒梨树的种植任务，梨苗成活率接近99%，年底预计产量可达约2万斤。2021年，果树进入丰产期，预计产量可达约24万斤。该项目在增加贫困村民收入、解决就业、壮大集体经济方面发挥了巨大作用。

(三) 教育文化扶贫顺利发展

一是实地调研全县所有乡镇学校,听取学校负责人汇报,重点了解了乡村教师生活住宿和多媒体硬件情况,谋划了农村教育水平提升、乡村教师安巢等项目;二是 2020 年 5 月,外汇局联合阿里巴巴公益基金会向巨鹿县各中小学校捐赠防疫口罩 20.1 万只,为学生的复课工作提供了保障;三是协调发起阿里巴巴脱贫基金会和中国扶贫基金会的教育资助项目——"新未来高中生计划",第一期为巨鹿一中 50 名困难学生提供每人每学年 3000 元的资助;四是分批次对老师进行在线培训,目前已经完成 490 人次,并为全县 969 位乡村老师免费开通了松果课堂账号,可以随时观看优质课程。

(四) 电商消费扶贫力度继续加大

一是通过阿里巴巴品牌溯源、企业入驻淘宝心选,以及引入明星助农综艺节目组到巨鹿做节目、直播带货等多个方式,提升巨鹿农特产品的知名度;二是扶贫挂职干部带头开直播推广农特产品,并积极争取主要县领导为农特产品深加工饮料代言,协调宣传部门拍摄了金银花、枸杞、红杏饮料的推广视频;三是协调中国银行、中国农业银行、中国农业发展银行等在其手机商城中上线巨鹿农特产品,拓宽线上零售市场;四是开办乡村致富班,特邀请淘宝大学金牌讲师、淘宝直播 TOP 主播,通过线下启动线上授课、巨鹿县域网货品鉴、结业考试的形式,对学员进行全方位授课,以打造专业的电商团队。

国家开发银行践行使命担当
倾力做好定点扶贫工作

国家开发银行深入学习贯彻习近平总书记扶贫重要论述，认真落实党中央、国务院关于定点扶贫的决策部署，将支持定点扶贫县脱贫发展作为义不容辞的政治责任和社会责任，与定点帮扶的四川省古蔺县，贵州省务川、正安、道真县建立了同呼吸、共命运的紧密联系，累计支持4个县322个贫困村退出、40.9万人口脱贫，全部实现脱贫摘帽。自2017年起，开发银行连续3年在中央单位定点扶贫工作考核中获得最优等次，考核结果为"好"。

一、践行使命担当，坚决落实定点扶贫主体责任

（一）强化组织领导

多年来，开发银行深入学习贯彻习近平总书记关于定点扶贫的重要指示精神，将做好定点扶贫工作作为增强"四个意识"、坚定"四个自信"、做到"两个维护"的实践检验，不断加大定点扶贫工作力度。2013年成立了定点扶贫工作领导小组，目前成员单位包括总行14个部门、定点扶贫县所在的2家省分行及3家控股子公司。总行党委班子成员每年赴定点扶贫县开展调研，每年召开定点扶贫座谈会，与当地政府共商支持举措。同时，将定点扶贫工作纳入分行党委向总行党委签订的《开发性金融支持脱贫攻坚责任书》，压实定点帮扶责任。

（二）加强部署推动

2013年，开发银行制定《关于进一步做好定点扶贫工作的意见》，明确定点扶贫总体思路、支持重点、主要工作方式等内容。2017年以来，逐年向国务院扶贫开发领导小组签订定点扶贫责任书，每年制订定点扶贫专项工作计划。同时，定期召开全行定点扶贫领导小组会议，强化部署推动，确保帮扶工作落到实处。

二、融资融智协同，向定点扶贫县提供全方位金融服务

（一）向重点领域提供资金支持

截至 2020 年 8 月末，开发银行累计向 4 个定点扶贫县发放支持脱贫攻坚贷款 136 亿元，安排捐赠资金 1.127 亿元，为定点扶贫县脱贫发展提供了有力支持。在易地扶贫搬迁方面，发放贷款 15.2 亿元，惠及 6.4 万搬迁人口。在农村基础设施方面，围绕村组道路、安全饮水、环境整治、校安工程等重点难点，累计发放贷款 59 亿元，惠及 323 个贫困村 22.2 万贫困人口。在产业扶贫方面，通过开展转贷款、龙头企业合作等方式，累计发放产业扶贫贷款 6.7 亿元，支持当地企业和农户发展生产。在教育扶贫方面，累计发放助学贷款 10.8 亿元，惠及家庭贫困学生 11.9 万人次。同时，在古蔺试点中职教育助学贷款，支持 1000 余名家庭贫困学生接受中等职业教育。

（二）融智融情提升内生发展动力

多年来，开发银行坚持"规划先行"，发挥专家、行业优势，主动参与和支持定点扶贫县扶贫开发规划编制，并重点做好系统性融资规划的编制工作，助力科学发展。积极开展扶贫培训，为 4 个县培训基层干部约 8000 人次、扶贫人才约 2800 人次，有力提升基层干部推进脱贫攻坚的能力和水平。加大人才支持，先后向定点扶贫县派驻扶贫干部和驻村第一书记 20 人次，作为规划员、宣传员、联络员，用实际行动为定点扶贫县谋发展、促脱贫。坚持"助学+助业"两手抓，在做好助学贷款的同时，围绕贫困学生实际需求，通过举办毕业生招聘培训会、专场招聘会等活动，助力高校贫困学生实现精准就业。

三、加大帮扶力度，积极开展专项捐赠和消费扶贫

（一）集中资源加大捐赠力度

开发银行集中全行捐赠资源，累计安排定点扶贫捐赠资金 1.127 亿元。2020 年以来，克服特殊时期工作困难，打破常规，简化流程，以最快速度完成捐赠资金相关审批，首批捐赠资金 3399 万元于 3 月初拨付到县，支持特色产业发展、教育扶贫、健康扶贫、安全饮水工程等脱贫攻坚补短板项目建设。

同时，积极开展社会公益扶贫。与中国西部人才开发基金会合作开展"彩烛工程"公益培训，联合北京师范大学为4个县137名小学校长举办3期培训。与中国青少年发展基金会合作开展"快乐音乐教室"项目，为务川、正安、道真设立6所音乐教室。与中国扶贫基金会共同开展"新长城"贫困高中生资助项目，为定点县600多名高中自强班学生的学习生活提供支持保障。

（二）开展消费扶贫专项行动

开发银行把消费扶贫作为支持贫困地区产业发展的重要举措，制定专门工作意见，并将任务分解细化，动员全体员工积极参与。依规加大食堂大宗食材采购和职工福利购买，目前总行食堂使用的米、面、油、鸡蛋、猪肉、鸡肉等大宗食材均为扶贫产品。同时，向全行发布倡议书，号召全体员工积极购买湖北省滞销特色农产品。此外，积极推动贫困地区特色产品上线电商平台，动员客户资源和其他社会力量购买产品。2019年以来，直接购买贫困地区农产品2942万元，帮助销售贫困地区农产品695万元，缓解了贫困地区特别是定点扶贫县农产品滞销难卖的问题。

四、克服疫情影响，助力定点扶贫县巩固脱贫成果

（一）党委高度重视

2020年伊始，新冠肺炎疫情暴发后，开发银行党委高度重视，积极加强与定点扶贫县的沟通对接，了解疫情防控情况以及需要解决的困难问题，并通过微信连线、脱贫攻坚指挥系统等多种方式与派驻干部召开远程会议，积极协助4个县开展疫情防控和脱贫攻坚工作。2020年5月，党委书记、董事长赵欢在北京疫情防控应急响应等级下调后首次离京，即专程赴4个定点扶贫县调研，并召开两次定点扶贫座谈会，带头推进定点扶贫工作。截至目前，开发银行提前7个月完成中央单位定点扶贫责任书全部任务，并对国务院扶贫办定点扶贫业务管理子系统中的各项工作做到件件落实。

（二）扶贫派驻干部迅速到位

疫情发生后，开发银行第一时间组织扶贫派驻干部返岗，积极投入疫情防控和脱贫攻坚工作。开发银行派驻古蔺县干部主动放弃春节假期，大年初三即提前返回古蔺，积极参与人员排查、防疫宣传、物资保障等工作。派驻

正安县干部个人自费购买并捐赠口罩1000个，并联系爱心企业向当地捐赠防护服80套，帮助联系购买额温枪200把。派驻务川县干部借助开发银行东西部扶贫协作机制，帮助当地向宁波销售3000只乌骨鸡，解决因疫情导致的滞销问题，给村民带来近30万元的收入。

下一步，国家开发银行将坚决贯彻落实习近平总书记"把短板补得再扎实一些，把基础打得再牢靠一些"的重要指示精神，切实做到"四个不摘"，全力以赴，进一步做好定点扶贫工作，帮助定点扶贫县巩固脱贫成果，真正实现持久稳定脱贫。

中国农业发展银行深化"四融一体"帮扶格局 补齐"三农"民生最大短板

摘要： 中国农业发展银行（以下简称农发行）构建深化融资、融智、融商、融情"四融一体"帮扶工作体系，举全行之力帮助贵州省锦屏县、广西壮族自治区隆林县、云南省马关县、吉林省大安市，4个县的平均贫困发生率由2015年的20.30%降至1.3%，共计474个贫困村脱贫出列，22.8万名贫困人口脱贫。农发行连续3年在中央单位定点扶贫工作考核中获得"好"的最高等次，2020年，农发行克服疫情影响，提前7个月超额完成定点扶贫责任指标任务。农发行驻锦屏县罗丹村第一书记杨端明同志荣获2018年全国脱贫攻坚奖，先后4名挂职扶贫干部和驻村第一书记获得省级表彰。

一、健全体制机制，构建全行帮扶工作格局

农发行加强顶层设计，健全体制机制，"四融一体"的帮扶格局不断探索、逐步完善。一是强化顶层谋划。成立由党委书记、董事长任组长的定点扶贫工作领导小组，谋划全行定点扶贫工作；率先制定政策性金融扶贫五年规划和三年行动方案，把定点扶贫作为重要内容进行统筹安排；每年召开定点扶贫工作会议、出台定点扶贫工作意见；按季度召开定点扶贫视频会议，及时帮助定点扶贫县解决实际困难。二是层层压实责任。"四级书记"抓定点扶贫，总行每年与定点扶贫县所在省级分行党委签订定点扶贫工作责任状，省、市、县行也逐级签订责任状，强化上下联动和协同配合。三是完善帮扶机制。建立"总、省、市、县四级行+三人小组"工作机制，累计选派24名挂职干部驻县落实帮扶任务。四是严格考核监督。制定专项扶贫绩效考核办法，覆盖总行部门、省级分行、业务条线三个维度的扶贫考核体系，对定点帮扶实施考核评价；建立常态化督导机制，抽调专人开展专项督导行动，帮助定点扶贫县落实脱贫攻坚主体责任。

二、突出融资服务，大力支持重点领域和薄弱环节

紧紧围绕"五个一批"，以加快定点扶贫县重点民生项目建设为抓手，加大融资支持力度。一是出台特惠信贷政策。连续两年出台支持深度贫困地区的 59 条差异化支持政策，通过降低准入门槛、放宽担保要求、实施差异化授权、延长特惠政策期限、提高不良贷款容忍度等方式加大信贷支持力度。为持续降低信贷资金成本，明确"整体优惠+首年再优惠"的组合利率优惠政策。用好用足用准人民银行专项扶贫再贷款、PSL 资金等特惠货币政策资金。二是加强产品模式创新。针对隆林县担保资源稀缺的问题，创新"政银企担"合作模式，地方政府实体化国有公司、小微企业、银行、农业担保公司分别承担 40%、30%、20%、10% 的风险，涉农小微企业仅需提供 30% 的抵押给国有公司，由其增信，向农担公司提供 100% 反担保，农担公司向银行出具 100% 保函。三是重点支持产业扶贫和"三保障"等重点民生工程。依托定点扶贫县当地资源禀赋，针对脱贫短板实行"靶向治疗"。截至 2020 年 6 月末，农发行 4 个定点扶贫县贷款余额为 74.7 亿元，其中，产业扶贫贷款 18.1 亿元，项目扶贫贷款 56.6 亿元。共支持易地扶贫搬迁项目 6 个，贷款余额为 7.2 亿元。支持教育扶贫项目 5 个，贷款余额为 6.2 亿元。支持产业扶贫发展项目 25 个。

三、注重融智扶志，培育激发脱贫攻坚内生动力

农发行始终坚持"志智双扶"，帮助定点扶贫县完善金融服务方案、培训党政干部和贫困群众、补齐教育短板，实现既富"口袋"更富"脑袋"。一是量身定制金融方案。充分发挥"三人小组"的桥梁纽带和战斗堡垒作用，逐县编制政策性金融服务总体方案，逐年制定支持计划和重点项目融资方案。二是开展扶贫干部和致富带头人培训，累计与苏州干部学院合作举办 14 期培训班，帮助培训各级干部 2395 人，实现县、乡、村三级干部全覆盖。通过邀请专家、教授到田间地头现场授课、开展网络视频培训、印发技术手册等多种形式，对贫困户开展实用技能培训。三是加大教育扶贫力度。实施定点扶贫县、乡、村中小学教学水平提升项目，协调 60 名定点县教师免费到发达地区培训学习，改善留守儿童生活学习条件，帮助解决贫困大学生 4 年学费和生活费。

四、搭建融商平台，推动形成脱贫攻坚强大合力

农发行充分调动全系统资源优势和行业客户优势，协调引导各方力量共同帮扶。一是广泛搭建合作平台。连续3年举办定点扶贫县招商引资对接会，帮助4个定点扶贫县引进优质项目132个，引进企业意向投资260亿元。二是稳步推进优质项目落地。在锦屏县，依托幼苗培育、贴树种植、杉木搭架种植"三大抓手"促进铁皮石斛产业发展，实现铁皮石斛种植1.2万亩，成为锦屏县经济转型发展的主导产业。帮助隆林县成功引进北京大北农科技集团股份有限公司到隆林投资建设年出栏50万头生猪生态农业产业链项目，项目总投资达8.75亿元。三是创新推动消费扶贫。上线"农发易购"电商扶贫平台，上架销售包括定点扶贫县在内的15个县的约160余款扶贫产品，累计销售额达到300万元。在总行机关长期设立农副产品展销专区，累计购买和帮助销售定点扶贫县产品6.3亿元。四是大力拓展扶贫协作。对东部地区9家省级分行设立"东西部协作"专项考核指标，引领优质开户企业到定点扶贫县投资260亿元，协调区域内发达市县与4个定点县构建结对帮扶关系，加强与全国工商联合作交流，积极开展"万企帮万村"精准扶贫行动。五是深化对外交流合作。农发行主动与中央组织部、国务院扶贫办、人民银行等单位对接联系，在项目融资、技术指导、干部培训、捐赠救助等方面开展多种合作。

五、融情凝心聚力，切实增强贫困群众获得感

一是坚持抓党建促扶贫。组织总行机关部门、省级分行与定点扶贫县贫困村、特困群众建立帮扶联系，开展支部共建、党员干部结对帮扶贫困户。二是加大扶贫捐赠力度。农发行累计向4个定点县无偿捐赠8849万元，广泛动员和引导社会力量捐赠帮扶资金1.12亿元。三是开展多种形式帮扶。组织对定点扶贫县留守儿童、孤寡老人、孤儿、残疾人等特困人员和特困家庭全面摸底、登记造册；加强就业帮扶，每年拿出一定比例招聘计划，放宽条件定向招收定点县贫困家庭大学生；先后为马关县协调各类教育捐赠资金3540.61万元，资助建档立卡贫困学生1768名，为隆林考上大学的建档立卡贫困学生提供每人5000元的"圆梦资金"。

中国工商银行凝聚金融合力助力脱贫攻坚

发展产业是实现脱贫的根本之策,也是巩固脱贫成果防止返贫的关键措施。工商银行探索实施"银行+保险+期货"联合扶贫模式,围绕特色农产品与核心需求,完善风险保障机制,助力当地特色产业发展,覆盖了定点扶贫地区2万吨饲料和1.3万亩青花椒,惠及16家种植养殖龙头企业和455户建档立卡贫困户。

一、项目背景

自1995年开始,工商银行按照党中央、国务院统一安排,先后对四川巴中通江县、南江县、达州万源市和凉山州金阳县开展定点扶贫工作。扶贫点地理条件和基础设施建设较差,产业发展欠基础、少条件、没项目,生产结构单一,对贫困户带动作用有限。定点扶贫地区有着较为丰富的自然资源和农业资源,工商银行以市场为导向,以贫困地区特色资源禀赋为基础,在定点帮扶4县市积极开展产业扶贫,支持了通江黑猪、南江黄羊、万源黑鸡、金阳青花椒等近40个种植养殖项目,逐步探索出了"工商银行+政府+村两委+龙头企业+贫困户"五位一体产业扶贫模式,带动当地贫困户走上发家致富之路。

随着企业规模的扩大和市场化程度的提升,企业融资需求不断增加,原材料成本管控和产成品价格管理成为影响其经营的重要因素。因缺少相应的风险管理工具,饲料成本波动、极端气候条件等给当地养殖业收入带来了不确定性,造成不可预测的风险,直接制约了企业稳健发展和贫困户稳定脱贫。

二、实施情况

针对贫困地区产业扶贫涉农主体贷款难、市场风险大等痛点,工商银行探索在定点扶贫4县市实施"银行+期货+保险"联合扶贫模式,帮助龙头企业和当地农户规避成本上涨风险,稳定养殖利润,进一步丰富"输血+活血+造血"一体化金融扶贫内涵。

在该模式中，工商银行联合金融同业捐赠资金，为当地企业、合作社、农户购买保险公司定制的保险产品。保险公司通过期货公司买入相应期权进行风险对冲，为自己的保险产品"再保险"；期货公司风险管理子公司通过买卖期货品种将价格下跌风险转移给期货市场，对冲自身风险。如果在保险期内产品平均价格偏离保险约定价格，投保人通过保险公司获得赔付，保险公司通过期货公司的期权得到补偿，从而形成一个投保人、保险公司和期货公司三方共担风险的交易闭环。在风险可控的基础上，商业银行对投保的企业和农户，在发展农业、现货销售、货物存储及加工贸易环节提供融资支持，并利用自有电商平台，打造贫困地区农产品销售专区，助力消费扶贫。

（一）饲料成本价格保险

养殖企业和农户投保。在保险期间内，如果玉米、豆粕理赔结算价高于约定的保险目标价格时，视为保险事故发生，保险公司按保险合同的约定负责赔偿，保险的赔付完全覆盖采购成本上升的幅度，企业和农户利润不受损。每月为一个保险期间，共6期。其中，保险目标价格根据保险标的玉米、豆粕约定的期货主力合约的收盘价确定，理赔结算价为保险期间最后交易日约定的期货主力合约的收盘价。

保险公司买入看涨期权。为对冲保险公司对被保险人养殖成本上升支付赔偿的保单风险，设计以玉米、豆粕期货合约为标的的看涨期权。每月1期，每期期限为1个月，滚动操作，共计6期，每期场外期权的标的期货合约为当期。期权执行价格根据期权开仓目标的玉米、豆粕期货标的合约的收盘价（或收盘价的一定比例）确定，根据每一期间的保险价格进行调整。如果玉米、豆粕期货主力合约价格上涨，保险公司履行赔偿责任，则可通过执行期权的方式，以较低的执行价格购入，从而锁定风险。

期货公司对冲风险。期货公司负责设计饲料成本保险方案，通过场内期货品种对冲，为保险公司的饲料成本价格险提供再保险，并垫付场外期权费。在保险周期内，根据被保险人所需的玉米、豆粕数量，滚动操作多期看涨期权，并在期权结构中设计少量保底赔付，减轻被保险人自缴保费的经济负担。期权到期若未发生价格上涨，被保险人可获得保底收益，若发生上涨，收益不低于平值期权效果。

商业银行提供融资支持。工商银行按照审慎经营的原则，经实地调研后确定项目实施地区，筛选参保农户和企业。投入专项扶贫资金为项目实施地区承担大部分保费，并在信贷政策的前提下，优先为参保农户和农业企业提供融资支持。

（二）青花椒气象指数保险

凉山州金阳县是定点帮扶县市中唯一一个深度贫困县，基于当地产业特点，工商银行以创新为手段，优化整合社会资源，发挥气象指数保险在服务现代农业转型升级中的积极作用，实现青花椒特色农产品生产、种植农户收入增加和政府满意的良性循环，逐步建立农产品气象指数保险保障体系，打造金阳县青花椒特色品牌。

在本项目中，实行"政府引导、部门推动，市场运作、自愿投保，试点先行、逐步优化"的原则。投保人为金阳县人民政府、红联乡人民政府，或其认可和指定的政府部门或事业单位；被保险人为在红联乡种植青花椒的种植户，包括种植合作社、种植大户和散户、建档立卡贫困户；保险标的为红联乡种植的青花椒，规模近13000亩。保险的理赔依据采用国家气象站测得的实际累计降雨量（mm）。在保险期间内，如果气象站实测累计降雨量低于触发值时，则视为保险事故发生，保险公司按照合同约定进行赔偿。

三、成效

工商银行联合大连商品期货交易所、华泰期货、安信农保等金融机构，在业内首家推出饲料成本"银行+期货+保险"产品，牵头项目实施并支付绝大部分保费。其中，企业项目涉及6家现货企业，覆盖豆粕0.2万吨、玉米0.74万吨，赔付金额为16万元；农户项目涉及9家地方政府、1家合作社、1家村民委员会，覆盖豆粕0.58吨、玉米1.79吨，赔付金额为35万元。此外，工商银行在金阳推出的青花椒气象指数保险覆盖了12768亩青花椒，赔付金额为89万元；在南江推出的核桃特色种植险，覆盖了当地4000亩核桃，通过"产量+价格"两个维度保障农户收入。这些项目有效帮助贫困地区企业和农户规避养殖饲料成本上涨风险和种植天气风险，惠及了工商银行定点扶贫4个县市16家养殖龙头企业、3148户农户，其中455户为建档立卡贫困户。

作为创新金融扶贫方式,"银行+保险+期货"项目有效整合了银行专项扶贫资金、政府扶贫干部、龙头企业、专业保险公司、头部期货公司及其子公司等各方优势资源,成功打造出金融扶贫示范田,带来了"1+1+1>3"的效果。一是固定了养殖饲料成本,降低了极端天气造成的减产风险,用较少的保费投入提高了企业和农户的抗风险能力和潜在利润水平,保障了当地养殖业的稳健发展。二是充分发挥了企业主观能动性,通过改善企业经营状况,将保险收益传递至企业对口扶贫农户,为当地扶贫工作起到了积极作用。三是增强了企业和农户的金融意识,激发了涉农主体的自身"造血"机能,从而发挥更大的脱贫效果。四是提升了企业和农户在银行的信用水平,银行能够对其中符合贷款条件、有融资需求的主体发放贷款,解决农业生产资金问题。

中国农业银行创新模式、创建平台
助力定点扶贫县脱贫攻坚奔小康

摘要：农业银行切实发挥金融扶贫国家队、主力军作用，动员全系统力量，全力以赴帮扶、督导河北饶阳、河北武强、重庆秀山、贵州黄平4个定点扶贫县脱贫攻坚。党的十八大以来，农业银行对4个定点扶贫县共计投入帮扶资金26038.44万元，引进帮扶资金3957.94万元，培训基层干部15914人、技术人员47887人，购买贫困地区农产品2.43亿元，帮助销售贫困地区农产品17.99亿元，先后选派15名优秀干部赴定点扶贫县挂职。截至2020年6月末，农业银行在4个定点扶贫县贷款余额为114.4亿元，比年初增加10.7亿元，增速为10.3%，比全行贷款平均增速高1.5个百分点，已帮助河北饶阳、河北武强、重庆秀山、贵州黄平187774名贫困人口顺利脱贫，4个县已全部提前摘帽。

一、建立对口帮扶机制，创建"客户+资源+信贷"招商引资扶贫模式

中国农业银行印发《关于加强东西部扶贫协作 做好产业扶贫金融服务的行动方案》，明确由北京、山东、广东、浙江4家发达地区的省（市）分行，对接4个定点扶贫县，在招商引资、引进帮扶资金、人才培养等方面结对帮扶。在帮扶工作中，创建了"客户+资源+信贷"模式，即挖掘客户潜力，对接定点扶贫县优势资源，有针对性地引导客户企业到定点扶贫县考察，并对有投资意向的客户企业给予信贷支持，实现了客户企业、定点扶贫县与农业银行的三方共赢。例如，在帮助贵州黄平县引进农业银行客户企业——A股上市公司浙江尖峰集团股份有限公司的过程中，农业银行给予该企业3亿元授信额度，促成了该企业水泥生产线项目落地。近两年，北京市分行、山东省分行、浙江省分行、广东省分行为4个定点扶贫县引进帮扶资金共计3957.94万元，先后协调34家农业银行客户企业赴定点扶贫县考察，签订投

资框架协议13个,协议投资额为48.8亿元,8个项目正式落地,企业实际投资额达5.8亿元。

二、创办扶贫商城,搭建"农业银行+中央单位+定点扶贫县"消费扶贫平台

2019年,农业银行充分发挥长期服务"三农"的优势,依托互联网和全国机构网点,通过"农业银行+中央单位+定点扶贫县"的合作模式,打造了掌上银行扶贫商城,免费为832个国家级贫困县提供公益、开放、精准、共享的农产品助销平台,形成全社会广泛参与的消费扶贫格局。自2020年以来,农业银行进一步加大推广力度,印发了《大力推广扶贫商城 深入开展消费扶贫2020行动方案》,采取助销补贴等形式,明确年度完成5亿元的助销目标,大力推动销售贫困县农产品。目前,扶贫商城共有来自832个国家级贫困县的入驻商户2363家,在售商品17015件;已为271家中央及地方扶贫单位开辟扶贫合作专区,上线商品实现中央单位帮扶的592个定点扶贫县全覆盖。

三、创新"九位一体"金融扶贫模式,建立"10+1+1000"带贫机制

在河北饶阳县,农业银行派驻的挂职扶贫干部协助县政府搭建了"政府+银行+保险公司+供销社+扶贫办+担保公司+农投公司+扶贫龙头企业+贫困户"的"九位一体"政府增信金融扶贫模式,被国家发展改革委作为典型案例向全国推广。在该模式下,创新推出了"政银贷""政银保""政融保""金桥贷"等一系列金融扶贫产品,为打赢脱贫攻坚战提供精良武器。开发了饶阳县金融扶贫线上审批系统(RFPS),使单笔贷款办理平均用时从2个月压缩到8天以内,扶贫小额信贷业务当日受理、当日办结,大幅提高了信贷审批效率。建立了"10+1+1000"金融扶贫带动机制(扶贫企业和种养大户每获得10万元政府增信贷款,须至少带动1名贫困人口年增收1000元以上),有效促进了企业、种养大户与贫困户建立利益链接。截至2020年6月末,仅饶阳县通过政府增信,多项金融扶贫举措累计发放贷款2.83亿元,支持带动8787名贫困人口脱贫增收。农业银行挂职干部因此获得2019年全国脱贫攻坚奖——创新奖。

四、创新推出"惠农 e 贷"金融扶贫产品，以金融科技手段助力脱贫攻坚

近年来，农业银行积极运用互联网、大数据技术，创新推出"惠农 e 贷"产品，通过进村入户开展客户调查，了解当地贫困人口信息，摸清贫困户金融需求，批量导入系统、自动授信，并将授信信息自动推送到手机掌银，贫困户即可足不出户在手机掌银自助办理借贷和还款。在"惠农 e 贷"推广中，农业银行根据当地产业实际创新推出多种金融产品，如贵州黄平县支行推出"苗银 e 贷""太子参 e 贷""脱贫成效巩固提升 e 贷"等 9 个专属"惠农 e 贷"产品，投放"惠农 e 贷"1.9 亿元支持当地太子参、百香果、苗银加工等特色产业发展；重庆秀山县支行推出"惠农 e 贷·振兴贷（乡村振兴带头人贷款）"，上线 3 个月投放 503 笔，共 7734 万元，通过金融手段有效地支持了当地脱贫攻坚。"惠农 e 贷"通过掌银申贷办贷，极大地提高了贷款效率，通过批量调查、批量运作，从更大范围、更全维度支持贫困人口脱贫致富，对贫困户、贫困边缘户实行优惠利率，降低了贫困人口融资成本。截至 2020 年 6 月末，4 个定点扶贫县"惠农 e 贷"余额为 5.1 亿元，较年初增加 1.5 亿元，增长 42%，支持 6681 户农户致富增收。

五、打造"富源模式"，构建"农业银行 + 政府 + 扶贫企业 + 贫困户"扶贫联动机制

在河北武强县，农业银行利用当地扶贫龙头企业——富源牧业在土地流转、安置就业、收储饲料等方面的带贫优势，加强银、政、企三方合作，打造"富源模式"，支持企业发展壮大，并带动建档立卡贫困户脱贫增收。根据农业银行、政府、企业三方协议规定，由农业银行为富源牧业提供信贷支持，并给予企业利率优惠，政府给予企业贷款贴息支持，同时政府将部分扶贫资金注入企业，富源牧业通过三种方式辐射带动建档立卡贫困户脱贫：一是按照政府提供扶贫资金额度的 10% 对建档立卡贫困户给予固定收益；二是优先安置建档立卡贫困户及其子女就业，并在流转土地、收储饲料等方面对建档立卡贫困户予以倾斜；三是企业根据农业银行提供信贷资金优惠幅度，对建档立卡贫困户进行反哺。农业银行通过执行优惠利率分别于 2019 年 10 月、

金融助力脱贫攻坚实践成果

2020年1月为富源牧业投放贷款共计1亿元,通过产业反哺、安置就业、土地流转等形式带动5760人脱贫增收;同时,武强县政府对该笔贷款予以贴息,投入2000万元扶贫资金,对4000户建档立卡贫困户按每户补助5000元投入专业合作社,由专业合作社与富源牧业签订资金入股协议,富源牧业按照扶贫资金额度的10%,即200万元作为贫困人口的固定收益,按照每户每年500元标准支付给建档立卡贫困户。"富源模式"既满足了企业扩大生产的融资需求,又为建档立卡贫困户带来了直接收益,增强了脱贫的内生动力,实现了"银、政、企、农"多方共赢。

中国银行多措并举定点扶贫工作显成效

摘要：中国银行连续18年定点帮扶陕西省咸阳市永寿、长武、旬邑、淳化4个国家级贫困县，同时各级机构承担着全国1034个村的帮扶任务。自2016年以来，全行累计投入和引进无偿资金6.95亿元，实施农业产业、基础设施、民生保障等扶贫项目2000余个，累计派出挂职扶贫干部3000余名，购买和帮助销售贫困地区农产品5.65亿元，惠及建档立卡贫困户36万余人，助力咸阳4个贫困县和全国1000余个贫困村脱贫摘帽，为打赢脱贫攻坚战作出了积极贡献。2017—2019年，连续3年在中央单位定点扶贫工作成效考核中获得"好"等次。多年来，中国银行认真履职尽责，积极探索创新，在4个定点扶贫县实施扶贫项目700余个，探索出一条公益性与商业化、市场化有机结合的可持续扶贫模式，在扶贫工作中发挥了积极作用。

一、科学谋划设计，推动形成精准扶贫新体系

党的十八大以来，中国银行党委坚持以习近平总书记关于扶贫工作的重要论述为指导，把扶贫工作作为重大政治任务紧抓不放，作出一系列部署安排，明确提出"上台阶、上水平、上格局""带着感情、带着责任、带着使命"等要求，推动构建"围绕贫困地区脱贫攻坚一个目标，依靠当地党委政府和贫困群众两方合力，聚焦产业、民生、深度贫困三个领域，发挥银行、员工、客户、国际四种力量"的"1234"扶贫工作机制，促进扶贫工作有序推进。突出精准要求，设计推动"十个一批"帮扶举措，通过"安排一批信贷资金、帮助引进一批企业、推动落地一批金融政策、协助销售一批优质农产品、建立一批村镇银行、用好一批慈善基金、引入一批国际慈善基金、帮助培训一批地方干部、增派一批扶贫干部、推荐一批就业岗位"，探索出一条政府财政支持、企业微利经营、贫困人口持续受益的扶贫模式。近年来，"1234"机制和"十个一批"举措，成为中国银行开展扶贫工作的鲜明特点和有力抓手，取得良好成效，得到各方肯定。

二、发挥金融优势，不断创新产业扶贫新模式

发展产业是贫困地区持续稳定脱贫的长远之计。中国银行依托集团力量，协调各方资源，积极打造符合贫困地区实际的特色产业扶贫模式。

（一）积极争取无偿资金投入

通过集团无偿捐赠、引入社会慈善资源等，加大对产业扶贫项目的资金支持，重点支持发展前景良好、扶农益农效果明显的产业项目。自2016年以来，累计向4个定点扶贫县投入资金7500余万元，实施光伏电站、种植养殖等产业项目51个，带动8500户2.5万名贫困群众脱贫。持续推动重点产业项目，协调省、市、企各方，发挥沟通撮合作用，引进泰国正大集团在扶贫县投资建设百万头生猪养殖项目，2020年8月，项目一期正式投产。该项目投资7亿元，中国银行出资30%，并发放扶贫贷款5.26亿元，通过投贷联动，探索出政府、企业、银行共同出资，贫困户提供土地，集建设、养殖、加工、销售于一体的产业扶贫新模式。

（二）加大金融扶贫力度

截至2020年6月末，全行扶贫贷款余额为1341亿元，累计投放国家助学贷款超过242亿元，帮助180万贫困学生完成学业，在国家级贫困县设点311家，在"三区三州"深度贫困地区投放智能柜台519台，设立离行式自助银行798家，中银富登村镇银行设立法人机构127家、支行网点175家、助农服务站191家，扶贫贷款余额达11亿元，为脱贫攻坚提供了有力信贷支持和金融服务。针对贫困地区实施差异化信贷政策，为贫困地区产业发展引入金融活水。

（三）推动金融服务水平提升

集团旗下中银富登村镇银行目前已是中国最大的村镇银行集团，截至2020年8月末，中银富登贷款余额为529亿元，设立法人机构127家，在乡镇设立支行网点175家，在行政村设立助农服务站191家，形成了覆盖全国22个省（市）县域农村的金融服务网络。通过人员本地化、贷款县域化、税收当地化，完善贫困地区金融供给，积极服务脱贫攻坚和乡村振兴。2018年，投入1.2亿元在陕西咸阳4个定点扶贫县设立4家村镇银行，弥补了集团在当

地分支机构的空白。开业近两年来，4家银行存款余额达4.42亿元，贷款余额为2.56亿元，贷款客户数为2400余户，90%以上为涉农贷款，形成了"政府—村镇银行—龙头企业—贫困户"一体的金融精准扶贫模式，成为支持脱贫攻坚的专属服务银行，被当地干部群众称为"咸阳人自己的银行"。

三、强化科技赋能，努力搭建消费扶贫新渠道

消费扶贫是帮助贫困群众增收最直接、最有效的方式。中国银行在深入扶贫县调研时发现，当地是苹果、小米等农产品优质产地，但因信息匮乏、渠道不畅，不少农产品滞销，贫困群众难以通过销售获得市场红利。针对这一痛点，中国银行运用"互联网+"思维，着手打造网上精准扶贫平台。2016年10月，融合公益理念、市场力量、金融服务和区块链技术的"公益中行"精准扶贫平台正式上线，为贫困地区农产品销售开辟了新渠道，为贫困群众自主脱贫创造了新机会。集团注册"中益善源"公司，专门负责平台运营。截至2020年6月末，平台注册用户达300余万人，实现消费扶贫金额超过4亿元，累计受益贫困人口超过11万人。

新冠肺炎疫情期间，中国银行组织"公益中行"平台在全行开展"助力抗疫、'苹'安迎春"消费扶贫活动，形成"宣传倡导—发起购买—平台下单—统筹货源—高效发货"的消费扶贫机制。1个多月时间，全行采购扶贫县滞销苹果172万斤，销售额达1163万元。中益善源公司与湖北省发展改革委取得联系，在平台快速上线潜江小龙虾等40余种湖北滞销产品，开展"助力湖北、为农分忧"线上消费扶贫活动，购买和助销湖北农产品超过900余万元，有力地支持了湖北解决农产品滞销问题。

四、汇聚内外资源，努力打造社会扶贫新平台

随着脱贫攻坚不断深入，社会力量参与扶贫的热情不断上涨。2017年，中国银行借鉴外部慈善组织的成熟经验，推动集团旗下中益善源公司发起设立善源基金会，开展扶贫济困、教育助学等公益活动。2018年，善源基金会搭建"善源公益"平台，成为民政部指定的全国20家互联网公开募捐信息平台之一。2020年1月，善源基金会正式更名为"中银慈善基金会"，成为中管金融机构设立的首家企业基金会。

基金会成立以来，与知名慈善组织合作，推出一批有影响力的扶贫公益项目，成为汇聚社会资源参与脱贫攻坚的新平台。2019年、2020年，基金会连续两年动员社会爱心人士累计出资近3000万元，设立"咸阳北四县扶贫专项基金"，专项支持定点扶贫县脱贫攻坚。截至2020年6月末，已实施淳化县农村学校取暖设施改造、长武县贫困户果业技术培训等扶贫项目11个，投入资金1786万元。新冠肺炎期间，基金会快速打通接收海外捐赠抗疫物资免税通道，仅用3天时间完成资质审核、申请提交、通道开通、清关提货等流程，及时将抗疫物资捐赠到贫困地区。同时，基金会开展"同心抗疫、护'苹'安"项目，采购扶贫县20万元滞销苹果，运往武汉金银潭医院等定点抗疫医院，积极支持疫情防控及脱贫攻坚。

五、引资引智并举，不断注入扶志扶智新动力

促进观念转变、强化智力支撑是帮助贫困地区彻底摆脱贫困的根本之策。中国银行采取多种形式从观念理念、运行方式上促进定点扶贫地区农业发展。其中，为定点扶贫县打造推广"马栏红"品牌就是一个成功实例。咸阳年产水果400多万吨，是全国最大的优质苹果产地之一，但一直未形成统一品牌，市场知名度不高。中国银行与当地有关部门协作，将当地红色资源"马栏革命根据地"与现代元素相结合，设计打造"马栏红"商标和系列包装，通过各类渠道将"马栏红"苹果推向全国市场，为当地苹果赋予品牌价值，有效地提升了农产品销量和价格。

近年来，中国银行协调社会爱心人士出资1800余万元，设立"北四县助学奖教基金"，激发贫困地区基层老师和贫困学生实现自我价值的内生动力；协调爱心人士捐赠500万元资助扶贫县贫困学生6724人，为寒门学子解决学习生活上的困难；探索职业教育项目，联系"百年职校""金龙鱼烹饪公益班"，为贫困学生提供免费就学机会，实现"培训一人，就业一人，脱贫一户"目标；利用行内外教育资源，连续十多年在清华大学或中国银行国际金融研修院举办咸阳市县处级干部金融研修班，累计培训585人次，帮助他们提高运用金融工具、促进经济发展的能力。

六、加强统筹管理，努力提升扶贫工作新水平

2020年，中国银行针对脱贫攻坚收官之年特殊要求，加大统筹管理力度，制定年度定点扶贫工作方案，组织召开全行扶贫工作动员会、推进会，推动扶贫工作落实。出台《加强全行定点扶贫工作的若干措施》《总行本级定点扶贫工作管理办法》《金融支持深度贫困地区和挂牌督战地区的二十条措施》《加强扶贫干部激励和管理的若干措施》等制度措施，提升制度化规范化水平。积极争取集团捐赠资金、动员员工客户爱心捐赠、引入外部资源，积极拓宽资金来源，加大资金投入。针对"三区三州"和中央挂牌督战地区制定专门政策，在人、财、物各方面给予倾斜支持。撮合北京、上海、青岛、宁波、苏州、深圳等发达地区分行与云南、四川、青海、新疆、甘肃等地分行对接，支持扶贫任务较重的分行打好脱贫攻坚战。加强指导督促，及时汇总分析各单位定点扶贫工作，通报进展情况，开展一对一指导，督促工作落实。组织开展全行扶贫工作自查自纠，深入查找解决扶贫领域存在的短板弱项，确保扶贫工作经得起时间和实践的检验。

中国建设银行下沉重心
赋能乡村做实金融精准扶贫

摘要： 中国建设银行聚焦"两不愁三保障"，按照"六个精准"要求，通过下沉服务重心、发挥自身在金融创新和现代科技方面的专业能力，探索赋能乡村的内生式金融精准扶贫模式。2019年在定点帮扶的安康市汉滨区、汉阴县、紫阳县、岚皋县（以下简称一区三县）直接投入帮扶资金1.3亿元，引进帮扶资金1047万元，培训基层干部1.66万人次，培训技术人员2.86万人次，购买贫困地区农产品7802万元，帮助贫困地区销售农产品8.59亿元。2019年一区三县顺利脱贫摘帽。

一、党建赋能，增强基层组织力带动脱贫攻坚工作

（一）开展党支部结对共建

建设银行总部和子公司36个党支部与一区三县贫困村和学校党支部开展结对活动，以线上线下相结合的方式进行联学共建、精准帮扶。通过深入学习宣传贯彻习近平新时代中国特色社会主义思想、习近平总书记关于扶贫工作重要论述，不断提高政治站位、增强行动自觉，发挥基层党建对扶贫工作的引领带动作用。

（二）改造提升乡村党建活动基础设施

捐赠党费800万元为一区三县66个乡镇党员活动室和838个行政村党支部安装远程视频系统，搭建村村全覆盖的培训和会议平台，全功能支持"云端"联学共建、教育宣传培训等，使村级党员活动室成为传播党的理论和政策的基层阵地、学习政治理论和专业技能的乡村课堂、党员干部密切联系群众服务群众的第一场所。

二、平台赋能，畅通农产品进城和金融服务下乡通道

（一）依托"善融商务"电商平台发力消费扶贫

专设"善融扶贫馆"，丰富消费场景、配套专项费用，2019年帮助一区三县实现扶贫交易额1.28亿元。定向增配资源，鼓励商户通过原料收购、用工和分红等方式精准帮扶建档立卡贫困户。向社会爱心企业和商户开放共享"善融商务"平台，如帮助30家央企开设了网上"央企扶贫馆"。2020年，建设银行积极开展滞销扶贫产品专项消费行动，组织分行、动员客户优先采购湖北省小龙虾、脐橙、黑山羊、富硒绿茶等特色农产品，通过购物领券、抽奖、满减等多种优惠形式，在全行掀起"为湖北拼单"热潮，为湖北受疫情影响地区农产品打开销路。"爱心援鄂馆"上线两个月来已累计帮助销售农产品1466万元。

（二）依托"裕农通"平台向乡村下沉金融服务

在一区三县建立981个"裕农通"服务点，服务近10万贫困群众，为贫困群众量身定制"扶贫助农卡"等服务，打通金融服务进村"最后一公里"。推出定制的"裕农通"在线诊疗咨询专区，提供免费在线咨询、疫情防控专家解读等线上诊疗功能，有效缓解疫情封村期间村民看病难问题。

（三）搭建社区赋能平台帮助易地搬迁贫困群众就业

捐资2470万元支持建设9家新社区工厂厂房，为易地搬迁贫困群众创造就近就业机会。发动东部地区分行帮助引进毛绒玩具、艾草加工等劳动密集型企业。创新推出"新社区工厂贷"，2019年末，贷款余额为5235万元，支持了135家社区企业，吸纳5421人就业，其中建档立卡贫困户1464人。

三、民生赋能，补强医疗和民生基础设施短板

（一）升级医疗基础设施

出资2365万元为一区三县4所县（区）级医院、84所乡镇卫生院、48所村卫生室购置DR、彩超、生化分析仪等医疗设备。联合京沪知名医院等合作单位搭建"云诊疗"平台，让乡村群众在线享受到优质的医疗健康服务。

捐赠14辆"母亲健康快车"和"云巡诊车",开展送医下乡和移动接诊活动。疫情期间,建设银行捐赠的"母亲健康快车"发挥了转运疑似患者、村口基础检测排查的重要作用。

(二) 配套健康保险服务

建设银行旗下子公司建信人寿定制推出扶贫专属保险产品,免费为 8~60 周岁建档立卡贫困群众共 11.6 万人提供补充医疗保险和意外险保障,防范因病因伤致贫返贫风险,并提供免费体检、远程诊疗咨询等健康服务,实现疾病早发现、早治疗。

(三) 助力基础设施建设

出资 830 万元修建 6 条深度贫困村村组道路,出资 330 万元修建汪家河坝大桥,解决长期困扰群众的出行难问题。出资 315 万元改造财梁学校旱厕、修建蜡烛村生活垃圾处理站和三柳村污水处理池等,改善乡村人居环境。

四、扶智赋能,引入教育资源助力新民风建设

(一) 量身定制培训项目

依托建行大学组织开展扶贫培训 200 多期,开发"扶志赋能 善建新民"系列课程;开设"乡村课堂",把培训送到田间地头。与东部地区合作办班培训致富带头人,促进技术交流和产业对接。建设银行与陕西郑远元等企业合作开展修脚师职业技能扶贫培训,由建设银行出资培训 1500 名修脚师,企业提供就业岗位,产教融合实现"培训一位、就业一人、脱贫一家、致富一方"。为抢抓春种时机,2020 年 3 月,建设银行邀请专家通过远程培训系统举办"金智惠民——紫阳县甜菊栽培实用技术培训会",培训甜菊种植户 500 余人。截至 2020 年 6 月末,建设银行已为一区三县培训专业技术人员 17830 人。

(二) 开展助学济困

2019 年建设银行"高中生成长计划"资助 150 名贫困学生,为贫困村学校捐建篮球场、音乐教室、电脑教室等。组织 4 期贫困学生夏/冬令营。在 56 所乡村学校推广"新一千零一夜"留守儿童公益项目等。

（三）探索引入格莱珉普惠金融模式

建设银行与格莱珉（中国）合作成立4家营业部，为低收入妇女和农村留守妇女创业提供培训和金融支持。已发放"女性创业贷"111笔，共310万元。格莱珉模式结合中国国情，将安康新民风建设等相关要求融入其中，既解决贫困妇女创业的资金困难，又通过她们影响家庭、促进乡村精神文明建设。

五、科技赋能，把现代生产方式引入乡村

（一）援建智慧政务平台

无偿支持建设"安康智慧治理"服务平台，实现全市党务、政务和公共服务一张网，群众办事实现"网上办、马上办、就近办、一次办"，助力安康治理能力提升和营商环境改善。平台专设"扶贫专区"，实现"小微快贷""云税贷"等普惠金融服务以及医疗保险、扶贫培训课程等特色服务上网。新冠肺炎疫情暴发后，依托"安康智慧治理"服务平台，建设银行协助安康市政府大力推广疫情期间数字化运营和服务。安康市民通过"i安康"APP办理各类便民服务事项超过110万件，有效降低了窗口办理人群聚集带来的疫情传播风险。平台迅速上线"疫情防控"专区，新增"重要资讯""权威回应""防控知识科普""在线问诊"等13个栏目，及时发布防疫信息，助力科学抗疫，其中"在线问诊"累计访问量超过1万人次，大大方便了安康群众特别是广大农民疫情期间问诊需求。研发推广全国互认的"健康码"，助力安康疫情防控和复工复产科学有序推进。目前，已有68.7万安康市民（占安康总人口的近四分之一）在线申领了"健康码"。

（二）推广"云生产"精准扶贫模式

依托建设银行技术平台，打造"三级云生产"体系（集中式"云生产基地"、分布式"云生产站点"、手机端"移动云生产"），帮助贫困群众参与作业获取报酬。疫情隔离期间，"云生产"成为贫困群众增收的新渠道。仅建设银行村口银行"云生产站点"和手机端"移动云生产"平台新增的贫困用户就达到近1000名，2459名贫困户通过"云生产"累计取得报酬约630万元，人均增收超过2500元。建设银行在红升社区"云生产基地"克服困难全面复工复产，同时还在安康当地最大的易地搬迁安置社区——长岭社区新建1处"云生产基地"，提供200多个岗位吸纳当地群众就近就业。

中国人民保险集团充分发挥保险优化基层社会治理功能　高质量决战决胜脱贫攻坚

摘要： 2019年，猪瘟肆虐，中国人民保险集团（以下简称中国人保）不退反进、应保尽保，赔付全国养猪农户70多亿元，成为国内养猪产业链中重要的稳定器。2020年，新冠肺炎疫情暴发，中国人保再次主动扩大意外险和疾病险责任范围，给包括贫困户在内的全国亿万保险服务对象吃下了一颗定心丸……这些事实深刻诠释了保险在中国特色社会主义制度下参与社会治理的巨大作用和重要意义。党的十八大以来，中国人保坚决贯彻落实党中央、国务院决策部署，在国务院扶贫办和人民银行的指导下，认真践行"人民保险、服务人民"的宗旨，充分发挥保险功能，在激励斗志、维护民生、助行善治等方面做了一系列卓有成效的工作。

一、瞄准产业发展，助力党委政府扶起贫困人口脱贫致富的斗志

保险蕴含着一个基础逻辑——让有志者事竟成。习近平总书记强调，扶贫要同扶智、扶志结合起来，这给保险扶志提供了广阔的舞台。一些贫困地区和贫困群众脱贫致富的斗志不高，既有不思进取的问题，也有缺平台、缺底气、缺信心的原因。对此，中国人保着力协助党委政府搭建产业发展平台，探索合适帮扶和保护机制，全方位提升贫困群众自我发展能力。

（一）培植特色产业立盼头

有了支柱产业，才能产生信心支撑。中国人保支持县委、县政府坚持因地制宜和可持续发展方针，认真梳理各县生态资源、产业资源和农业资源禀赋，培育特色支柱产业项目，带动贫困地区经济发展。近年来，扶植形成了陕西省留坝县食用菌产业、黑龙江省桦川县玉米产业、江西省乐安县双孢菇产业、吉安县粉芋产业等地方特色产业，带动了一大批贫困人口脱贫，使贫困群众品尝到脱贫致富的甜头，更增添了全面奔小康的劲头。

（二）畅通融资渠道激活力

有了劲头，缺本钱怎么办？中国人保首创保险资金支农融资模式，率先助力定点扶贫县发展产业，继而向全国拓展。截至2020年6月末，支农融资业务已覆盖全国224个地市（区）、222个贫困县，帮助贫困户超过43万户，为贫困地区产业发展注入了源头活水。同时，通过办理小额贷款保证保险、农业保险保单质押等信用增级方式，有效分担银行等金融机构的信贷风险，引导更多信贷资源向贫困地区产业投放。

（三）风险减量管理稳信心

有了劲头，有了资本，抗风险能力弱怎么办？中国人保创新推广"保险＋期货"、农产品目标价格保险等新型农业保险产品和服务，推动农业保险从保基本、保成本向保价格、保收入升级，稳定农户收入预期。2013年至2020年上半年，中国人保在全国累计提供农业风险保障11.63万亿元，支付农业保险赔款1128.7亿元，增强了贫困户脱贫奔小康的信心和决心。

（四）加大消费扶贫添底气

所有奋斗，皆为收获。中国人保发动全体员工、利用多种金融工具，牢牢织密消费扶贫"资金网""品质网""电商网""保障网"，为贫困群众奔向好日子插上奋斗的翅膀。仅2020年上半年，中国人保购买贫困地区农产品近7000万元。

中国人保从激发贫困群众内生动力、提升扶贫产品市场竞争力、抗击产业链风险打击力、拓宽建实产品输送力四方面入手，将保险扶贫与产业扶贫、金融扶贫、消费扶贫深度融合，在精神上和物质上为贫困群众脱贫扫清了路障，为他们实现人生梦想搭建了舞台，激发了他们在实干中脱贫致富奔小康的斗志和勇气。

二、维护基本民生，为党委政府领导脱贫致富工作守住底线

贯彻以人民为中心的扶贫工作理念，必须从守住民生底线开始。近年来，中国人保积极助力党委政府扎实推进解决贫困群众最关心、最迫切的民生问题，为基础性、普惠性、兜底性民生建设工程扎牢"安全网"。

(一）提高贫困群众医疗费用报销均线

我国贫困人口中有40%多是因病致贫，减轻贫困人口医疗费用支出负担是打赢脱贫攻坚必须啃下的"硬骨头"。在定点帮扶县，中国人保通过承办大病保险、提供补充商业医疗保险等方式，为农村贫困患者基本医保报销之外的医疗费用部分提供保险保障，将费用报销比例从平均约60%提高到90%左右，切实减轻了贫困群众就医看病的经济压力。积极协助各地政府推广多层次医疗保险模式，2020年上半年，承办大病保险覆盖29个省、218个地市、4.97亿人群。

（二）加固农村贫困地区群众住房安全线

围绕能让贫困人口放心"挪穷窝"，中国人保配合地方政府易地搬迁安置和农村危房改造工作，同步推进农房保险，并为建档立卡贫困户提供保费补贴，帮助遭受灾损的贫困户进行房屋拆旧建新、修缮加固。2020年上半年，在全国为4743万户次农户提供农房保险风险保障2.5万亿元，支付赔款1.38亿元，部分地方政府已将农房保险作为移民搬迁脱贫工程的重要配套保障措施。

（三）筑牢边缘人群防返贫风险线

着眼于建立稳定脱贫长效机制，防止贫困人口脱贫后再返贫，中国人保推出首款"防贫保"专属产品，保障贫困人口由于突发意外事故、自然灾害等原因造成的返贫风险。2020年上半年，为全国建档立卡贫困户和特定人群，提供风险保障5万亿元，支付赔款26亿元，有效遏制了贫困增量，巩固了脱贫攻坚成果。

（四）守护贫困家庭子女教育辍学线

教育是斩断贫困代际传递路径的根本之策，教育公平是社会公平的重要基础。中国人保在河北等10多个省开展贫困家庭子女升学补助金保险，2020年上半年，为103万户提供风险保障13.9亿元，让贫困户子女避免因家庭生活困难失学辍学，助力推动教育公平在贫困地区深扎下根。

中国人保基于商业保险在社会保障体系中的重要支柱定位，在社会救助、社会福利等机制之上，进一步加固特困群众基本生活的"底板"，进一步增厚边缘群体稳定脱贫的"安全边际"，进一步丰富脱贫致富的"政策工具箱"，将党的富民惠民安民政策惠及普罗大众，切实增强了贫困群众的获得感、幸福感和安全感。

三、参与基层治理，成为党委政府推进贫困地区社会治理现代化可以依赖的重要力量

贫困治理是社会治理现代化的重要组成部分，要以良好的社会环境为基础和前提。打造多元多样的社会治理共同体，构建共治共享的社会治理新格局，关键是要有社会调节力量的参与。近年来，中国人保积极履行国有保险企业职责，主动协助贫困地区党委政府推进解决基层社会治理中的痛点、难点问题，推动以共管行善治、促和谐。

（一）围绕社会关系治理，发挥政府监管部门"第三只眼"的作用

开发推广安全生产、生态环境、食品安全、医疗卫生等领域责任保险，构建市场化的矛盾调处和权益保障机制，在使受害者及时获得合理赔偿的同时，使政府从许多繁杂的微观具体事务中解脱出来，集中更多精力和资源用于推进实现脱贫攻坚和乡村振兴。2013年至2020年上半年，在全国共提供责任保险保障489.46万亿元，支付赔款575.4亿元，促进基层群众矛盾纠纷的化解。

（二）围绕公共卫生治理，创新探索突发公共卫生事件应急救助保险

将救灾安置费用、紧急救援费用、善后处置费用等纳入保险责任，为地方政府的救灾处置和灾后抚恤救助提供全面保障，增强公共卫生事件应急处置能力。截至2020年7月10日，突发公共卫生事件应急救助保险在全国保障覆盖3020.2万人，推动构建完善了多层次、多主体的公共卫生治理体系。

（三）围绕交通安全治理，主动对接政府的"放管服"改革

与公安交管部门联合探索"警保联动"模式，开展交通事故快处快赔、农村交通安全劝导等便民服务。2019年，设置"两站两员"（车驾管服务站、交通安全劝导站和交通安全管理员、交通安全劝导员）服务点超过1500个，服务330万人次，有效缓解了道路交通治理难问题。2020年新冠肺炎疫情期

间，警保联动劝导站变身乡村"防疫站"，实现对县、乡、村交通管制的广覆盖，成为贫困地区战"疫"的坚实堡垒。

中国人保的实践探索表明，引入保险机制完善社会治理体系，能够在一定程度上充实基层尤其是乡村治理力量，形成与政府管理力量的协同互补，促进社会自我服务能力的提升，在井然有序中激发出社会发展活力，也将为我们党打赢反贫困斗争的伟大决战、推动贫困地区社会治理现代化、保持城乡社会长期繁荣稳定贡献更大力量。

中国人寿保险公司创新扶贫工作机制打造脱贫攻坚"民生工程"

摘要： 中国人寿强化组织领导，加大资金投入，发挥金融优势，创新扶贫工作机制模式，全面推广实施"扶贫保"工程，着力打造助推脱贫攻坚和服务乡村振兴的"民生工程"。集团公司定点帮扶广西龙州县、天等县和湖北郧西县和丹江口市4个国家级贫困县全部脱贫摘帽，分支机构结对帮扶的1378个贫困点顺利脱贫出列，扶贫工作取得重要阶段性成果。在国务院扶贫开发领导小组组织的2019年中央单位定点扶贫工作成效考核中，中国人寿荣获评价结果为"好"的最高等次。

一、创新扶贫工作新机制，全面实施"扶贫保"工程

习近平总书记强调，"脱贫既要看数量，更要看质量""要探索建立稳定脱贫长效机制"。在决战决胜脱贫攻坚座谈会上，习近平总书记指出，要接续推进全面脱贫与乡村振兴有效衔接。推动减贫战略和工作体系平稳转型，统筹纳入乡村振兴战略，建立长短结合、标本兼治的体制机制。为深入贯彻习近平总书记关于脱贫攻坚工作的重要指示精神，贯彻落实国务院扶贫办、人民银行、银保监会对保险业扶贫工作安排及要求，中国人寿在近年来开展扶贫工作的基础上，认真总结扶贫经验，着眼发挥金融优势，探索形成了特色鲜明的助推脱贫攻坚工作机制——中国人寿"扶贫保"工程。

"扶贫保"工程基于保险机制和脱贫攻坚的内在联系，通过发挥中国人寿综合金融的优势，从一个主体、两大力量、六大支柱入手，全面实施助推脱贫攻坚工作，简称"126"工程。其中，一个主体：发挥保险主业优势，为脱贫攻坚提供保险保障；两大力量：为脱贫攻坚注入综合金融力量和社会公益力量；六大支柱：充分整合公司产品、资金、人才、技术和服务等资源优势，构建党建扶贫引领体系、保险扶贫产品体系、金融扶贫服务体系、产业扶贫投资体系、扶贫教育培训体系、社会扶贫公益体系六个体系。六个体系涵盖了党建扶贫、

保险扶贫、金融扶贫、产业扶贫、教育扶贫、公益扶贫等各个方面,是中国人寿近年来开展扶贫工作的经验做法和具体举措,具有能复制、易推广、可持续的特点,为助推贫困地区脱贫攻坚与乡村振兴提供了国寿方案。

近年来,中国人寿在全系统帮扶点全面推广实施"扶贫保"工程,先后派出2300余名扶贫工作人员,为结对帮扶地区无偿投入帮扶资金3.29亿元,引进无偿帮扶资金5.16亿元,累计购买贫困地区农副产品1.48亿元,共实施帮扶项目2870个。

二、创新保险扶贫新模式,推广实施"区块链+公益+保险"精准扶贫项目

习近平总书记在中央政治局第十八次集体学习时强调,区块链技术的集成应用在新的技术革新和产业变革中起着重要作用,要把区块链作为核心技术自主创新的重要突破口,加快推动区块链技术和产业创新发展,积极推动区块链技术在精准脱贫等民生领域的应用。中国人寿紧盯"区块链+"应用趋势,创新将其应用于保险扶贫场景,以保险服务供应商的身份深度参与公益保险项目,全流程采用区块链技术框架进行系统对接,充分发挥区块链技术公开透明、分布式加密储存、不可伪造及篡改、跟踪溯源的独特优势。所有捐赠资金来源及去向均在公众平台进行展示,谁捐了多少、谁获赔了、什么时候赔、获赔了多少等信息都在项目平台上实时展示,彻底解决以往公益项目信息公开透明度低的痛点。当贫困户理赔时可以在移动端进行报案并上传理赔资料,后台依靠图像识别、AI识别等技术进行资料审核,解决了以往扶贫保险理赔手续烦琐的问题。保险公司与基金会、公益平台等多方共同维护数据,没有任何一方或一个环节能篡改或伪造任何扶贫数据,确保所有数据真实、安全、可靠,让公益项目的开展更具公信力。

区块链精准扶贫新模式,将公益情怀、商业运作和专业技术有机结合,找到了区块链技术在保险业尤其是扶贫保险领域落地应用的突破口,处于保险行业领先地位,对后期扶贫公益、社会民生保障类项目也有着较好的推广价值。区块链精准扶贫项目的实施,不仅将党中央关于精准扶贫、区块链的工作要求落到了实处,同时也取得了良好的社会效益,人民日报、南方周末、环球网等国内多家媒体进行了报道,项目获得人民网首届人民好保险——优

秀扶贫案例奖。截至 2020 年 6 月末，区块链精准扶贫既有项目已覆盖云南、四川、新疆、内蒙古、陕西、广西、湖南、甘肃、贵州等 15 个省（自治区）64 个贫困县，为 599 余万建档立卡贫困人口提供了超过 5006.18 亿元的风险保障，累计理赔人数达 9 万余人，赔款支出近 1.34 亿元，有效缓解了贫困地区主要劳动力因病致贫返贫的突出问题，降低了贫困地区女性因贫辍学、因病致贫返贫发生率。

三、创新健康扶贫新举措，提供健康扶贫"一站式"结算服务

贫困人群就医难是多年来的老大难问题，贫困患者就医入院前要缴纳大额押金，出院后往返奔波医院、社保局、民政局、财政局等多个单位报销医疗费用，反复提交资料，报销周期长达 3~6 个月，实际报销时间长、报销比例低。针对民生痛点，中国人寿积极统筹协调政府各部门资源力量，主动参与助推医疗改革，于 2018 年 8 月在广西崇左市大新县首创推出健康扶贫"一站式"结算服务模式，采取"大病保险+经办业务"的方式，通过政保合作、资源整合、环节优化、数据共享等方式，将基本医保、大病保险、医疗救助、二次报销、财政兜底等报销流程整合在一起，将原本由政府多个部门负责的报销环节，统一整合并交由公司负责结算和支付。公司分别在医院收费处和社保服务中心设置健康扶贫"一站式"结算专窗，为贫困患者提供医疗费用"一站式"结算服务，贫困患者入院时不需要缴纳押金，出院时在一个窗口就能办完，报销时间仅为几分钟，报销比例高达 90% 以上，真正实现了"入院免押金、出院一站结、报销时间快、个人负担少"的目标愿景，开创了政企合作新样本。

健康扶贫"一站式"结算模式，真正让政府简化了程序、节省了开支，让患者得到了实惠，获得政府、患者、医院、行业四方的高度认可。截至 2020 年 6 月末，中国人寿广西分公司已先后与崇左市天等、龙州等 7 个县及来宾市兴宾区政府签约推广健康扶贫"一站式"结算服务模式，在广西覆盖 55.17 万人，委托管理基金 6745.54 万元，共有 16 家二级以上医院开通了"一站式"结算，设立了"一站式"社保专窗 9 个，服务贫困人口 60216 人次，报销金额达 5291.93 万元，为助力健康扶贫探索出了一条新路子，为促进经济社会和民生事业发展作出了积极贡献。

深圳证券交易所创新融资项目助推定点县脱贫

摘要： 深圳证券交易所自2013年6月开始定点帮扶甘肃省武山县。为缓解县域中小企业和农户"融资难、融资贵"难题，创新推出了"深银通"和"深农惠"项目。"深银通"和"深农惠"项目创新了金融产品设计和风险防范机制，拓宽当地企业和农户融资渠道并降低其融资成本，促进当地中小微企业和农业生产发展，具有较强的复制推广性。

一、项目概况及成效

深交所在武山县开展定点扶贫工作以来，一直积极探索如何发挥自身优势，切实落实国家金融支持实体经济发展战略。深交所调研后发现，当地中小企业和农户普遍存在"融资难、融资贵"问题。"融资难"主要表现为贷款门槛高、信贷手续繁、办理增信难、资金时间匹配差、贷款稳定性弱。"融资贵"表现为贷款利率高、第三方服务费用高、银行续贷成本高、民间融资成本高。以上问题产生的主要原因在于信息不对称，金融机构放贷意愿降低。很多中小企业采用家族式管理方式，财务制度不健全，信息透明度不高，金融机构较难判断企业实际风险，只能强化抵（质）押要求，提高交易成本或惜贷。

深交所积极联系当地金融机构，共同开发金融创新产品，为当地有贷款需求的中小微企业和农户提供金融服务。深交所与中国建设银行甘肃省分行设计出"深银通"项目。深交所在建设银行天水市分行开立专门账户存入1500万元作为项目增信资金。建设银行以深交所增信资金为基数，放大5~10倍为武山县具有发展潜力和明显带动作用的中小微企业发放贷款。贷款集中于特色产业发展。深交所和建设银行共同推荐、调研、评定贷款企业，各承担项目贷款违约风险的50%。截至2020年6月末，已累计分6批发放给12家小微企业"深银通"贷款41笔，金额为12050万元，尚未发生一笔不良贷款。贷款惠及果蔬种植、食品加工、农机制造等产业，为企业节约利息成本和担保成本，助力企业发展上规模、出效益。

"深农惠"项目是专门为武山县中低收入农户量身定制的小额贷款产品。深交所向中国扶贫基金会借款 1000 万元作为其贷款资金部分来源，由中国扶贫基金会下属专业机构甘肃省中和农信小额贷款公司向当地（贫困）农户发放小额贷款。贷款集中用于特色产业、教育、医疗等。以"三户联保"的形式设置担保，缓解了家底薄弱的农户信用不足、缺乏担保物的问题。截至 2020 年 6 月末，已累计放款 1.24 亿元，覆盖客户 7700 多户，受益人群近 3 万人。业务覆盖全县 217 个村，贷款客户 90% 为农户，惠及了银行贷不到款和政策性贷款覆盖不到的农户，降低了农户借款成本，遏制了民间非法借贷，真正做到了扶弱扶贫、支农支小。

二、项目的主要创新点

（一）引入增信和联保机制，解决贷款对象信用不足的痛点，缓解"融资难"问题

在"深银通"项目中，深交所提供增信资金，解决贷款企业缺乏抵押担保品等信用不足问题。在"深农惠"项目中，则约定小额贷款以"三户联保"的形式设置担保，提升了农户信用等级。

（二）约定优惠利率，让利贷款对象，降低贷款成本，缓解"融资贵"问题

因深交所提供了增信资金和铺底资金且免收利息，通过约定低于市场水平的贷款利率将该利息让利给贷款企业和农户，所以"深银通"项目降低贷款利率约 1 个百分点，"深农惠"项目降低贷款利率约 3.5 个百分点。

（三）创新风险防范机制，兼顾放贷积极性与审慎性

在"深银通"项目中，深交所提供增信资金，并与建设银行贷前共同把控贷款企业风险，贷后共同承担坏账损失（各承担 50%）。这种机制既能促使建设银行积极放贷，又能有效提升放贷审慎性。项目产品设计和风险防范机制设计，有效破解了以往金融"润了大户、渴了群众""扶'富'不扶'贫'"等难题，因村、因户、因人施策，对症下药、精准滴灌、靶向治疗，扶贫扶到点上、扶到根上，切实为武山县农村、农业、农民发展引入活水。

（四）优化项目组织形式，发挥深交所专业优势和当地金融机构本地化优势

一方面，深交所充分发挥资本市场的人才和信息优势，定期选派业务骨干实地考察拟贷款企业，深入了解其经营情况和偿债能力，并出具贷款建议。扶贫干部也多次为贷款企业提供上门服务，传授现代企业管理经验。深交所还邀请行业专家为贷款企业会诊把脉，提供有针对性的产业化培训。另一方面，项目合作机构建设银行、中和农信均在武山县当地设立网点，充分了解本地中小企业和农户情况，切实做到扶持对象精准、资金使用精准。

武山县属于农业县，自然资源禀赋欠缺，产业发展还很孱弱，农民普遍家底薄，急需金融支持。全国大多数贫困县的境况与武山县比较类似，完全可以借鉴参考项目经验。"深银通""深农惠"项目扶贫效应明显，项目入选了《南方日报》2019年"扶贫精选案例"，甘肃省《脱贫攻坚动态》（第61期）专文宣传推广项目经验。

申万宏源证券有限公司
建立金融支持产业扶贫长效机制

摘要： 甘肃省会宁县是申万宏源证券有限公司定点帮扶的国家级贫困县。自定点帮扶以来，申万宏源开展了以党建扶贫、产业扶贫、教育扶贫、金融扶贫、电商扶贫为抓手的全方位扶贫之路。为了帮扶会宁县龙头企业发展，进而通过龙头企业带动相关产业发展，夯实脱贫攻坚的产业基础，申万宏源公司自2019年开始通过"一司一策"的工作方法，制定了"1+3"的工作思路，扶持了当地龙头企业实现新三板挂牌，并同时开展了投融资、场外期权等综合金融服务。

一、背景介绍

如何发展产业，实现"产业兴旺"，是甘肃省会宁县在脱贫攻坚中面临的重要问题。甘肃省会宁县是甘肃省23个深度贫困县之一。全县有建档立卡贫困村128个，贫困户37947户，贫困人口16.99万人，贫困发生率为31.44%。会宁县产业发展落后。长期以来，会宁县第二、第三产业发展不足，第一产业发展粗放，广大农民基本沿袭"靠天吃饭"的农业生产模式。从结构比例来看，2018年，会宁县第一、第二、第三产业结构比为31.4:23.1:45.5。第一产业占比较国家整体第一产业占比高23.3个百分点，第二产业发展严重不足。针对会宁县产业发展面临的问题，申万宏源经过多次深入调研，按照"一司一策"的工作方法，在尽调基础上形成了"1+3"企业扶持方案。经过长期帮扶，于2020年8月辅导甘肃群业科技股份有限公司（以下简称群业科技公司）正式挂牌新三板，同时开展投融资、场外期权等综合金融服务，帮助企业实现财务规范、运营规范，进而发展壮大。

二、主要措施和成效

（一）深入调研，制定产业发展科学扶持政策

为帮助会宁县完成脱贫攻坚工作，切实解决产业发展困难，申万宏源公司领导多次到会宁县调研考察，派出研究所战略研究团队、博士后工作站、投资投行团队，并协调相关行业龙头企业，共同组成调研组，对会宁县的产业现状、产业发展瓶颈、产业链条上 10 余家重点企业进行了深入调研，并形成《甘肃会宁产业发展分析报告》《产业扶贫的实现与优化路径》《会宁县重点企业扶持方案》等报告。同时，在尽调基础上形成了"1+3"企业扶持方案，即以甘肃省群业科技股份有限公司为重点培育对象，辅导新三板挂牌融资，同时选择 3 家企业作为重点关注企业，制定具体帮扶措施。

（二）克服疫情困难，多方保障龙头企业上市进度

受新冠肺炎疫情影响，2020 年春节后，申万宏源项目组无法第一时间到会宁县现场办公，只能通过视频会议方式远程推动项目。令项目推进更为困难的是，群业科技公司员工无法正常出入办公场所，材料搜集、整改工作进展缓慢。2020 年 3 月初，在允许外省人员进入会宁且无须隔离之后，项目组一行四人第一时间来到会宁，在群业科技公司建筑工地旁临时搭建的彩钢板房中办公。会宁三四月天气十分寒冷多变，暖时气温达二十多摄氏度，冷时下大雪、冰雹。因彩钢板房保温效果很差，项目组只能生起煤炉取暖。经持续 3 个月的现场办公，项目组终于克服各种困难，于 5 月底将项目申报至股转公司，并于 7 月取得挂牌函。

（三）成功挂牌，推动龙头企业通过综合金融业务发展壮大，推动建立产业扶贫长效机制

2020 年 7 月，在申万宏源公司辅导下，群业科技公司获得全国中小企业股份转让系统的同意挂牌函，成为会宁县第一家新三板挂牌公司，白银市第一家新三板挂牌的工业企业，白银市第三家新三板挂牌企业。以新三板挂牌财务规范为契机，申万宏源公司为群业科技公司开展了钢材料场外期权业务，即通过场外期权产品锁定钢材原材料的采购价格，帮助群业科技公司控制成本波动风险。同时，申万宏源公司为群业科技公司搭建了员

工持股平台，拟开展员工股权激励业务，并对接产业基金拟为群业科技公司引入外部投资。

在新三板成功挂牌之后，群业科技公司市场知名度大幅提升，在通过竞标等方式获得订单时也更具优势。截至2020年8月末，群业科技公司获得新订单近2亿元，预计2020年业务将大幅增长。受益于订单增长，公司开始二期工程建设，预计能够为会宁县新增固定资产投资超过2亿元，项目建成后也将带动数百人就业。

三、经验启示

（一）深入调研、发现痛点是解决助推产业扶贫的关键

会宁县历来有"小杂粮之乡""肉羊之乡"等称号，这说明会宁县具有种植养殖的传统和条件，但为何产业长期得不到发展？不发现制约产业发展的问题、不解决痛点问题，很可能事倍功半。为了直击问题，申万宏源公司领导亲自带队，组建研究所首席研究员、博士工作站博士后、投行专家和投资专家组成调研组深入调研会宁县产业现状。调研组累计到会宁县50余人次，实地考察会宁县自然环境、种植条件、产业构成，走访了企业合作社30余家，听取了政府、农民的意见和建议。此外，申万宏源还协调知名生鲜电商企业专家帮助研究农产品发展问题，沟通卫星遥感测绘单位分析会宁县植被变化情况。通过全方位的调查研究，申万宏源确定了帮扶的产业方向，发现了产业发展的痛点问题，并形成了有针对性的帮扶方案。

（二）产业发展是实现脱贫的根本之策

习近平总书记强调，"发展产业是实现脱贫的根本之策。要因地制宜，把培育产业作为推动脱贫攻坚的根本出路"。申万宏源把发展产业作为帮扶会宁的重中之重，通过扶持龙头企业带动产业发展，通过产业的发展，提升了农民通过自身努力脱贫的信心，激发了农民脱贫致富的内生动力，在贫困地区形成了比劳动、比产业的氛围。总之，产业的发展不仅带来了收入的增加，更重要的是创造了努力致富的氛围和条件，使农民朋友更有干劲、更有脱贫奔小康的信心和决心。

(三) 帮扶贫困县龙头企业长效发展，要有久久为功的决心

申万宏源公司自 2018 年开始推动龙头企业发展，经过近 3 年的探索、坚持，在 2020 年成功帮扶一家龙头企业挂牌上市不断发展壮大，通过开展场外期权、金融培训帮扶几家企业控制运营风险，并通过客户资源带动了多家农产品制造企业的对外销售。贫困县的企业具有起步晚、发展慢的特点，对金融业务以及全国市场不熟悉，需要以"手把手"的方式，以久久为功的决心逐步推动。